Les apprentis de l'Élysée

Jérémy Marot
Pauline Théveniaud

Les apprentis de l'Élysée

PLON
www.plon.fr

12, avenue d'Italie
75013 Paris
Tél. : 01 44 16 09 00
Fax : 01 44 16 09 01
www.plon.fr
www.lisez.com

Mise en pages : Nord Compo
Dépôt légal : avril 2019
ISBN : 978-2-259-27724-2

Prologue

La nébuleuse

Entre le coffret de bois qui renferme une « box méditation et sophrologie » et un paquet de film alimentaire en cire d'abeille offert par une start-up française, le secrétaire d'État Mounir Mahjoubi se saisit d'un bloc de papier grand format et d'un feutre bleu. Parfois un dessin vaut mieux qu'une longue explication. Dans son bureau de Bercy, celui occupé naguère par Emmanuel Macron, le trentenaire esquisse les contours de la galaxie du pouvoir.

Au centre, le président, évidemment. Et autour ? Pas vraiment de cercle. Un cercle, cela protège autant que cela enferme. Une myriade de personnalités n'offre pas les garanties d'un filet, mais plus de liberté. Au plus près, son épouse, Brigitte, sa première confidente, sa première conseillère, celle qui indique le nord magnétique, rappelle à l'ordre. Puis Alexis Kohler, « le siamois du président ». D'autres sont regroupés en constellation. C'est le cas de la petite bande d'amis qui a fondé En Marche !, conquis le pouvoir et essaimé à tous les étages, de l'Élysée au parti. Ceux-là serrent les rangs, s'entraident. D'autres encore sont des corps isolés, satellites en lien direct avec le président. Dans la catégorie poids lourds, Richard Ferrand, Philippe

Grangeon, Jean-Marc Borello, Christophe Castaner ou François Bayrou. Dans celle des confettis, poussière d'étoiles, d'illustres inconnus, parfois rencontrés le jour même, qu'Emmanuel Macron juge bon de solliciter « parce qu'il les a trouvés sympathiques », *dixit* un proche.

Dans cet univers essentiellement masculin, éternellement mouvant, à l'état gazeux plus que solide, dont personne n'a une cartographie précise, si ce n'est l'astre autour duquel il gravite, on vous jauge à cette aune : la distance qui vous sépare du Soleil.

« Je serais heureux de continuer à te parler. La seule condition, ce serait que tu ne parles pas à mes collaborateurs. » Emmanuel Macron vient d'être élu, lorsqu'il fait passer ce message à l'un de ses vieux amis. Ainsi est sa vision du monde qui l'entoure. Les entourages ne se superposent pas, gardent leur diversité, leur spécificité et ne s'organisent pas entre eux pour peser. « Comme tous les hommes politiques importants, il ne veut se laisser dans la main de personne. S'il se met dans la main d'un groupe, il perd sa liberté », décrypte Christophe Castaner[1]. « Il ne supporterait pas qu'il n'y ait que quelques personnes qui se croient des références absolues et indiscutables, abonde Richard Ferrand. D'ailleurs, la meilleure preuve originelle de cela, c'est qu'il n'a jamais voulu faire un organigramme de campagne. Il a horreur d'enfermer des gens dans des cases, car lui-même veut toujours conserver toutes les marges de manœuvre et de liberté. Et, ainsi, il n'a pas de cercles obligés. Quiconque s'imagine personnellement

1. Sauf indication contraire, toutes les citations sont issues d'entretiens avec les auteurs.

influent est vaniteux ou peu lucide. Et comme toujours, certains cumulent... »

Voilà qui maintient l'arc électrique sous tension permanente. Avec l'envie de donner le meilleur au patron. « Il y a des moments d'influence et des moments de non-influence. À un moment donné, vous allez être dans la boucle de tous les discours, de toutes les réflexions. Et puis, à un autre moment, il va vous oublier », témoigne un ministre. La règle est vieille comme l'existence du désir. S'éloigner n'implique pas nécessairement que l'on pâlisse. « Vous pouvez être son conseiller et ne pas avoir de bande passante pendant trois mois. Et puis vous partez, et vous n'avez jamais été autant visiteur du soir », constate un ancien de l'équipe de campagne.

S'ajoutent à ces méandres les connexions et conversations que son épouse, Brigitte, cultive de son côté, et qu'elle ne manque pas de lui faire remonter. « Elle a des liens directs avec les uns et les autres. Je la vois plus seule qu'avec le président », confirme la secrétaire d'État Marlène Schiappa. Dans l'aile Madame, la première dame reçoit sur les sujets qui l'intéressent : handicap, protection de l'enfance, éducation. Côté ministres, elle voit Sophie Cluzel, Muriel Pénicaud, Jean-Michel Blanquer. Dès la campagne, le sénateur François Patriat avait trouvé là un moyen de faire entendre sa voix. Combien de fois, ne parvenant pas à joindre le candidat, il a fait de Brigitte Macron son messager...

Jean-Marc Borello, l'influent ami de quinze ans, part d'un grand rire : « Comme il écoute tout le monde, pour savoir ce que lui pense, il faut être bon. » Il s'amuse à nous livrer les clés d'un vrai-faux code. « Quand il me dit : "C'est pas faux", je considère que j'ai une fenêtre. "Je partage" : c'est le nirvana. » Nouvel éclat de rire. Puis cette assertion : « Les histoires de conseillers et de visiteurs du soir, c'est gentil. Mais comme c'est lui qui décide à la fin… »

*

16 janvier 2019, le téléphone de Fatima Kadouci vibre. Un texto : « Alors, comment as-tu trouvé le débat avec les maires ? » C'est le président de la République qui lui écrit. Au débotté. Elle lui répond qu'elle a apprécié, encourage, conclut par un hashtag #FieredemonPR (« Fière de mon président de la République »). Fatima Kadouci n'est pas ministre, ni communicante chevronnée, encore moins élue locale. Elle a tenu l'accueil du QG d'En Marche ! pendant la campagne présidentielle et officie désormais avec bonne humeur dans les locaux loués pour les élections européennes. Macron est ainsi. Il lance ses capteurs partout. Y compris là où on l'attend le moins. « Chez lui, c'est obsessionnel », décrypte un ministre. Début janvier, un conseiller du Palais croise Jamel, un membre de la première équipe de gardes du corps du candidat Macron, venu déposer un cadeau d'anniversaire pour le président. « Il disait que c'était absolument génial de pouvoir encore correspondre par textos pour dire "Comment tu vas ?" », raconte-t-il. Avant chaque grande décision, ou pour flairer l'air du temps, Macron butine, recueille des avis. Et fait son miel.

« Si je devais écrire un livre sur Emmanuel Macron, je l'appellerais "Comment tu sens les choses ?" », plaisante François Patriat. Ce texto, envoyé à toute heure du jour et de la nuit, est si récurrent qu'on pourrait soupçonner Emmanuel Macron d'avoir enregistré la formule, et de n'avoir qu'à la copier-coller pour l'envoyer à la volée. « C'est son truc, de demander leur avis aux gens. Il envoie son texto à cinq cents personnes, comme ça il a l'impression d'avoir flatté cinq cents personnes », s'amuse l'un de ses amis. Sorti des macronistes certifiés, de la garde rapprochée – Richard Ferrand, François Patriat, François Bayrou pour les grands élus ; Philippe Grangeon, Jean-Marc Borello, pour les visiteurs du soir (le premier est devenu conseiller spécial du président) ; Marc Ferracci ou Aurélien Lechevallier pour les amis ; ou les duettistes Daniel Cohn-Bendit et Romain Goupil ; l'homme de théâtre, Jean-Marc Dumontet –, faire le tri dans ce maelström s'apparente au treizième travail d'Hercule. Il y a ceux qui se targuent d'une proximité, mais dont les bouteilles jetées à la mer ne reviennent jamais. Ceux dont la parole est écoutée, estimée (ils sont plus rares), mais qui s'en défendent. « S'il y a bien un type qui n'a aucune influence, c'est moi. Il ne m'écoute jamais », peste un habitué au Château. De ce dernier, tout l'entourage d'Emmanuel Macron dit le contraire.

Une condition pour être écouté du président. Tacite, celle-là. Non pas se montrer prêt à franchir les grilles de l'Élysée dans la pénombre et la discrétion de la nuit. Mais disposer d'un smartphone, sur lequel une messagerie chiffrée aura été installée. Combien sont-ils, en ce début de quinquennat, à télécharger l'application russe (un comble !) Telegram. Indispensable pour en être. C'est le dernier salon où la Macronie cause. « Les visiteurs du soir passent par Telegram », témoigne Marc Ferracci. Cela vaut aussi pour les ministres. « On s'écrit beaucoup », confie la secrétaire d'État Marlène Schiappa, même si, dit-elle, « là où l'on échange le plus, c'est durant les déplacements ». À l'en croire, « beaucoup de choses se décident dans les avions ». La technologie numérique offre une alternative à ceux qui n'ont pas les honneurs de l'A330 présidentiel. Un chef d'État à portée de texto, que l'un de ses très bons amis protège ainsi des importuns : « Moi, dans mon portable, j'ai un faux numéro de Macron, pour tous ceux qui me disent : "Dis donc, j'ai fait un texto à Emmanuel, mais il ne m'a pas répondu. T'aurais pas son portable ?" Dans mon répertoire, j'ai donc un "Emmanuel Macron 2", qui est son ancien numéro qui ne marche plus. L'autre, il ne faut surtout pas le donner. »

*

Exclamations, au QG de campagne d'En Marche !, ce matin du 22 janvier 2017 : « Putain, Minc nous soutient ! » Aux journalistes qui l'interrogent, l'équipe de campagne fait savoir aussi sec qu'il s'agit là d'une initiative strictement personnelle, dont l'homme d'affaires, ancien visiteur du soir de Nicolas Sarkozy, ne l'a même pas prévenue. On a connu accueil plus chaleureux… Minc et Macron se connaissent pourtant de longue date. « Sur le moment, ça ne nous avait pas forcément fait plaisir, décrypte un membre de la garde rapprochée. On essaie d'être propres, pas vieux monde, et tout d'un coup patatras ! Le gros libéral, avec ses doigts pleins de confiture, vient nous saloper la séquence. »

Aujourd'hui encore, ils sont nombreux à assurer que l'influence d'Alain Minc, sur ce début de quinquennat, « c'est zéro ». Mis au ban, l'homme qui murmure à l'oreille des présidents ? « Depuis le début du quinquennat, ils échangent davantage. Cela parle à des réseaux », admet un fidèle lieutenant d'Emmanuel Macron, quand un autre assure qu'il « suscite un agacement présidentiel, en se prévalant tous azimuts ». En septembre 2018, Minc fait ainsi savoir, par voie de presse, encore, qu'il a mené une sourde bataille en coulisses contre l'instauration du prélèvement de l'impôt à la source. En vain. Même topo avec Jacques Attali. À cette différence que l'homme a fait beaucoup pour l'ascension du jeune inspecteur des finances. « En tout et pour tout, pendant la campagne, il ne l'a vu physiquement au QG qu'une seule fois, parce qu'il fallait le voir. Il le respecte, mais ce n'est en aucun cas un visiteur du soir. Il le traite comme tout le monde le traite, parce que c'est un énorme casse-couilles. Il a une forme de pouvoir de nuisance », étrille un macroniste. Un conseiller élyséen tempère : « Attali, c'est un peu différent, il y a un lien. Il lui a quand même un peu mis le pied à l'étrier, c'est incontestable. Le président l'a vu, pour de vrai, y compris à l'Élysée. » Contacté, l'intéressé n'a pas souhaité nous répondre, assurant ne pas faire partie de ce qu'on appelle la Macronie.

Il y a aussi Nicolas Sarkozy. On glose sur les rapports qu'entretiennent l'ex- et l'actuel président, qui se voient, s'appellent. « On ne peut pas dire qu'il y ait une régularité. Mais Emmanuel Macron apprécie de parler avec les anciens présidents, pour le recul qu'ils ont sur ce qu'a été leur propre mandat, leur propre action, leur acuité sur la vie politique. Par exemple, il parle pas mal avec Valéry Giscard d'Estaing. Il avait demandé à voir Jacques Chirac à l'été 2017, mais il était déjà trop mal. Du coup, il a vu Claude et Bernadette », confie un conseiller élyséen, qui ne cite jamais François Hollande parmi ceux-là. Ce dernier fait figure d'antimodèle. Macron n'a, en outre, que peu goûté les banderilles plantées, par voie de presse, par son ancien patron dès l'été 2017. Entre eux, l'ambiance est polaire. Le même conseiller part d'un éclat de rire : « Par ailleurs, avec Sarko, si on cherche quelqu'un avec qui fracturer la droite… il donne quelques clés. »

Aussi difficiles à débusquer, ceux qui se prévalent d'une proximité qu'ils n'ont pas. L'exemple le plus fréquemment cité : l'entrepreneur et intellectuel libéral Mathieu Laine, dont l'entourage du président conteste l'influence à cor et à cri. « Un imposteur ! » Le message est ainsi passé. « Mathieu a échangé avec le président avant qu'il ne soit président, il continue à lui envoyer des trucs. Il fait partie de la galaxie sans être au cœur du réacteur. Mais je n'irai pas jusqu'au fait qu'il influence les décisions », nuance un proche de Macron.

Mêmes soupirs et yeux levés au ciel, lorsque paraît un long portrait de Bernard Mourad dans *Vanity Fair*. À une semaine de prendre son job chez Bank of America… grince l'un des « Mormons » – surnom de la garde rapprochée du chef de l'État. Crime de lèse-garde-rapprochée, le banquier d'affaires, qui a rencontré Macron en lui faisant passer un entretien d'embauche chez Morgan Stanley, lui conseillant à cette occasion d'aller chez Rothschild, qui se dépeint « vieux copain » de dix ans du président, accorde dans la foulée une interview sur France Inter. Un conseiller élyséen : « Bernard Mourad, c'est l'exemple le plus fou. Il parle au président comme des milliers de personnes sur la place de Paris. Après, Emmanuel Macron est très fort pour que les gens se croient importants. S'ils ont envie de se raconter cette histoire… » Un haut gradé crucifie : « Je ne l'ai vu qu'une fois dans ma vie, et il se prenait une avoinée. C'était sur un quai de gare pendant la campagne. Emmanuel rentrait de Bruxelles ou de Londres, Mourad était avec lui et il l'a défenestré :

“Ça suffit, arrête de dire que tu es mon conseiller.” » C’était au moment où il se murmurait qu’il pourrait diriger la campagne. Le même n’exclut toutefois pas que « Mourad ait rabattu des gens riches » à cette époque-là pour le compte de Macron. Depuis le bar du Saint James, petit bijou niché au cœur du 16e arrondissement de Paris, où Mourad a sa table, l’intéressé, lui, évoque tout au contraire une « relation très personnelle », « directe ». « Macron, si je lui envoie un texto, il me répond en vingt-quatre heures ou sinon je l’insulte copieusement. C’est un petit jeu entre nous depuis dix ans ! » fanfaronne-t-il. Des messages au ton parfois trivial, étalés dans les colonnes de *Vanity Fair*. Où se situe la vérité ? « Probablement entre les deux. Tout le monde est dans l’excès », tranche Benjamin Griveaux, porte-parole du gouvernement et l’un des meilleurs amis de Bernard Mourad, depuis leurs jeunes années sur les bancs d’HEC.

*

« Vous allez vous user à décrire ça, parce que c’est un système qui n’a pas d’intérêt », nous avait prévenus un observateur avisé de cette galaxie. Et pour noircir le tableau : « C’est un système où le président est très seul, avec un gouvernement faible, un entourage très faible et un groupe majoritaire ultradominant, absolument zombiesque et non dirigé. »

Isolement, fonctionnement clanique, courtisanerie, phénomène d’attrition, rétrécissement jusqu’à finir avec un dernier carré de fidèles autour de la table… voici la liste des maux encourus à pareille altitude. Pour les plus sévères, les plus pessimistes aussi, la germination a déjà commencé et ce quinquennat n'échappera pas à la règle. Les équipes élyséennes ? « Même tranche d'âge, même profil, mêmes histoires. Pas de culture politique et pas de culture du pays. Ils sont trop déconnectés, trop protégés. Ils n'ont pas de culture du terrain. Ils n'ont pas su se diversifier. Et c'est quand même très difficile de rentrer dans la secte », sulfate un conseiller de l'exécutif.

« Macron ne fonctionne qu'avec un petit cercle. Dès lors que ce petit cercle se dévitalise, qu'il y en a qui sortent, vous avez tôt fait d'être asphyxié », s'inquiète un membre de la majorité. D'autres se rassurent, voient dans l'insatiable besoin de consulter du président un gage d'ouverture.

À l'heure où nous écrivons, une page se tourne doucement dans la Macronie historique. Des figures de la conquête du pouvoir, usées, peut-être déçues par l'exercice, ou estimant qu'elles seront plus utiles à l'extérieur qu'à l'intérieur, prennent leurs distances ou de nouvelles positions. Certains restent dans l'écosystème. D'autres font quelques kilomètres de plus. Peut-être ceux-là reviendront-ils pour une nouvelle bataille. Autour d'Emmanuel Macron, la galaxie turbule et va devoir se réinventer. Comme après une première révolution autour de son étoile.

I

L'ESPRIT DE COMMANDO

1

Petit déjeuner de crise

Ce matin du 21 juillet 2018, certains ont pris dès l'aube la route des vacances, classée rouge dans le sens des départs. Une quiétude estivale baigne la capitale. Dans les rues du 5e arrondissement, Christophe Castaner, lui, presse le pas, même si son dos le fait souffrir. Le secrétaire d'État aux Relations avec le Parlement a demandé à son chauffeur et à son officier de sécurité de le déposer à quelques encablures de sa destination finale, par souci de discrétion. Pas le temps de s'arrêter acheter croissants et pains au chocolat, d'autres l'auront fait pour lui.

Il est un peu en retard quand il pousse la porte du salon de Sylvain Fort, le conseiller en communication de l'Élysée. Elle s'ouvre sur une pièce « sobre, joliment décorée », pleine de livres évidemment, à l'image de son propriétaire dont il vient chercher ce jour-là les vertus stabilisatrices. « Un lieu d'apaisement. Tout est calme », songe Castaner. Et pourtant. Le feu couve.

Autour de la table, que des familiers. On y retrouve, palpitant, le cœur nucléaire de la campagne présidentielle d'Emmanuel Macron. Ligue soudée par les innombrables heures de travail, l'inimaginable euphorie des jours de victoire, dissoute et reconstituée en cette période de grandes turbulences. Ce matin-là, alors qu'en cuisine le café chauffe, le porte-parole du gouvernement Benjamin Griveaux, qui a apporté le jus d'orange, devise avec le conseiller spécial du président Ismaël Emelien, la conseillère presse Sibeth Ndiaye, le directeur de cabinet du ministre de l'Intérieur Jean-Marie Girier, le secrétaire d'État au Logement Julien Denormandie et le conseiller parlementaire de l'Élysée Stéphane Séjourné. L'ambiance est grave. L'enjeu est lourd.

Trois jours plus tôt, ce qu'ils redoutaient a fini par arriver. Ce n'est pas faute d'avoir prévenu, pensent la plupart. La journaliste du *Monde*, Ariane Chemin, a mis la main sur une vidéo qui circule depuis plus de deux mois déjà dans les coulisses du pouvoir. On y voit une figure bien connue de la campagne, Alexandre Benalla, casque à visière sur la tête, frapper et malmener des manifestants le 1er mai, place de la Contrescarpe à Paris. Jusqu'ici passée sous le radar, l'affaire fait soudainement monter la tension à l'Élysée où Benalla est employé, comme chargé de mission auprès du chef de cabinet.

« C'était une épée de Damoclès. On savait que ça arriverait un jour. Il y avait trop de monde au courant », soupire un invité de ce petit déjeuner. « Quand ça sort en juillet, j'avais complètement oublié. Dans ma tête, c'est un truc qu'on avait traité », concède un autre. Traité ? D'une certaine façon, oui. Dès le 2 mai, l'Élysée est effectivement averti par le ministère de l'Intérieur du dérapage de son collaborateur et de l'existence d'une vidéo sur les réseaux sociaux, dont le compteur de « vues » ne cesse de grimper. Emmanuel Macron est en déplacement en Australie.

Il a laissé les commandes du Palais à son bras droit, le secrétaire général de l'Élysée Alexis Kohler, et son directeur de cabinet, Patrick Strzoda, le supérieur hiérarchique de Benalla. Une sanction tombe, légère, bien que décrite plus tard comme « la plus grave prise à l'encontre d'un chargé de mission de l'Élysée » : quinze jours de « mise à pied », « avec suspension de salaire » et une rétrogradation. Benalla est désormais « démis de ses fonctions d'organisation et de sécurité des déplacements du président ».

Le gros bras se met au vert, en Bretagne. Il fait profil bas quelques jours seulement. Cela ne durera pas. Mais l'absence de celui qui a su se rendre indispensable en se démultipliant se remarque. « Pendant un moment, on se disait : il n'est plus là. Beaucoup de gens se demandaient où il était. Tout le monde s'est dit qu'il avait fait une connerie. Le bruit courait qu'il avait défoncé une voiture de l'Élysée », témoigne un conseiller.

Bien vite, il réapparaît au Palais. Le 4 juin, il fait partie des privilégiés invités à fêter le premier anniversaire de l'élection présidentielle. Il y croise un autre membre du service d'ordre de la campagne, le gentil géant Makao, éphémère star d'une émission de téléréalité, arrivé ce soir-là en trottinette. « Finalement, il est passé entre les gouttes », se dit un ministre en lui claquant la bise le 15 juillet, lors de la retransmission de la finale de la Coupe du monde de football au Château. Le lendemain, deux jours avant que l'affaire éclate, Alexandre Benalla est là aussi, bien en vue sur tous les écrans de télévision, à l'avant du bus de l'équipe de France qui remonte à la hâte les Champs-Élysées. Puni, mais loin d'être banni. Encore dans la boucle des déplacements du couple Macron ? « Quinze jours avant que ça sorte, il me dit : “Je suis crevé, j'en peux plus, je dois les suivre partout..." J'étais surpris », s'étonne un pilier de la campagne.

En coulisses, à bas bruit, le cas Benalla divise la garde rapprochée du chef de l'État. Certains estiment que la sanction prononcée par le préfet Strzoda est trop faible, qu'elle expose trop Emmanuel Macron. Et si la vidéo venait à être divulguée ? Cette clémence pourrait être perçue comme une complaisance, mélange de fidélités de campagne, de reconnaissance. D'affection aussi.

« Qui a le rôle et le devoir, à ce moment-là, de regarder le président dans les yeux et de lui dire : "Ça, ce n'est pas possible" ? Strzoda, qui est un préfet, qui sait comment se passent les choses, qui a Benalla sous son autorité. Il aurait dû le virer sans même demander au président », assène l'un des convives de Sylvain Fort.

« Il faut se mettre à la place du directeur de cabinet qui n'a pas vécu la campagne et voit une équipe, qui n'a pas forcément les codes traditionnels, débarquer à l'Élysée, excuse en écho un autre participant. Il se dit qu'il y a une relation particulière dans cette équipe, qui est partie de rien, qu'il ne peut pas faire ce qu'il devrait faire, à savoir le virer. Et Emmanuel Macron sait qu'au fond, si son directeur de cabinet ne se dit pas qu'il y a une relation de confiance, d'amitié, particulière, il le vire. »

Parmi les participants du petit déjeuner, certains plaident depuis un moment pour débrancher Benalla, arracher d'un coup sec le sparadrap. C'est le cas de Sibeth Ndiaye, Jean-Marie Girier, Benjamin Griveaux ou Christophe Castaner. D'autres ont été plus coulants, comme Sylvain Fort, d'abord empathique envers ce jeune homme de 27 ans, tout juste père et sur le point de se marier à l'été 2018.

Benalla trouve surtout un soutien en Ismaël Emelien. « Il l'aimait bien et a trouvé assez injuste tout ce qui lui est tombé sur la tronche à son âge », confie un membre de la petite bande. Emelien, dont un ami dit de lui, aussi admiratif qu'inquiet : « Il peut faire assez vite confiance et, une fois qu'il l'accorde, elle est entière, totale et définitive. Quelles que soient les emmerdes que l'autre va pouvoir lui amener, les saloperies qu'il va pouvoir faire. Il est très fidèle. » « Alex », comme on l'appelle au Château, peut aussi compter sur son grand ami, Ludovic Chaker, conseiller du chef d'état-major particulier du président de la République.

Pour tous, au fil des révélations, le feuilleton Benalla finit par virer à la mauvaise farce. Ceux qui s'émeuvent d'abord de la mort sociale du jeune homme, condamné à se « raccrocher aux réseaux parallèles » pour survivre, voient leurs bons sentiments douchés à Noël 2018. On apprend alors l'utilisation frénétique de passeports diplomatiques, de troubles tribulations au Tchad, des liens suspects avec un oligarque russe. « Si tout ce qui est dit aujourd'hui est vrai, si on l'avait su avant, ça ne se serait pas passé comme ça », jure aujourd'hui un conseiller du chef de l'État. Cependant, Benalla a aussi conservé tardivement des amitiés au Palais et autour, jusqu'à s'en vanter par voie de presse fin 2018. « Il a tendance, le soir un peu bourré, à raconter n'importe quoi et à parler aux journalistes à ce moment-là. C'est un peu ballot. Mais il faut se mettre à sa place. Il a été lâché par tout le monde. Il est tout de même drôlement solide comme garçon. Je ne sais pas qui ne se serait pas pendu », s'apitoie l'un de ses proches. Un lieutenant de la Macronie finit par convenir : « C'est au président avant tout que le jeune homme doit d'avoir bénéficié d'autant de clémence. »

*

10 juillet 2016, dans un café du 5e arrondissement. À quelques centaines de mètres de la place de la Contrescarpe, Alexandre Benalla arrive, son « book » sous le bras, à la rencontre de Ludovic Chaker. C'est la première fois qu'ils se voient. « Dans la sécurité, ils ont tous des books », sourit Chaker.

« Ludo », comme l'appelle le commando de campagne, est le premier salarié d'En Marche !, recruté dès le 7 janvier 2016, alors qu'Emmanuel Macron est encore ministre de l'Économie de François Hollande. Il a rencontré Ismaël Emelien dix ans plus tôt, en cours d'arabe à Sciences Po. « Lui était en première année ; et moi, en dernière année. Et on en est venus à parler de boxe. C'est comme ça qu'on s'est liés d'amitié, très vite et très fort », nous confie-t-il.

Fin 2015, Chaker rentre de l'étranger, « entre deux missions » – l'homme se plaît, non sans malice, à nimber ses activités militaires de mystère. Tout juste sait-on qu'il est officier dans la réserve opérationnelle (promu commandant en 2018) et a obtenu des médailles au titre d'opérations extérieures. « Je n'ai jamais dit à quiconque que j'étais militaire. Je suis prof de yoga et d'arts martiaux », balaie-t-il. À 17 ans, ce fan de kung-fu a délaissé l'Aveyron pour Paris, afin de suivre l'enseignement d'un maître chinois, Liang Chaoqun. Début d'un parcours baroque, entre hautes études (diplômé de chinois aux Langues O', Celsa, Sciences Po Paris) et voyages en Chine, où il dispense des cours de kung-fu à Zhanjiang, « un ancien port français » quasi frontalier du Vietnam.

Pour En Marche !, sa première mission est de trouver un local, « sans aucune existence juridique, sans dévoiler le projet, sans mettre en avant qui que ce soit, sans fonds », déroule-t-il. Ce disant, il laisse affleurer son appétence pour les missions secrètes. « C'est comme ça qu'on hérite du 75 bis, rue des Plantes ! » Un rez-de-chaussée d'environ soixante-dix mètres carrés. Un open space, un petit bureau, un cagibi. Rien de plus. Il s'y installe seul, pose d'entrée une dague Fairbairn sur son bureau. Le modèle équipe les forces spéciales du monde entier. « On me l'a offert, c'est une récompense et un souvenir », susurre-t-il. De là, il lance le recrutement des petites mains, les « helpers » en langage macronien. Ainsi débarque Alexandre Benalla, à la veille du premier meeting parisien d'Emmanuel Macron, à la Mutualité.

« Il me dit : "Moi, je fais partie des cadres du service de sécurité du PS et je recommande de monter un service d'ordre." Je ne suis pas pour, mais il me fait comprendre qu'il y a des enjeux de sécurité pour le candidat, mais aussi pour le local, sans compter la gestion des relations avec la PP [la préfecture de police de Paris], les préfectures locales, tous ces interlocuteurs qui sont un monde à part », se souvient Chaker. Benalla est effectivement une figure bien connue au PS, où il a été formé par Éric Plumer, surnommé « Jaurès », l'armoire à glace emblématique de l'appareil socialiste. Depuis, certains ténors font mine de l'avoir oublié, à l'image de Martine Aubry. Lorsque l'affaire éclate, l'ancienne patronne de la rue de Solférino dit ne plus très bien se souvenir du jeune homme. « Ça me fait marrer, glousse un de ses proches. C'est lui qui, dans son service d'ordre en 2011, conduisait sa voiture, dormait au même étage à l'université d'été de La Rochelle et gardait son sac à main. » Arnaud Montebourg a, à l'inverse, bien en tête son licenciement, « *manu militari* » sur fond d'accident de voiture et de velléité de délit de fuite, après seulement cinq semaines à son service. Benalla s'était aussi prévalu, sans lui demander, du soutien du ministre du Redressement productif pour une demande de port d'arme. En 2012, déjà. Des états de service qui ne perturbent pas son arrivée à En Marche !. D'abord bénévole, Benalla est recruté à l'automne 2016 comme responsable de la sécurité du mouvement. Le ministre de l'Intérieur Bernard Cazeneuve vient de refuser toute protection policière à Emmanuel Macron, qui n'est plus ministre et pas encore candidat. « Benalla commence alors à intervenir sur des meetings. Il fait venir des mecs, et on monte ce qui sera plus tard reconnu comme "L'Agence tous risques" », rigole Chaker.

Le jeune homme fait son trou, par un mélange d'extrême disponibilité, d'efficacité et de gentillesse. « Il était là tout le temps, se remémore Mounir Mahjoubi, responsable du numérique pendant la campagne. Il venait ouvrir le bureau à 6 h 30 si personne n'avait pris le slot de la permanence de sécurité. C'est lui qui faisait la nuit si personne d'autre ne le faisait, lui qui faisait les visites de reconnaissance, y compris dans les endroits pas sympas. » Et lorsque Pierre-Olivier Costa, chef de cabinet d'Emmanuel Macron pendant la campagne, débarque au QG, la première personne à passer une tête dans son bureau, c'est Benalla : « Si tu as besoin de quelque chose, je suis là. Je suis là pour démerder les choses. » L'ex-communicant de Bertrand Delanoë apprécie. « C'est hyper-bien dans une campagne d'avoir un mec comme ça. C'est un mec malin, qui avait des solutions rapides », souligne un conseiller du Palais.

« Démerder les choses » ? Marseille, le 1er avril 2017. À trois semaines du premier tour, le candidat d'En Marche ! accorde une interview à *La Provence*, dans les locaux du quotidien régional. Dehors, des taxis mécontents cernent le bâtiment. Ils veulent empêcher Emmanuel Macron de rejoindre la salle du meeting. Alors Alexandre Benalla déniche un chariot élévateur dans les entrepôts du journal, trouve une échelle. Elle permet de rejoindre un autre bâtiment qu'il faut traverser, avant d'atterrir sur un parking. Là, un véhicule d'exfiltration attend le futur président. Sous la pluie, vêtu de l'imperméable de Pierre-Olivier Costa, Emmanuel Macron parvient à se faire la belle.

Autre fait d'armes, entre les deux tours. Le 26 avril, à Amiens, sur le parking de l'usine Whirlpool, les salariés en grève ont reçu dans la matinée la visite surprise de Marine Le Pen. La candidate du FN compte damer le pion à Emmanuel Macron, dont la campagne patine, sur ses propres terres. Il faut rebondir, vite. Et se rendre sur place. Une voiture part en reconnaissance avec à son bord Benjamin Griveaux. Conclusion de l'un des officiers de police chargés de la protection d'Emmanuel Macron : la sécurité du candidat ne peut être garantie. Alexandre Benalla plaide l'inverse. Il prend sur lui de le permettre et emporte la mise. Dans une ambiance électrique, brinquebalé au centre d'une meute compacte de journalistes, au son strident des sifflets des grévistes, dans l'odeur de pneus brûlés, Emmanuel Macron réussit l'un de ses plus jolis coups de campagne. Merci qui ? Les policiers du SDLP (le Service de la protection), eux, grincent des dents.

Loyal, solide et intrépide, Benalla est devenu un incontournable de l'équipe de campagne. Des voyants s'allument pourtant dès le 8 mars 2017, quand Vincent Crase et lui entreprennent de commander au nom du mouvement deux pistolets Gomm-Cogne GC 27 luxe, une arme « à létalité atténuée » dont la portée est de quinze mètres, et un kit complet de Flash-Ball. « Mais c'est juste hors de question ! », s'indigne illico le directeur de campagne, Jean-Marie Girier, par e-mails interposés.

« Ce n'était pas totalement incohérent d'avoir des Flash-Ball, car on avait formé notre service d'ordre dont certains des membres étaient titulaires de port d'arme, au titre de leur activité professionnelle, souligne Ludovic Chaker. On avait des gens dans notre service d'ordre qui intervenaient sur leur temps libre, qui étaient des professionnels, et portaient pour certains leur arme de service », insiste-t-il. En réalité, nous fait savoir un cadre de la campagne, un seul gendarme en disponibilité a été salarié de la campagne. Il se trouve désormais auprès de Brigitte Macron. En tout, hormis les professionnels du SDLP, quatre personnes, dont Chaker et Benalla, bénéficiaient d'un port d'arme au QG. Et Chaker de soupirer : « Flash-Ball, pas Flash-Ball… C'était peut-être un petit délire d'Alexandre, on avait déjà quelques Tasers et des matraques… Et est-ce qu'on les a utilisés ? »

L'épisode est englouti par le tourbillon de la campagne. Et après l'élection, Alexandre Benalla est appelé à l'Élysée, pour mettre ses talents de logistique et d'organisation au profit de la chefferie de cabinet. Une manière pour le chef de l'État de varier les profils qui l'entourent, très marqués grandes écoles. Et de garder à ses côtés un homme de confiance pour mettre sur pied ses sorties privées. Comme lorsque

Benalla se rend avec d'autres éclaireurs à Marseille, à l'été 2017, pour trouver la maison de vacances du couple présidentiel. D'où il écarte, durant le séjour, menaçant et sans ménagement, le paparazzi Thibaut Daliphard. En quête de clichés du couple présidentiel, ce dernier finit en garde à vue.

Benalla se pique aussi de se pencher sur l'organisation de la sécurité du Palais et du chef de l'État. Avec Chaker et quelques-uns, ils jugent qu'il y a des trous dans la raquette. Partant du constat que le Groupement de sécurité de la présidence (GSPR) autour d'Emmanuel Macron et le commandement militaire, qui protège l'Élysée, ne se parlent pas, les voilà qui traquent les vides et les doublons. À Chaker, Benalla présente Christian Prouteau, fondateur du GIGN, puis du GSPR, « un serviteur de l'État, un conteur et un homme incroyable » malgré quelques déboires judiciaires. Devenus amis, le duo porte un œil particulièrement critique sur les policiers du SDLP dont la formation, pensent-ils, laisse à désirer. Ne faudrait-il pas revoir le dispositif ? De quoi se forger quelques inimitiés au ministère de l'Intérieur où les initiatives du trublion Benalla dérangent. Une proche le met en garde : « Je lui répétais toutes les semaines : un jour, tes amis de Beauvau vont t'inviter à dîner. Ce sera bien arrosé. Et derrière, tu vas rentrer chez toi gentiment, et tu auras un barrage de flics. Et tu devras souffler. Et tu auras beau avoir une carte, un gyro, tu seras dedans. » Pure paranoïa ?

L'avertissement est sans effet. Benalla flambe. Il aime les attributs du pouvoir. Investi de la confiance du président, il s'infiltre dans les interstices du système élyséen pour les obtenir. Profitant de la désorganisation ambiante, il pousse le curseur le plus loin possible, sans éveiller les soupçons de sa hiérarchie. Lorsque Donald Trump vient à Paris pour le 14 juillet 2017, voilà qu'il s'invite à une réunion avec les services de sécurité américains avant que ses supérieurs ne « rectifient le tir » ! « Alexandre, c'est aussi un gosse à qui on a donné la panoplie Batman et qui s'est dit qu'il pourrait sauter par la fenêtre et voler, décrypte un conseiller élyséen. Il s'est dit qu'il avait la panoplie de flic et qu'il allait en jouer. Il lui fallait la carte, le passeport diplomatique alors qu'il n'allait jamais à l'étranger, des trucs qu'on ne demande pas tout de suite. Lui voulait jouer, il voulait tous les gadgets. »

Un goût immodéré qu'il partage avec Vincent Crase, employé après la campagne présidentielle au siège de La République en marche. Avant cela, il a tenu l'accueil du QG de campagne jour et nuit, avec son chien. Quitte à dormir parfois dans un réduit. « Fana mili » lui aussi, l'officier de réserve de la gendarmerie débarque, à la fin du défilé du 14 juillet 2017, au pied de la tribune officielle, en grand uniforme, portant fourragère et médailles... Méconnaissable ! « C'est vraiment quand je le vois à un mètre que je me dis : c'est Vincent Crase ! Mais qu'est-ce qu'il fout dans cette tenue ? se souvient un conseiller du président. Ça fait un choc, quand même, quand tu l'as vu avec son chien et son tee-shirt pendant six mois ! »

*

Méconnaissables, Alexandre Benalla et Vincent Crase ne le sont pas, le 2 mai, lorsque se met à circuler la vidéo de la place de la Contrescarpe. De boucles Telegram en boucles Telegram, du cabinet du ministre de l'Intérieur au QG de La République en marche, du haut gradé au permanent du mouvement, c'est toute la Macronie qui la voit. Ce jour-là, lorsque Christophe Castaner débarque au siège de LREM, rue Sainte-Anne, elle n'a échappé à aucun salarié. Il est bien le seul à ne l'avoir pas encore vue. Une longue mise à feu, avec effet retard, s'enclenche.

Il est déjà tard à Sydney ce lundi 2 mai quand Emmanuel Macron reçoit un appel en provenance de l'Élysée. Au bout du fil, Alexis Kohler l'informe du dérapage du chargé de mission. « Ce n'est pas un fait anodin », euphémise-t-il aujourd'hui. Le secrétaire général de l'Élysée l'a appris un peu plus tôt dans la matinée, « au sortir d'une réunion », de la bouche d'Ismaël Emelien et de Patrick Strzoda, soit un peu moins de vingt-quatre heures après les faits. Kohler a pourtant passé le 1er mai après-midi dans son bureau à surveiller le déroulement des manifestations et des opérations de maintien de l'ordre, sans être averti de ce qui se tramait place de la Contrescarpe. « Le monde entier est persuadé qu'à l'Élysée vous êtes branchés sur tout, que vous savez tout ce qui se passe avant tout le monde. En fait, la vérité, c'est que souvent c'est vous [les journalistes] qui nous informez », dédouane un intime du chef de l'État. Le 3 mai, Macron est aussi tenu informé de la sanction infligée par Strzoda : quinze jours de suspension. Dix mois après la sortie de route de Benalla, elle paraît tellement dérisoire ! « On peut nous, me reprocher de ne pas avoir pris une sanction proportionnée. Je l'entends parfaitement. Je l'ai dit devant la commission d'enquête sénatoriale », convient Kohler. Tout en plaidant l'ignorance, au moment de faire tomber le couperet. « Rétrospectivement, je pense que c'est vrai : elle n'était pas proportionnée au regard de faits qui étaient postérieurs », justifie-t-il.

Onze semaines plus tard, la garde rapprochée du président est en état de sidération quand *Le Monde* dévoile la vidéo. Personne ne mesure l'ampleur de la polémique à venir, ni la force d'attraction médiatique de l'histoire. « Quand les images sortent, j'ai d'abord une incapacité à connecter les faits au réel. Je me dis qu'il y a forcément un contexte pour expliquer cette violence. Mais très vite, je comprends que c'est grave », témoigne Mounir Mahjoubi, alors en déplacement avec Emmanuel Macron en Dordogne.

Pour beaucoup, l'affaire était pourtant réglée ; la sanction, prise. Autour d'Emmanuel Macron, on vit la déflagration comme une injustice, un emballement. « On a fait la justice à la télé, tempête Kohler. La visibilité qui a été donnée à cette affaire me semble profondément disproportionnée. » Un autre conseiller élyséen renchérit : « Très vite, notre sentiment est que la couverture médiatique est excessive au regard des faits. Il nous semble assez vite que les Français sont d'accord sur la dimension : c'est trop. Cela explique aussi la manière dont on a géré l'histoire. » Le même consent aussi un temps de flottement. Lui dit « de latence, incompressible juste pour savoir les faits ». C'est dans ces conditions qu'Ismaël Emelien se retrouve en possession d'images de vidéosurveillance de la scène du 1er mai, remises par Alexandre Benalla, censées disculper ce dernier puisqu'on y voit le couple molesté jeter des projectiles contre les CRS. Lors d'une audition le 16 janvier 2019, Emelien jure ignorer d'où elles proviennent. Et reconnaît qu'il demande alors à Pierre Le Texier, salarié d'En Marche !, de la diffuser, non pas pour « assurer la défense personnelle d'Alexandre Benalla mais celle de l'Élysée et du président de la République qui était pris à partie dans cette crise », dit-il. Cette même vidéo est brièvement mise en ligne dans la nuit du 18 au 19 juillet sur un compte Twitter pro-Macron anonyme, @Frenchpolitic, géré par l'ancien de la campagne et permanent chargé de la riposte sur les réseaux sociaux de La République en marche, avant d'être retirée. Le Texier ? « Pierre est dévoué corps et âme à Ismaël. Il le voyait très souvent à l'Élysée pour lui dire ce qui se passait au mouvement et prendre ses ordres directement de lui, comme d'autres », nous confie un salarié du parti. Lui aussi est entendu dans le cadre de l'affaire Benalla. Auprès des enquêteurs, il reconnaît estimer, dans l'instant, que la vidéo « ressemble à l'idée [qu'il se] fait d'une vidéosurveillance ». « Il a exécuté, comme toujours. Il a très peur », confie l'un de ses collègues des semaines plus tard. Laurent Blouvac, ex-directeur de cabinet de Christophe Castaner, alors patron de LREM, avant de prendre son poste de ministre de l'Intérieur, lui, nous assure à propos de cette mise en ligne : « Ni moi-même ni Christophe Castaner n'en étions informés sur le moment. » Cette histoire, assure-t-il, lui et Castaner en prennent connaissance des semaines plus tard. Pourquoi maintenir Le Texier dans ses fonctions ? « Il n'a pas réalisé ces opérations dans le cadre de son contrat de travail. L'employeur de Pierre Le Texier n'avait pas de reproches à lui faire dans le cadre de son contrat de travail », évacue-t-il. À l'hiver 2019, Le Texier rejoint l'équipe de campagne des élections européennes. Il y est chargé de… la riposte numérique. Pourtant, à l'Élysée, c'est bien ce fait qui scelle le sort de l'embarrassant chargé de mission. « La vidéo, quand on sait qu'elle a été volée, ça change tout. C'est d'ailleurs ce qui préside au licenciement d'Alexandre Benalla » dès le 20 juillet, rappelle un conseiller du Château. Emelien, lui, reste. Le conseiller spécial annonce son départ, programmé pour la fin mars, un mois après son audition.

Officiellement, parce qu'il publie « un manifeste sur le progressisme », coécrit avec le conseiller économique de l'Élysée, David Amiel. Lorsque le contenu de son audition est dévoilé par la presse, début mars, il nous assure que ces nouvelles révélations ne changent « strictement rien » à son calendrier de départ, ni à la part qu'il compte prendre à la promotion de son livre dès sa parution.

Plusieurs mois après le début de l'affaire, certains persistent à y voir un règlement de comptes entre le ministère de l'Intérieur et Alexandre Benalla, « une grosse magouille policière ». « Il a été piégé ! », tempête un ami du chargé de mission, estimant que le dispositif prévu le 1er mai à la Contrescarpe avait été sous-dimensionné. À l'écoute de cette musique, un proche du président s'arrache les cheveux. « Autour d'Emmanuel Macron, ils n'y croyaient pas. Ils considèrent que c'est une affaire absurde. Ils ne voient pas la charge symbolique. Et ils ne voient pas que, comme il y a déjà une crispation autour de Macron, tout le monde va s'en emparer », peste le même.

De fait, la communication du Palais ne parvient pas à enrayer le déferlement. Programmé en matinale le 19 juillet sur France Inter, Julien Denormandie doit réclamer en catastrophe quelques éléments de langage. Puis, le porte-parole de l'Élysée Bruno Roger-Petit est pour la première fois envoyé au feu, pour deux minutes d'allocution face caméra qui n'ont aucun effet, si ce n'est contre-productif. Un fiasco. Voilà les projecteurs braqués sur les dysfonctionnements de l'Élysée. La solidité administrative de la sanction prononcée contre Alexandre Benalla le 2 mai est mise en doute. Les libertés que s'est octroyées le chargé de mission révèlent des failles dans le système.

Et puis, il y a ce qu'un pilier de la Macronie appelle « les copinages malsains ». Dans les coursives du pouvoir, il se murmure qu'au sortir de sa garde à vue le samedi 20 juillet, Ludovic Chaker vient chercher Benalla. Lorsqu'on le lui soumet, Chaker esquive, ne confirme ni ne dément. Le nom de Mimi Marchand, sulfureuse patronne de l'agence de photo Bestimage, en charge de l'image du couple présidentiel durant la campagne aussi, est lui aussi susurré lorsque l'on cherche à savoir de quels appuis l'ex-chargé de mission a pu bénéficier.

*

Dans la tourmente, le président tergiverse, avec, comme de coutume, la ferme intention de ne rien céder à la pression des médias, ni à celle des oppositions qui s'emparent de l'histoire. Patrick Strzoda propose sa démission. Si cela peut éteindre l'incendie. Le président la refuse. Conscient qu'il y a urgence à sortir de la nasse, il adresse ce texto à ses proches en toute fin de semaine : « Bon, là, il faut arrêter une stratégie, on a jusqu'à demain midi. Quelle décision et quand ? Quelle prise de parole et quand ? Quelle répartition des rôles ? Mettez-vous tous ensemble et proposez-moi des scénarios. »

Sylvain Fort reprend la main. Car, aussi étonnant que cela puisse paraître, y compris à ses propres yeux, aucune cellule de crise ne s'est jusqu'à présent formée. Pour en constituer une, en urgence, enfin réaliser un point de situation et esquisser une stratégie partagée, il se tourne naturellement vers le commando de la campagne. « Il y a un truc, quoi qu'il arrive, quoi qu'il se passe, quoi qu'on devienne. Le président a forgé autour de lui des cercles d'amitié politique et personnelle très forts et qui croient profondément dans ce qu'il fait pour le pays. Et qui, du coup, se reformeront en cas de besoin », glisse Sibeth Ndiaye.

L'un des invités décortique : « Là, Sylvain dit : Stop, il se passe quelque chose de grave, il faut qu'on fasse entendre raison au président et, si on parle tous de la même voix, on peut faire entendre un certain nombre de choses. Alors il nous invite chez lui, dans ce cadre un peu convivial. On met un grand nombre de choses sur la table et certains découvrent le niveau de bêtise de Benalla. » Ce selfie pris lors d'un déplacement de campagne avec un pistolet – factice, dira-t-il – circule ainsi parmi les convives. Beaucoup tombent des nues.

Autour des viennoiseries, la riposte s'organise. Les participants s'accordent sur ce point : le président doit s'exprimer. « Nous, on peut passer en matinales, mais ce n'est pas le sujet, c'est l'Élysée qui est visé. Le seul qui ait le coffre, la caisse de résonance, la légitimité politique pour le faire, c'est le président », décrypte un proche. « La question est : comment gère-t-on la sortie de crise et quel niveau de frappe met-on ? Tout le monde est d'accord pour dire que Benalla est un type dangereux, malsain, donc il ne faut pas chercher à le protéger. Il faut voir comment on le débranche et comment on écarte le président de ce souci de le protéger », insiste un autre. Sylvain Fort consigne les recommandations dans une note, qu'il fait valider au petit groupe, *via* une boucle Telegram créée à dessein. Les préconisations peuvent être adressées au président. La machine se remet enfin en route. Une autre boucle est en ce temps-là créée pour faciliter les échanges au sein des collaborateurs du cabinet du ministère de l'Intérieur. Elle s'intitule… « Benayallah ».

Benjamin Griveaux et Christophe Castaner quittent le 5e, direction l'Élysée pour un déjeuner en comité restreint, avec le président, Édouard Philippe, Alexis Kohler, Gérard Collomb, Philippe Grangeon et Richard Ferrand. Le lendemain, le dimanche soir, puis lundi soir jusque tard dans la nuit et encore mardi midi, autour de François Bayrou, le Premier ministre, Ismaël Emelien, Richard Ferrand et Christophe Castaner, Emmanuel Macron peaufine ses éléments de langage. C'est décidé. Le président va parler.

Des mois plus tard, l'un de ces conjurés soupire : « L'Élysée est une drôle de machine dans son fonctionnement. Affaire Benalla, affaire Hulot, affaire Collomb, crise des "gilets jaunes"… Chaque fois, vous avez trois jours de silence, chaque fois la machine met du temps à se remettre en route. »

2

« Qu'ils viennent le chercher »

Les derniers rayons de soleil se retirent tranquillement des façades haussmanniennes du 7e arrondissement. À un jet de pierre de l'Assemblée nationale, à l'abri des murs de la Maison de l'Amérique latine, Emmanuel Macron s'échauffe, s'emporte, sulfate. Un vrai prêche à ciel ouvert. Il parle sans notes, debout, devant une foule conquise, les parlementaires de la majorité. La quasi-totalité du gouvernement est là aussi. Elle entoure le chef, qu'on n'arrête plus. « S'ils veulent un responsable, il est devant vous. Qu'ils viennent le chercher ! »

Depuis six jours déjà, en ce 24 juillet 2018, un nom, jusqu'ici inconnu au-delà des rives de la Macronie, fait les gros titres : Alexandre Benalla. Révélée par *Le Monde* le 18 au soir, l'affaire n'a cessé, depuis, de prendre de l'ampleur. Une bombe à fragmentation. À l'Assemblée nationale, les travaux sont à l'arrêt. Stoppé net, l'examen de la réforme constitutionnelle ! D'abord incrédule, frappée de stupeur, comme sidérée, et finalement peu rompue à la gestion de crise, la garde rapprochée du président a eu du retard à l'allumage. La déflagration produit ses répliques. Jusqu'à cette heure, Emmanuel Macron est resté mutique.

Il ne peut garder le silence plus longtemps. Ses lieutenants le lui ont dit, c'est sa parole que l'on attend. Il est pressé de toutes parts. Rien n'a filtré jusqu'à cet instant précis. La riposte a été échafaudée dans le plus grand secret. Il parlera. Mais à sa manière. Le cadre, comme le format, est insolite : un pot de fin de session parlementaire, dans cette maison de la gauche où François Mitterrand a fêté sa réélection voilà trente ans.

Deux pas en retrait du chef de l'État, l'hôte de la soirée savoure son coup. Richard Ferrand a tout organisé. Le président du groupe LREM à l'Assemblée a lancé l'invitation dès le mois d'avril. À l'époque les députés LREM ferraillent, et se divisent, dans une ambiance électrique, sur la loi asile et immigration de Gérard Collomb. « Ils avaient eu une année vraiment chargée, dure. Pour beaucoup, qui n'avaient jamais eu de mandats, c'était un vrai bouleversement, y compris familial, amical, explique ce fidèle parmi les fidèles. C'est assez brutal comme changement de vie. Donc, j'ai dit à Emmanuel Macron que ce serait bien qu'il vienne pour partager un moment chaleureux, les encourager, les féliciter de leur engagement généreux et parfois douloureux. » Comme un cadeau de fin d'année. À l'Élysée, Valérie Lelonge, la secrétaire particulière du chef de l'État, coche la date dans l'agenda présidentiel. Personne n'imagine alors que ce rendez-vous offrira l'opportunité de remobiliser une Macronie déboussolée.

En cette fin juillet, Richard Ferrand est l'un des rares à indiquer le nord. Peu l'auraient parié, il y a quelques mois. Mais après avoir essuyé la tempête, patienté au purgatoire, ce lieutenant du président semble enfin sortir la tête de l'eau. « Pendant un an, tout le monde se disait : "Le repris de justice, il est encore là", résume l'un de ses proches. Chez les macronistes de souche, sa popularité a décollé pendant l'affaire Benalla. »

★

Il revient de loin, l'Aveyronnais, devenu breton « adoptif et adopté ». Quand bien même, glisse un collègue, il rêvait (déjà) de la présidence de l'Assemblée nationale, sortir ainsi du gouvernement en juin 2017, un mois à peine après avoir été nommé ministre de la Cohésion des territoires, pour endosser la tâche capitale, mais ô combien ingrate, de président du groupe majoritaire à l'Assemblée... Macron lui glisse ce mot doux, pour l'encourager : « Tu es pour moi ce que Pierre Joxe [président du groupe PS entre 1981 et 1984] était à François Mitterrand. » Voilà qui ne peut que parler à ce « mitterrandiste » – ce sont ses mots – qui a « voyagé avec Henri Emmanuelli, Louis Mermaz ».

Mais la désillusion est rude. Sous le coup d'une enquête préliminaire du parquet de Brest, pour une affaire immobilière lorsqu'il était directeur général des Mutuelles de Bretagne, c'est même plus que ça. Un violent coup de tabac. Son épouse, son fils, ses deux filles paient (cher) l'addition. Aujourd'hui encore, après moult péripéties judiciaires, il vit toujours avec l'épée de Damoclès d'une mise en examen. « Richard, à un moment, on pensait qu'il allait se mettre une balle. On s'appelait pour se dire : "Tu l'as eu ? Je l'appelle..." On a vraiment pensé qu'il allait déconner. Il a basculé à un moment donné », frissonne encore un ministre.

Derrière lui, trente-sept années de Parti socialiste sans avoir pu visiter le bureau de François Mitterrand rue de Solférino. Son seul regret. Et un parcours politique modeste, mais solidement ancré dans le Finistère : conseiller général à partir de 1998, élu régional. Il pousse la porte de l'Assemblée en 2012. Aux dernières lueurs de l'été 2014, le député breton a rendez-vous avec le ministre de l'Économie. Il tombe à l'eau. Arnaud Montebourg vient de prendre la porte du gouvernement. L'élu est finalement reçu par son successeur. Un certain Emmanuel Macron. La suite est connue. Un an plus tard, Richard Ferrand est nommé rapporteur général de la loi qui fait connaître le futur président. Et agrège autour de lui une poignée de parlementaires – ceux qui ont « taillé les pierres brutes », comme dit le député Stéphane Travert, des élus « stockholmisés », raille un ancien ami socialiste – dont la fidélité ne se dément pas. Ils ne le quitteront plus.

Voilà Richard Ferrand, jusqu'alors en deuxième division, au centre du jeu, intime et conseiller du prince. Grognard. « Par un concours de circonstances, il se retrouve au premier plan. Arrive l'élection d'Emmanuel Macron. Là, ça va être le quinquennat de rêve. Et d'un coup, tout s'effondre, il est dans la machine à laver et c'est d'une violence inouïe », résume un autre pilier de la campagne. Ferrand enrage contre la presse. Il ne digère pas les unes qui lui sont consacrées, le prix que sa famille doit payer. Il est meurtri, remâche sa rancœur. Son entourage répercute, décroche son téléphone pour assaisonner les journalistes. Mais le dissuade d'organiser une conférence de presse… afin de régler ses comptes avec les médias !

Macron, lui, ne le lâche pas. Y compris dans les moments où il est plus prudent, pour le président, de formuler son soutien en langage crypté. Le 13 septembre 2017, il prend la forme d'une photo, postée sur Twitter par le conseiller presse du député. On y voit Richard Ferrand, bras dessus, bras dessous avec Brigitte Macron, après un dîner au bien nommé L'Affable, un restaurant du 7e arrondissement de Paris. Message reçu. Les amarres ne sont pas rompues. « Macron a toujours pensé qu'il devait quelque chose à Richard. Il y a très peu de gens avec qui il a ce sentiment-là, relève un ministre. Richard, son engagement, son sens du sacrifice, son abnégation, la violence de ce qu'il a subi, font que le président a une affection et donc, du coup, une part de lui tournées vers Richard. »

Dans un univers polarisé autour de l'Élysée, ce lien direct et puissant avec Emmanuel Macron est chose qui compte, pèse. Un appui bienvenu. Car, à l'Assemblée, Ferrand est chahuté. Les couloirs bruissent des récriminations d'une minorité remuante. « Trop absent », au début. Puis « trop directif », « trop distant », « trop cassant ». Lui philosophe. Et emprunte cette formule à son homologue du Sénat, François Patriat : « Quand tu es président de groupe, tu n'engendres que des aigris, à qui tu dis non. Et des ingrats, à qui tu dis oui. »

*

On en est là, lorsque le séisme Benalla fait trembler les murs du Palais-Bourbon. Les députés de la majorité longent les murs, paniquent. Les travaux sont bloqués. Entre le jeudi 18 et le dimanche 22 juillet, pas moins de 298 rappels au règlement paralysent l'hémicycle. Les oppositions réclament le Premier ministre et le ministre de l'Intérieur à cor et à cri. Ministres et cadres de la majorité enchaînent les réunions de crise, jusque sur les marches de la cour d'honneur où se négocie la création d'une commission d'enquête parlementaire. Christophe Castaner, alors secrétaire d'État aux Relations avec le Parlement, arrache un compromis. Si Gérard Collomb accepte de passer cinq minutes au micro, l'examen de la révision constitutionnelle pourra reprendre. L'affaire est topée avec les présidents de groupe. Mais le « baron lyonnais » refuse de quitter la place Beauvau. Quant au Premier ministre, il est sur la route entre Bourg-d'Oisans et Valence, dans la caravane du Tour de France.

Il faut éviter la débandade. Richard Ferrand enclenche une opération de remobilisation. Son téléphone vibre de textos. Ce sont des députés de la majorité qui, depuis leurs circonscriptions, lui écrivent : « J'arrive. » Drôle de vendredi soir. Ses collaborateurs foncent à la Casa Germain, à deux pas de là, rue de l'Université. Ils reviennent à la questure, les bras chargés de pizzas. Là, devant la ministre de la Justice Nicole Belloubet et les députés réquisitionnés pour les débats, Ferrand sonne le tocsin. Son injonction ? Ne rien lâcher. Il a alors en tête d'inverser les fronts. Si son plan fonctionne, espère-t-il, l'opinion se retournera contre l'obstruction des oppositions. Comment justifier de bloquer l'Assemblée, pour « une affaire d'été », comme dit la majorité ? Telle est, alors, la stratégie établie.

Le lendemain, de guerre lasse, le président de l'Assemblée nationale, François de Rugy, songe à interrompre la séance. En salle Colbert, devant ses troupes, Ferrand reprend la parole. Il retrouve ses accents guerriers de la veille. « Il faut tenir la tranchée ! » Des mois plus tard, désormais locataire du prestigieux hôtel de Lassay, demeure des présidents de l'Assemblée, il se souvient de cet instant « émouvant ». L'examen de la révision constitutionnelle est finalement suspendu le dimanche, en fin de matinée. La défaite est au moins intervenue les armes à la main. « Ça a ressoudé notre camp », savoure Ferrand, renforcé, et à la tête d'un groupe consolidé, donc, lorsqu'il accueille Emmanuel Macron, le 24 juillet à la Maison de l'Amérique latine.

⋆

Pour gagner ce lieu de réception chic, où s'étirent de belles pelouses préservées du tumulte du boulevard Saint-Germain, le chef de l'État emprunte une porte dérobée. Sensation, lorsqu'il débarque dans la cour ! Il salue le député MoDem Bruno Millienne. Une coupe de champagne à la main, l'élu se trouve être, par la force du destin, le premier sur son chemin. Enfin, le chef va parler ! Un frisson parcourt la foule. Un cadre du groupe s'amuse de ce « phénomène particulier aux députés de la majorité » : « Lorsqu'ils voient Macron, c'est comme s'ils voyaient le Messie ! » Dans l'assistance, un député LREM se fait la même réflexion. Il se souvient de sa stupeur en voyant, en tout début de législature, certains de ses pairs quémander des selfies avec le chef de l'État. Mais cet instant, dans la cour de la Maison de l'Amérique latine, décidément, « c'est le plus barge ». Mi-moqueur, mi-terrifié – « je me dis qu'on n'est pas nombreux à avoir assez de sang-froid » –, il glisse à l'oreille de son voisin : « Il nous dirait là, maintenant, d'aller chercher un bidon d'essence et de nous immoler, 90 % le feraient. Le Temple solaire... »

Fort heureusement, le chef de l'État ne leur en demande pas tant. Il se lance dans une longue tirade. Une demi-heure, dont dix-sept minutes consacrées à la seule affaire Benalla. Le message a été travaillé, peaufiné, au cours de multiples réunions avec sa garde rapprochée, les jours précédents et jusqu'à un ultime déjeuner le jour même à l'Élysée. « Ce qu'il dit est assez fidèle à ce qu'on avait imaginé. Il le dit avec ses mots, les gens sont bluffés, car il n'y a pas de discours écrit. Le côté, *c'est moi le responsable*, c'est le plus fort. C'est puissant politiquement de dire : "J'assume" », applaudit le porte-parole du gouvernement Benjamin Griveaux. Le président se range en première ligne et ouvre le parapluie pour protéger ses hommes. Qui apprécient. « J'ai trouvé immondes les articles visant Strzoda [le directeur de cabinet du président], le plaçant comme potentiel fusible », abonde Ismaël Emelien.

Tenue à bonne distance, à l'extérieur, sur le trottoir du boulevard Saint-Germain, la presse apprend qu'Emmanuel Macron sort enfin de son silence par les textos de députés. La scène est filmée par les community managers de l'Élysée. Rien de surprenant à cela. C'est systématique, automatique, depuis le début du quinquennat. Dès lors que le président sort, c'est comme ça. Plus inhabituelle est la façon dont la vidéo est distillée à une poignée de médias savamment choisis. Vraie-fausse fuite organisée, d'une réunion qui n'a rien de privé.

Le président plaisante. « D'abord, je dois toute la vérité. Alexandre Benalla n'a jamais détenu de codes nucléaires, Alexandre Benalla n'a jamais occupé un trois cents mètres carrés à l'Alma, Alexandre Benalla n'a jamais gagné 10 000 euros, Alexandre Benalla, lui non plus, n'a jamais été mon amant. » À cet instant précis, le ton, la méthode rappellent une autre soirée. Celle du 6 février 2017, lorsque, en pleine campagne présidentielle, Emmanuel Macron s'était invité par surprise à un meeting d'En Marche ! au théâtre Bobino (propriété de son ami Jean-Marc Dumontet) pour démentir les rumeurs lui prêtant une relation avec le patron de Radio France. « Si dans les dîners en ville, si dans les boucles de mails, on vous dit que j'ai une double vie avec Mathieu Gallet ou qui que ce soit d'autre, c'est mon hologramme qui soudain m'a échappé mais ça ne peut pas être moi ! »

À la Maison de l'Amérique latine, Macron prend sur lui. Il endosse la responsabilité d'avoir pu laisser penser que le chargé de mission de l'Élysée était protégé, entraînant le déraillement de la chaîne de décision. « L'immense dignité du préfet Strzoda » est dûment saluée. « Ce qui nous a conduits là, ce n'est pas la République des fusibles, ce n'est pas la République de la haine, celle où l'on fait trinquer un fonctionnaire ici, un collaborateur là, tempête Emmanuel Macron. S'ils veulent un responsable, il est devant vous. Qu'ils viennent le chercher ! »

« Qu'ils viennent le chercher »... Comme souvent lorsqu'il est sans filet, Emmanuel Macron prononce les mots de trop. Ceux-là n'étaient pas dans le script. « Pas du meilleur goût », « personne ne lui a conseillé de dire ça », « le truc en trop » : ses proches s'étranglent. Richard Ferrand comprend que la presse se jettera sur cette sortie de route. La presse justement, le président l'étrille. « Elle ne cherche plus la vérité », lâche-t-il, omettant qu'elle vient justement de révéler l'affaire qui le plonge dans l'embarras. Comme chaque fois qu'il est en position de contre-attaquer, la charge est massive, belliqueuse. Dans le public, des groupies acquiescent. « Ah oui, c'est vrai ! » Nouveau coup de griffe : « Je vois un pouvoir médiatique qui veut devenir un pouvoir judiciaire, qui a décidé qu'il n'y avait plus de présomption d'innocence dans la République et qu'il fallait fouler aux pieds un homme et avec lui toute la République. » Gare aussi aux parlementaires qui seraient tentés « d'émettre une voix dissonante ». Le cas échéant, prévient-il, leur fin serait d'une rare violence : « Les tireurs couchés d'un jour finissent abattus avec les autres. » Dans le public, un député ne sait qu'en penser. « Du pur génie ou de la folie ? » Un ténor de la majorité, lui, oscille entre amertume et acidité. « Ils reprennent les mêmes éléments que François Fillon dans son affaire : sur le thème, ça n'intéresse personne, il y a manipulation de la part des oppositions qui orchestrent le truc, les médias ne nous aiment pas et donc jouent leur revanche là-dessus. »

Du haut de son mètre quatre-vingt-dix, Édouard Philippe domine d'une tête les chapeaux à plume qui entourent Emmanuel Macron. Le chef du gouvernement écoute, curieusement en retrait derrière l'arc de cercle formé par les ministres. Au gré des fulgurances et des excès du chef de l'État, il trépigne, se balance de gauche à droite, regarde au ciel, enlève, puis remet ses lunettes. L'après-midi même de ce 24 juillet, le Premier ministre a donné de sa personne. Dans les hémicycles de l'Assemblée et du Sénat, il a répondu à dix-sept des vingt-six questions posées au gouvernement. Toutes portaient sur l'affaire Benalla. Une affaire interne à l'Élysée, dont Matignon a longtemps, trop longtemps, été tenu à l'écart. « Il y a eu un dysfonctionnement au sein du gouvernement. Le ministère de l'Intérieur n'a pas fait remonter ce qui s'est passé durant la manifestation place de la Contrescarpe, se désole un proche. Édouard, il découvre cela dans *Le Monde.* » Cette vidéo, pourtant, de la place Beauvau au siège d'En Marche !, toute la Macronie ou presque l'a vue depuis ce 2 mai.

Et cela continue. Durant les vingt-quatre heures qui suivent les révélations, Matignon comme certains ministres de poids sont laissés dans le flou. En clair, le Premier ministre, écarté, ne peut que subir les turpitudes d'une affaire qui doit se régler entre macronistes historiques. Le cercle se resserre, lorsqu'il est attaqué. Et puis, comme nous le fit remarquer un jour un député de la majorité à propos d'Emmanuel Macron, « tout procède de lui et pour lui ».

3

Les pancartes qui ont failli trahir Macron

La vie prend parfois la tournure d'un vaudeville. La scène, anecdote savoureuse qui circule au sein du tout premier cercle du président, se joue, au début de l'année 2016, dans l'appartement privé du couple Macron à Bercy. Comme cela lui arrive fréquemment en ce temps-là, le président de la République, François Hollande, accompagné de Julie Gayet, s'invite à déjeuner chez son ministre de l'Économie. Il ne sait pas, et pour cause, que deux jours plus tôt le commando œuvrant dans le plus grand secret à la création d'En Marche ! était dans ces mêmes murs. Sa mission : soumettre des « boards » présentant des projets de noms pour le futur mouvement à Emmanuel et Brigitte Macron. Traduction de la novlangue marketing : des pancartes, sur lesquelles figurent les différentes idées, dont celle qui séduit le ministre au premier coup d'œil : « En Marche ! » Et comme il n'est pas de vaudeville sans placard, c'est là que sont rangés lesdits « boards » à l'issue du rendez-vous.

La chute serait attendue si l'on était au théâtre. Elle l'est moins pour une tranche de la vie qui se joue au sommet de l'État, devenue une histoire que l'on se plaît à raconter en Macronie. Car, nous relate-t-on, c'est ce même placard qu'ouvre François Hollande par hasard. « Trop occupé à s'extasier sur l'ordonnancement des cravates par couleur », rigole un conjuré. Il ne remarque rien des pancartes. Brigitte Macron en est quitte pour une bonne frayeur. Baisser de rideau. L'histoire vaudra d'être racontée, entre deux éclats de rire, aux fantassins qui œuvrent en coulisses.

Ainsi est né le parti qui a conduit Emmanuel Macron au pouvoir. Entre artisanat et culte du secret, avec tout de même quelques puissantes bonnes fées penchées sur son berceau. Et des fondés de pouvoir pour constituer le commando.

*

Entre septembre et novembre 2015, Ismaël Emelien décroche son téléphone. Au bout du fil, de vieux copains auxquels il présentera le ministre de l'Économie dans les semaines à venir. Ils s'appellent Adrien Taquet, Benjamin Griveaux, Stanislas Guerini, Cédric O ou Ludovic Chaker. « La raison pour laquelle je me sens à l'aise pour faire appel à eux au tout début, c'est que j'ai confiance en eux sur le plan professionnel, nous confie Ismaël Emelien. Ceux avec qui on travaille doivent être des personnes efficaces, compétentes, et parfaitement étanches. Par construction, ce sont des gens avec qui j'ai déjà travaillé, en qui j'ai confiance. C'est comme ça que ça s'est fait. » Féru de politique américaine, il a également retenu la *No Asshole Rule* du livre de David Plouffe, ex-directeur de campagne de Barack Obama, sur la campagne présidentielle de 2008 : « L'existence de liens d'amitié renforce beaucoup l'efficacité collective. » Paradoxalement, en ce début d'année 2019, il apparaît soucieux, très soucieux, de tordre le cou à la légende de la « bande de copains » qui se serait choisi un poulain.

Novembre 2015. Dans le décor branchouille de l'hôtel Amour, repaire bobo du 9e arrondissement de Paris, Ismaël Emelien et Adrien Taquet partagent un petit déjeuner. Le conseiller en communication expose ainsi le plan à son ami : « On est en train de réfléchir avec Emmanuel à la façon d'élargir son action. Il aimerait bien que tu réfléchisses avec nous. » Celui qui est encore publicitaire, à la tête de l'agence Jésus et Gabriel, est flatté, intéressé, mais demande à voir. Il veut rencontrer Macron. Bien vite un déjeuner est organisé dans l'appartement de Bercy, avec Alexis Kohler, Julien Denormandie, Cédric O, Ismaël Emelien, Brigitte et Emmanuel Macron. Un autre suit avec l'ex-président du Crédit lyonnais Jean Peyrelevade et l'avocat François Sureau. Puis c'est avec son meilleur ami Stanislas Guerini qu'Ismaël Emelien décide de convier Benjamin Griveaux à Bercy. « Il nous décrit la situation politique telle qu'il la voit, se souvient ce dernier. Il dit qu'il faut que nous puissions peser intellectuellement sur la campagne présidentielle de 2017. » À ce stade, on ne sait pas encore bien comment. On tâtonne.

L'agitateur socialiste Gérard Filoche vient de lancer une pétition demandant la démission d'Emmanuel Macron. Les VAM [« les Vieux avec Macron », une blague en Macronie] de l'époque, Jean Peyrelevade et Henry Hermand, s'en agacent. Henry Hermand, riche homme d'affaires, compagnon de route de Michel Rocard, a rencontré Emmanuel Macron, alors stagiaire à l'ENA, voilà quinze ans, lors d'un dîner chez un copain préfet. Il en a fait son protégé, le parrainant (avec Jean-Pierre Jouyet) de la commission Attali à la banque Rothschild. Depuis son grand bureau de la rue Lamennais, dans le 8e arrondissement de Paris, l'élégant octogénaire, décédé en novembre 2016 avant d'avoir vu son filleul en politique déclarer sa candidature à l'élection présidentielle, couve le jeune ministre. Et pas uniquement en encourageant ses fortunés amis à verser leur obole. « Ne parlez pas trop d'argent, ni de mon âge », nous avait-il glissé en septembre 2016. « J'ai le devoir de veiller aux orientations, de faire un peu pendant aux gens de droite qui le soutiennent, parce que j'ai un passé », poursuivait celui qui a cheminé avec les pères de la gauche réformiste, Pierre Mendès France et surtout Michel Rocard, dont il portait alors encore le deuil lorsque nous l'avions rencontré. À l'automne 2015, son idée de publier une tribune dans la presse pour défendre Macron n'est pas retenue. Il est question de monter une fondation, idée également abandonnée. Ce sera un mouvement politique.

« Ce qu'on a vécu à Bercy, c'était un exercice de très grande frustration », explique Ismaël Emelien *a posteriori*. Le conseiller se souvient : pour répondre à l'état d'urgence économique et social – une formule employée dès l'automne 2014 –, Macron produit une note. Une lettre adressée au président et au Premier ministre, dans laquelle il propose un ensemble de mesures. Renoncer à faire la loi Noé, dite « loi Macron 2 », en extraire les deux ou trois mesures les plus fortes, y ajouter une partie de la loi travail, doubler cela d'une initiative européenne, faire passer le tout dès le mois de janvier. « Il n'y a jamais eu de réponse au courrier », confie le conseiller. À partir de là... « On se dit que ce canal ne fonctionne pas. Pour se faire entendre dans ce monde-là, il faut créer un rapport de force. Comment on fait ? Est-ce qu'on crée une fondation, une association, est-ce qu'on adhère tous au PS et on crée un courant ? C'est assez ouvert, comme réflexion. Et on arrive à la conclusion, après avoir regardé ce qui s'était fait aux États-Unis, en Espagne, en Italie, en Angleterre, qu'il faut créer quelque chose », poursuit Ismaël Emelien.

*

Préparer la suite, aussi. Dès octobre 2015, Julien Denormandie, directeur de cabinet adjoint de Macron à Bercy, échafaude un plan. Dans le plus grand secret, il établit, pour son patron, trois scénarios de sortie du gouvernement. L'un prévoit de s'en aller avant même qu'En Marche ! ne soit lancé. Un autre est celui qu'ils ont vécu. Longtemps, briefés par Ludovic Chaker, les conjurés doivent vivre cachés. Ils ne se parlent pas de certaines choses au téléphone, échangent *via* la messagerie chiffrée Telegram, dont ils utilisent le minuteur de destruction de messages. Le principe ? Vous réglez, dans les options, le temps, trente secondes, une minute, une heure, un jour, au bout duquel le texto s'autodétruira. Un ami d'Ismaël Emelien y voit un sens des précautions hérité des années DSK, quand le conseiller fréquentait le petit club qui préparait l'atterrissage du patron du Fonds monétaire international à la primaire PS de 2011. Juste avant que leurs rêves ne s'échouent dans une chambre d'hôtel. « On était pistés, se souvient l'un d'eux. Quand on avait rendez-vous à côté du FMI avec lui, ou qu'on travaillait pour lui en son absence, on nous disait : prenez vos téléphones, enlevez la batterie quand vous partez de chez vous. Et quand vous arrivez au point de destination, laissez les téléphones fermés. »

Emmanuel Macron non plus ne doit pas se faire prendre. Il est à l'époque ministre, d'un président de la République qui lui a tout donné : un poste de conseiller à l'Élysée, puis un bureau à Bercy. Si jeune, sans qu'il ne soit jamais élu. Et puis, les socialistes, même s'ils s'en méfient, pensent encore qu'il sera des leurs. Jean-Christophe Cambadélis se souvient de ce déjeuner, en septembre 2015, boulevard Saint-Germain. « Je lui dis : "Qu'est-ce que tu veux faire ? Tu veux une députation ? Tu veux être à la tête d'une collectivité locale ?" » Macron, lui, regarde du côté de Marseille. « J'ai donc commandé un sondage, poursuit Cambadélis. Et à notre étonnement à tous, Macron était battu par le FN. Il était donc un peu refroidi. À ce moment-là, je lui dis : "Fais un viager à Lyon avec Collomb." » Bref, autour de la table, ce jour-là, on balaie toutes les options, sauf celle d'une candidature à la présidentielle de 2017.

★

En cette fin d'année 2015, la petite bande agrégée par les soins d'Ismaël Emelien commence à se réunir hors des heures de bureau, dans des cafés, des restos, pour réfléchir aux statuts du mouvement, aux modalités d'adhésion. En février 2016, l'un de ceux-là, Emmanuel Miquel, présente le premier business plan du parti à Emmanuel Macron. Il s'occupera des levées de fonds, essentiellement des dîners à partir d'avril 2016, un ou deux par semaine, souvent en présence de Macron, avec Christian Dargnat, un cadre dirigeant de BNP Paribas. Quinze millions d'euros de dons sont ainsi récoltés. Cédric O, trésorier, a, lui, l'œil sur les dépenses.

Par souci de discrétion, le 20 février 2016, à la sous-préfecture de L'Haÿ-les-Roses, les statuts sont déclarés sous ce nom passe-partout : l'Association pour le renouvellement de la vie politique, domiciliée chez l'épouse du patron de l'institut Montaigne et ami de Macron, Laurent Bigorgne, au Kremlin-Bicêtre. L'objet est volontairement flou : « Apporter un nouveau cadre de pensée et d'actions dans la vie politique française, grâce à la participation et la mobilisation des acteurs de la société ; construire une force de conviction et de propositions, par tous les moyens contribuer au débat démocratique ; fédérer un réseau d'associations qui lui sont affiliées dans les formes prévues par les présents statuts. » Cela pourrait être n'importe qui. Ni vu ni connu.

Reste qu'il faut trouver un nom, un vrai, en prévision du jour où le voile sera levé. Adrien Taquet, le publicitaire, est mis à contribution. Pendant la campagne, son agence produira les affiches des premier et second tours, ainsi que les films de propagande. Un soir de début 2016, Taquet organise une réunion au sommet dans la cuisine de son appartement parisien. Ismaël Emelien, Benjamin Griveaux, Stanislas Guerini, Cédric O, Emmanuel Miquel sont attablés autour d'une bouteille de rhum Jésus. Un cadeau client – l'agence réalise essentiellement des publicités alimentaires. « Disruptif, une grammaire différente, la notion de mouvement, de dynamique, la promesse de déverrouiller la France, la problématique de créer un lien subliminal avec Emmanuel Macron... » Adrien Taquet, qui a couché sur le papier ses propositions de noms, dessine le cadre de sa réflexion. Stanislas Guerini emporte ce jeu de devinettes. « En Marche ! » Les initiales sont les mêmes que celles d'Emmanuel Macron. Le logo sera écrit de sa main. À qui en revient la paternité ? Aujourd'hui encore la question est un sujet de chamaillerie et de plaisanterie au sein de la petite bande.

Les vieux briscards de la Macronie, dans un premier temps, tiquent. Ce nom leur rappelle « la marche sur Rome », du temps de l'Italie fasciste. Connoté... Mais le moment venu, personne d'autre ne songe à cette référence de l'ancien monde. Quand vient le temps des législatives, soucieux de rassembler plus largement, Emmanuel Macron souhaite gommer cette appellation personnifiée. La petite équipe est de nouveau chargée de cogiter. Le parti majoritaire s'appellera « La République en marche ».

★

À l'automne 2015, ces trentenaires, anciens strauss-kahniens, orphelins de parti depuis l'affaire du Sofitel, sont donc enrôlés. « Ce qui est génial, c'est que Macron a mis la main là-dessus alors qu'il n'a jamais été strauss-kahnien de sa vie. Il a été malin. Il les a hackés. Emmanuel avait beaucoup de réseaux chez les vieux, mais il n'avait pas de gens de sa génération ou de la génération d'en dessous. C'est ce que lui a apporté Ismaël. Il lui doit beaucoup », décrypte Gaspard Gantzer, ancien conseiller en communication de François Hollande et condisciple d'Emmanuel Macron à l'ENA. Mais le jeune ministre de l'Économie n'est pas homme à mettre tous ses œufs dans le même panier. « Je suis très lucide, je n'ai aucune prétention de penser qu'à ce moment-là on est le seul hameçon qu'il lance. Il serait imprévoyant de ne compter que sur des personnes qu'il connaît finalement très peu », relève Stanislas Guerini.

★

En parallèle, Emmanuel Macron tisse sa toile auprès des parlementaires socialistes. Il y a déjà la bande de la loi qui porte son nom. Celle de Richard Ferrand, Stéphane Travert, Arnaud Leroy, Christophe Castaner, Corinne Erhel, tous socialistes, tous subjugués par le ministre. Ferrés, soudés. Le 27 août 2015, belle journée d'été passée au milieu des vignes, est l'occasion d'une nouvelle opération séduction. Le ministre de l'Économie, snobé par les organisateurs de l'université d'été du PS à La Rochelle, est l'invité vedette de la rentrée des Réformateurs à Léognan en Gironde. Un coup, notamment orchestré par Jean-Marie Girier, le bras droit du maire de Lyon Gérard Collomb, et futur directeur de campagne du candidat Macron. Ce jour-là, auprès de l'aile droite du PS, le jeune ministre fait un tabac. Le genre de moment que François Patriat s'amuse à appeler, avec l'humour qu'on lui connaît, « les premières scènes de Jésus sur la montagne ».

Le président PS de la région Bourgogne a pris la route à 3 heures du matin pour être là. « Les Réformateurs aiment cet éloge de la réforme, avec un enthousiasme extraordinaire, se souvient-il. Il fait du Rocard que je comprends. » Ce jour-là, déjà un peu « groupie » – un terme qu'il assume –, il glisse à l'oreille du locataire de Bercy qu'il réconcilie son « cœur de gauche avec la pratique politique ». Le Bourguignon, fan de chasse et amateur de bon vin, n'a pas attendu cette fin d'été pour découvrir le phénomène. Leur rencontre remonte à la fin du mois de mars 2015. Le ministre est à Beaune, venu visiter l'entreprise Atol. L'égérie de l'opticien, Adriana Karembeu, est là aussi. Plus d'un attendent le mannequin longiligne de pied ferme. Mais, raconte Patriat, « quand Emmanuel est arrivé, tous les salariés sont venus vers lui, Adriana Karembeu faisait de la figuration ». « Jésus sur la montagne », on vous dit. Ni une ni deux, Macron propose au patron de région de déjeuner. Début d'une indéfectible fidélité. Patriat organise des petits déjeuners, au palais du Luxembourg ou alentour, pour rallier des sénateurs, avant de fonder le groupe En Marche ! au Sénat. « Fanfan », comme le couple Macron l'appelle, reste, aujourd'hui encore, l'un de ses plus fidèles.

À Léognan, Macron engrange. « Il a une aura, une prestance. Il tutoie tout le monde, il te tape sur le ventre et t'appelle ma poule... Bon, les gens sont contents. Par les temps de disette du hollandisme, les noisettes, il n'y en avait pas trop », relève l'ancien ministre Jean-Marie Le Guen. Ce strauss-kahnien, affidé de Manuel Valls, pilier du pôle des Réformateurs, a alors en tête « d'amortir les chocs » entre le Premier ministre et l'ambitieux pensionnaire de Bercy. Il se souvient : « Son discours, c'est la Californie, *new wave*, les nouvelles technologies, un nouveau monde... C'est un peu décalé, mais tout le monde a envie de célébrer l'événement. »

Gérard Collomb, l'autre patron du courant, qui ne connaissait Macron que de loin, lui, a le coup de foudre. Bien vite, un dîner est organisé. Collomb a tôt fait de jouer les rabatteurs d'élus. « Il faut que tu y ailles », serine-t-il, tout en mettant ses moyens à disposition, notamment, nous raconte un parlementaire invité, les beaux locaux de la Ville de Lyon. Avec son gang des Lyonnais, dont Girier est le premier lieutenant, ils s'amusent aussi à faire tourner les socialistes en bourrique. Comme lorsqu'ils trouvent au trublion Fabien Verdier, chien fou et décalé dans un jeu de quilles, les parrainages manquants pour sa candidature à la primaire de la Belle Alliance populaire (BAP) – appellation trouvée par le PS pour élargir sa base. Ou que des militants PS lyonnais s'inscrivent en masse pour participer à la convention de cette même BAP, à La Villette. Ce 3 décembre 2016, deux jours après le renoncement de François Hollande, les rames de TGV réservées par « le natio » partiront à vide...

Mais revenons à cette journée dans les vignes à Léognan. Elle marque le début d'une fissure au sein de l'aile droite du PS. L'été suivant, aux abords du Petit Bain, péniche du 13e arrondissement de Paris, les Réformateurs sont clairement scindés entre vallsistes et macronistes. Conclusion de Jean-Christophe Cambadélis, alors patron du Parti socialiste : « Tout va se précipiter avec une connerie. Comme il est libre, il leur dit ce qu'ils ont envie d'entendre. Et tout le monde applaudit. Et moi, j'ai un courant Les Réformateurs qui est l'expression de Valls, mais le faux nez de Macron. »

S'ouvre alors pour une partie des socialistes une intense période de tiraillements. L'ancienne ministre de la Santé, Marisol Touraine, dont une bonne partie du cabinet essaime désormais en Macronie, se souvient : « Certains disaient, il faut laisser tomber Hollande et aller avec Macron. D'autres : on ira avec Macron si Hollande n'y va pas. D'autres, encore, étaient plus prudents. La réflexion a existé à ce moment-là, avec l'idée qu'il y avait au fond chez Macron l'incarnation de la relève de ce qu'on avait toujours défendu. Pour les uns, c'était l'espoir de voir enfin arriver un modernisateur social-démocrate au pouvoir. D'autres, dont j'étais, étaient plus distants, avec le sentiment que c'était plutôt du social-libéralisme et qu'il proposait d'une manière plus libérale que je ne l'aurais souhaité la rénovation de la gauche. Et, à l'arrivée, la gauche a totalement disparu de son projet. »

*

Dans la galaxie Macron, où tout tourne autour du ministre, chaque constellation ignore souvent l'existence de l'autre. L'amour du secret. Au début, rien ne relie les parlementaires et les trentenaires strauss-kahniens à la tête bien faite. Il faut attendre le début de l'année 2016 pour que s'amorce la coagulation. Et encore, de façon perlée. Il est drôle aujourd'hui d'entendre des fidèles du chef de l'État, pourtant tous de la première heure, refaire l'histoire minute par minute. Qui est arrivé le premier ? Certains s'accusent mutuellement, et sans le savoir, de n'avoir poussé la porte qu'en septembre 2016. Soit tard, trop tard, sur la frise chronologique macroniste, pour être considéré comme un véritable pionnier.

*

En mars 2015, Julien Dray organise une petite fête, chez lui, pour son anniversaire. Comme toujours, avec « Juju », il y a du beau monde. Le couple Hollande-Gayet, entre autres. Le couple Macron aussi. Le président de la République se lance dans un petit discours, empreint d'humour et de tendresse : « Pourquoi Dray, je le connais ? C'était le gauchiste qui comptait, avec "Camba", et il fallait surveiller les deux. Mitterrand m'avait dit : "Vous, François, vous allez vous charger de Julien Dray." » Au tour de Macron de dire quelques mots affectueux, assortis de cette remarque aujourd'hui si savoureuse :

« Maintenant que j'ai entendu le président, je me demande si le président ne l'a pas chargé de me surveiller. » On a un peu oublié cette amitié que les deux intéressés s'attachent aujourd'hui à minimiser. Mais Macron et Dray furent proches. Très proches.

Le « baron noir » du PS s'entiche du jeune secrétaire général adjoint de l'Élysée au début du quinquennat de François Hollande. À une époque où il est mis au ban par Valérie Trierweiler, qui partage la vie de son vieux copain. Dray et Macron sympathisent, se fréquentent, se parlent. Le routier des arcanes socialistes introduit son cadet dans de nouveaux cercles. Le chaperonne, en quelque sorte. « L'influence de Dray sur Macron est majeure. Il le forme à la politique. C'est lui qui lui a dit qu'il fallait faire un mouvement, exactement comme SOS Racisme », confie l'un de ses amis. Il se murmure alors que Dray manœuvre, comme il sait si bien le faire. Son plan serait le suivant : faire monter Macron pour contrer Manuel Valls. Mais, observe Jean-Christophe Cambadélis, « le marionnettiste voit sa marionnette lui échapper ». Selon l'un de ses vieux copains, Macron ne le prévient même pas de la création d'En Marche !.

Aujourd'hui, Julien Dray livre une version épurée de leur relation : « On a beaucoup discuté. Je pense que cela lui a été utile. Je crois à un dispositif politique possible avec lui jusqu'à l'été 2016. On avait une relation humaine, avec le caractère attachant du personnage, pas prétentieux et très respectueux à l'époque. »

*

Avril 2016, Ismaël Emelien et Julien Denormandie déménagent. Le conseiller en communication et le directeur de cabinet adjoint du ministre de l'Économie quittent Bercy en éclaireurs. Le duo rejoint Ludovic Chaker, qui occupe seul, depuis un mois et demi, le local d'En Marche ! au 75 bis, rue des Plantes. Loin, très loin, des vastes bureaux du ministère, baies vitrées, vue imprenable sur Paris et la Seine, où ils ont pris l'habitude de travailler côte à côte. La rue des Plantes, c'est un poème qui tient sur soixante-quinze mètres carrés. « Un local ignoble, avec des miettes de pizza sur la moquette, où il y avait trois ordinateurs, un pot de fleurs. C'était pas jojo, mais c'est une époque où l'on rigolait encore beaucoup », se souvient l'un des (rares) visiteurs. Longtemps, il fut interdit à l'équipe d'en donner l'adresse. On vient chercher journalistes ou visiteurs à la sortie du métro, on les voit au café du coin, L'Impératif. Aux heures les plus chaudes de l'été 2016, l'atmosphère y est étouffante. Une seule fenêtre s'ouvre. Les gens – il arrive qu'ils soient jusqu'à vingt-cinq dans ce réduit – travaillent pieds nus. On se procure des ventilateurs.

Tout est à créer. Il faut recruter, faire les contrats de salariés, concevoir la base informatique, l'interface numérique, les budgets... et répondre aux exigences du patron. Julien Denormandie se souvient : « Macron, au tout début de l'été, en juin, nous dit, à Ismaël et moi : "Je veux que chaque adhérent reçoive une invitation pour faire une réunion localement. Et il faut que ce soit fait dans le mois." À l'époque, on avait quarante mille adhérents. » Ni une ni deux, Julien Denormandie, Stanislas Guerini, Adrien Taquet, Ismaël Emelien, Ludovic Chaker, Benjamin Griveaux, puis Richard Ferrand, des stagiaires même, se mettent à sillonner les routes de France. « Je me souviens avoir pris ma voiture pour aller dans des réunions à Beauvais où il y avait vingt-cinq personnes.

De temps en temps, on faisait des réunions où il y avait six personnes », se remémore Denormandie, désormais installé dans les fonctionnels locaux du ministère de la Cohésion des territoires, avenue de Ségur. De cette époque, certains au sein de l'équipe gardent non sans fierté et jalousement cette appellation : « Les *missi dominici* du début ».

*

28 février 2017. Emmanuel Macron se présente pour la première fois devant le bureau exécutif du MoDem. François Bayrou, qui vient de faire alliance avec le candidat d'En Marche ! à la présidentielle, en a informé ses cadres la semaine précédente. Tout le monde convient de ne rien dire. Une petite vingtaine de personnes sont autour de la table. Toutes gardent leur bouche cousue ! La semaine suivante, lorsque Macron arrive, il n'y a pas un chat, pas un journaliste, pas une caméra, devant le 133, rue de l'Université. Se présentant à ses nouveaux amis, le candidat s'en félicite, se dit impressionné que cette famille politique sache ainsi garder un secret. Près de deux ans plus tard, Patrick Mignola, président du groupe MoDem à l'Assemblée nationale, s'en amuse. « La première fois que je le vois, le premier truc dont il parle finalement, c'est de savoir garder un secret, une confidentialité. Intéressant... »

II

LES VIEILLES FIDÉLITÉS

4

Rue de La Planche

Main sur un genou et sourire enjôleur, légèrement renversé sur son fauteuil, Dominique Strauss-Kahn pose tel un patriarche. À l'automne 2006, il s'agit d'illustrer, fort classiquement, un article de *Paris Match*. Une photographie de presse pour annoncer que l'ancien patron de Bercy, auréolé d'une réputation de brillant économiste, inquiété, puis blanchi dans le cadre de plusieurs affaires, dont celle de la « cassette Méry », s'élance dans la primaire du PS pour la présidentielle de 2007 face à Ségolène Royal et à Laurent Fabius. Photo dans la photo, sur le mur derrière lui, la pancarte promotionnelle de l'un de ses ouvrages et une affiche portant la promesse d'une belle campagne, « DSK 2007 ». Un cliché comme un vestige du passé, de la sépia sur l'échelle du temps macronien. Là pour rappeler que l'on n'arrive jamais vraiment de nulle part.

Rassemblées autour de Strauss-Kahn sur l'image, comme dans une représentation de la Cène, des figures connues du marigot de la politique : les communicants Anne Hommel, Ramzi Khiroun et Gilles Finchelstein, par ailleurs directeur de la Fondation Jean-Jaurès. Mais aussi de jeunes pousses, dont la fraîcheur est censée booster la campagne de DSK. Ismaël Emelien, 19 ans, Benjamin Griveaux, 29 ans, Stanislas Guerini et Cédric O, 24 ans tous les deux, affichent leurs sourires. On les devine ravis. Un peu impressionnés d'être là, aussi. Se doutent-ils qu'il ne s'agit que d'un échauffement ? Impossible d'imaginer alors que cette aventure en préfigure une autre, lointaine, dont ils seront cette fois les cadres. Plus savoureuse encore, car couronnée de succès.

Pour l'heure, ces têtes bien faites, nourries au bon grain de Sciences Po et HEC, ne sont encore que des petites mains. Ce « groupe très sympathique », *dixit* Gilles Finchelstein, se fond naturellement dans les moulures du vaste et cossu appartement du 7, rue de La Planche, loué par Anne Sinclair pour DSK dans le 7e arrondissement de Paris. Ils profitent « de travaux pratiques géants », selon les mots d'un de leurs aînés. « Ils ont vu que la politique, ce n'est pas que le débat d'idées », poursuit le même. Ils y apprennent le rapport de force, la déstabilisation de l'adversaire. Bref, le combat à la papa.

« Quand on regarde aujourd'hui ce que sont devenus les gens qui gravitaient au cœur de la rue de La Planche, il y a une jolie histoire à raconter », sourit Finchelstein. Pêle-mêle s'y croisent quelques hiérarques socialistes, Jean-Christophe Cambadélis, Pierre Moscovici, Christophe Borgel, Marisol Touraine, Jean-Marie Le Guen, tous emportés par la vague de 2017, sauf « Mosco », commissaire européen qui caresse à l'hiver 2019 l'espoir d'être nommé à la tête de la Cour des comptes. Rêve finalement balayé. Des intellectuels, le fondateur du think tank Terra Nova Olivier Ferrand, partenaire de tennis d'Édouard Philippe à l'ENA, élu député PS en juin 2012, décédé subitement treize jours plus tard. Et puis une palanquée de jeunes diplômés des grandes écoles. Adrien Taquet, futur secrétaire d'État à la Protection de l'enfance, y fait un bref passage, « posant les cartons » avant de prendre son envol professionnel. Tous sont passés par le sas d'un club de réflexion créé en 2003 par Michel Rocard et DSK, baptisé « À gauche en Europe ». Une pépinière dans laquelle ce dernier puise, après le blast de l'élimination du PS au premier tour en 2002.

« La Planche, c'est une ruche où tout le monde fait un peu de tout : répondre au courrier, lire des notes, écrire des notes, faire passer des infos dans les départements, rappeler des gens... », énumère un témoin de l'époque. Emelien, Griveaux, Guerini et O jouent les couteaux suisses. Toujours là. « Et comme chaque minute il y a des trucs à faire, ils finissent par s'inscrire dans le paysage au-delà de leur poids politique », ajoute ce même cadre de la campagne. C'est ce que l'on appelle savoir se rendre indispensable.

*

Malgré les remontrances de Stanislas Guerini, qui déteste ça, Benjamin Griveaux allume sa cigarette. Dans le vaste appartement, « les petits grouillots » occupent fort justement la chambre des enfants et, en deux bouffées, elle se retrouve enfumée. « Ben », c'est le plus vieux et un peu le grand frère de la bande qu'il pilote avec Matthias Fekl. Les deux sont alors inséparables. « Benjamin, c'était le grand compagnon de Matthias. C'est les mêmes. Au fond, c'est la même arrogance », cingle un des ténors de la Strauss-kahnie. Deux mois séparent l'éphémère ministre de l'Intérieur de François Hollande et le porte-parole du gouvernement d'Emmanuel Macron, qui finiront par se brouiller lors de la campagne présidentielle de 2017. Griveaux ne digère pas les insinuations de son ami sur la provenance des fonds de la campagne Macron. Longtemps, pourtant, ils ont cheminé côte à côte dans les couloirs de l'appareil. En témoigne une savoureuse tribune cosignée en mai 2007 avec Gaspard Gantzer notamment, dans l'hebdomadaire *Marianne*, intitulée : « PS : devoir de vérité ».

En 2006, Griveaux se rêve entrepreneur. Ce fils et petit-fils de notaire, mère avocate, vient de lancer avec Olivier Ferrand une boîte de conseil pour améliorer l'acceptabilité des grands projets locaux auprès des citoyens. Il est déjà pétri de cette assurance, où certains perçoivent aujourd'hui de la morgue. Le plus disposé, avec Fekl, à faire de la politique, aussi. Regardez-le se faire les dents au micro de Radio Classique, sa première intervention sur les ondes, face à Thierry Solère, alors vice-président UMP du conseil général des Hauts-de-Seine. Ils se retrouveront onze ans plus tard dans la majorité macronienne.

« Ben » participe aussi activement à la guerre interne qui oppose les « Mosco », comprendre les proches de Pierre Moscovici, pour la plupart issus des grandes écoles et dont il fait partie, aux « Camba », la filière de Jean-Christophe Cambadélis, des militants biberonnés au lait de l'Unef ou du MJS. Christophe Borgel doit siffler la fin de la récré. Mais il en va des vieilles rivalités comme des rhizomes. Elles ressurgissent.

Au PS, Griveaux est prêt à se plier à la tradition immémoriale. Grimper les échelons un par un, en commençant tout en bas. Il se fait élire en 2008 conseiller municipal de Chalon-sur-Saône, sa ville natale, et devient vice-président du conseil départemental de Saône-et-Loire, alors dirigé par Arnaud

Montebourg. De cette époque, il aime à dire qu'il s'est forgé une expérience, notamment en gérant l'attribution du RSA. L'un de ses anciens collègues dresse un tableau moins idyllique, se souvenant de lui comme du « représentant de Dieu sur terre, c'est-à-dire Strauss-Kahn, en Saône-et-Loire ». Le dépeignant en opportuniste, « capable d'être l'allié de Christophe Sirugue contre Arnaud Montebourg, jusqu'à ce qu'il nourrisse l'ambition d'être député et maire de Chalon, et donc qu'il se retourne contre Sirugue [titulaire des postes] en s'alliant avec Montebourg [président du conseil général]. « Ben » est intelligent, ambitieux, malin, hyper-cash, disent de lui ses amis, conscients aussi qu'il ne se rend pas toujours service. Il le sait, il le montre et il le dit. « Tous ces ingrédients ensemble font que ce n'est pas facile d'être aimé dans un monde politique où les gens sont en compétition, jaloux, malveillants et faux-culs », résume O.

*

Cédric O n'en revient toujours pas, en cet après-midi. Il vient d'interviewer une de ses idoles, Michel Rocard, une demi-heure durant. « C'était extraordinaire », raconte-t-il à ses copains de La Planche, avant de visionner et monter les rushes de l'entretien. Dans le dispositif de campagne, « Ced », surnommé aussi « Samsung » pour ses origines coréennes et les supposées prédispositions techniques afférentes, tourne et diffuse les vidéos de soutiens de DSK. C'est Stanislas Guerini qui l'a embringué rue de La Planche. Ces deux-là passent déjà leur temps ensemble à HEC, autant poursuivre en politique.

C'est dans la fabrique à champions de Jouy-en-Josas que Guerini et O ont appris à se serrer les coudes en effectuant la « gerbille », appellation – suffisamment imagée pour se passer d'explications – donnée à la corvée des fins de soirées étudiantes. « Avec Stan, on nettoyait les chiottes. C'était la partie la plus ingrate du travail, mais l'avantage c'est qu'il y faisait chaud », se remémore Cédric O. « Stan » dirige alors le BDE (le bureau des étudiants), dont il a ravi la présidence à « Ced », avant d'en faire son bras droit. Bien avant la bataille pour la tête de La République en marche à l'automne 2018, ils se complaisent dans les rôles de « good cop / bad cop » pour faire tourner la machine. « C'était déjà celui qui était le méchant quand j'étais le gentil », sourit Guerini, des années plus tard, en pleine bataille pour la tête du parti. « C'est moi le méchant », blague Cédric O en retour, alors soupçonné d'envoyer des salves de textos pour faire pression sur les soutiens de Pierre Person. Nous n'y sommes pas encore.

Après La Planche, Cédric O continue de rêver de politique. « D'une certaine manière, on a commencé par le meilleur, dit-il. À La Planche, on était à vingt mètres de Dominique Strauss-Kahn. J'ai commencé par ça en sortant d'HEC, on avait des étoiles plein les yeux, on trouvait que la politique, c'était extraordinaire, j'avais envie d'être élu. » Cédric O prend l'aspiration de Pierre Moscovici, se fait embaucher chez Opérationnelle, PME spécialisée dans la communication et le conseil en politique publique, câblée aux réseaux strauss-kahniens. Et tente de s'implanter. Il jette son dévolu sur Les Pavillons-sous-Bois, en Seine-Saint-Denis, une section PS sinistrée. Jusqu'au jour où le désenchantement l'emporte. « J'étais dans ma bagnole et je me suis dit : “Pourquoi je m'emmerde ?” Il faut voir ce que c'était qu'une section PS de trente personnes dans une ville de banlieue acquise à la droite.

Entre les types qui veulent être calife à la place du calife, les médiocres, cela laissait peu de place pour ce que j'imaginais être le combat politique... Je me suis dit que je n'avais pas les qualités pour réussir dans ce monde-là. Ce n'était pas ma vie. »

Cette critique infuse dans le groupe jusqu'à devenir un élément moteur de leur départ du parti. À leurs yeux, arrivé au pouvoir en 2012, le PS ne fait plus que traiter les corps intermédiaires, se préoccuper de la réélection de ses cadres, sans servir l'intérêt général. Une désillusion. « Mais ce n'est pas la même chose qu'un désamour de la vie militante. On est tous restés assez engagés », témoigne O.

*

Une erreur de débutant ! Sur son bureau, voisin de celui de Guerini, Ismaël Emelien a laissé traîner sa carte d'identité. Les compères de La Planche la trouvent. Et en tombent de leur chaise : il n'a même pas 20 ans ! « Isma » n'est pas celui qui se met le plus en avant. Mais il est peut-être, certainement, le plus déterminé à faire gagner DSK, auquel il a crânement proposé ses services à la fin d'un cours à Sciences Po.

Au virtuose de l'économie, il voue un amour exclusif. Quand DSK est balayé dès le premier tour de la primaire, avec seulement 20 % des voix, il se retire du jeu. Il ne roule pas pour Ségolène Royal, qui a chamboulé tout le parti. « Isma » part étudier un an au Caire, le temps de méditer comme ses amis les enseignements de la déroute.

« Ils apprennent alors ce que c'est qu'une défaite, ce qui est très important, avance un ponte strauss-kahnien. Ils retiennent aussi l'importance d'être capable de sortir du cadre au sein du camp progressiste. Peut-être qu'ils sentent qu'une part de notre défaite est due au fait qu'on est englués dans l'appareil, la vieille gauche, quand Ségolène a su sortir de cela. Ils apprennent aussi que pour gagner une bataille il faut que l'acteur principal ait une volonté de fer. Chacun sait que ce n'est pas la qualité première de Dominique. » Et si Macron, c'était DSK avec l'envie en plus ? Il court le bruit que la formule sera l'argument de ralliement d'Ismaël Emelien quelques années plus tard.

Emelien, pourtant, guette fébrilement le retour du patron, parti fin 2007 de l'autre côté de l'Atlantique diriger le Fonds monétaire international. Alors que se profile la primaire socialiste de 2011, la question n'est plus si, mais quand il reviendra. Dans le dispositif, « Ismaël avait un rôle central. Le noyau était très étroit pour des raisons d'incertitude et de discrétion », relève Gilles Finchelstein, auprès de qui Emelien travaille chez Euro RSCG. L'affaire du Sofitel qui éclate le 14 mai 2011 brise les rêves d'une reconstitution de La Planche. « Ismaël a donné sa jeunesse à un homme politique, Strauss-Kahn. C'était dur, comme un chagrin d'amour, il a été très marqué par cette situation, même physiquement », souffle un proche.

*

« Une révélation intellectuelle. » Pour Stan, féru de livres politiques qui, enfant, aimait singer les discours et regarder les questions au gouvernement, l'ouvrage entre directement dans sa Pléiade personnelle. Le texte se nomme *Pour l'égalité réelle*. Il est paru en juillet 2004 à la Fondation Jean-Jaurès, et signé par DSK. Au même titre que *La Flamme et la Cendre*, ouvrage publié en 2002, il devient une bible. Sibeth Ndiaye, strauss-kahnienne tendance « Camba », future conseillère en communication d'Emmanuel Macron, aussi le dit : cette note a levé chez elle « un voile d'ignorance ». Comme si elle sortait de la Caverne de Platon.

Dans cet ouvrage, ces jeunes réformistes puisent la conviction qu'il faut s'attaquer aux inégalités à la source, pour donner les mêmes chances de réussir à tous, par l'école, l'accès à la formation. Finie la simple redistribution. Ici naissent les ferments des thèmes de l'émancipation, de la lutte contre l'assignation à résidence, mais aussi l'idée de mieux récompenser le travail, martelés par Emmanuel Macron tout au long de sa campagne. « La note *Pour l'égalité réelle*, elle était très moderne à l'époque, très économique et sociale, analyse Ismaël Emelien. Elle est un peu moins moderne aujourd'hui, parce qu'on y parle très peu d'environnement, des populismes. Mais ce qu'il en reste, c'est la priorité qui est donnée à la production, c'est le fait d'attaquer les problèmes à la racine. Par exemple, le dédoublement des classes en CP/CE1 mis en place par Emmanuel Macron, c'est parfaitement aligné. »

Au grand dam de certains, ces subsides de la pensée strauss-kahnienne ne sont pas ce qui marque le plus le début du quinquennat Macron. En janvier 2019, un ancien de La Planche nous confie, non sans une pointe de résignation : « Je pense fondamentalement que nous sommes de gauche. C'est très important pour nous. J'ai bien conscience que ça ne passe pas le mur du son, que tout le monde pense que l'on mène une politique de droite. Mais il y a une honnêteté de cette bande-là sur notre engagement. »

★

Au moment de réserver les billets pour faire la fête à La Rochelle, Emmanuel Miquel se greffe souvent à la bande. Les universités d'été du PS, ça reste un rituel entre eux. D'ailleurs, lors d'une soirée quelconque dans un appartement, ils croisent sans faire sa connaissance Mounir Mahjoubi, futur secrétaire d'État au Numérique. « J'étais dans une autre bande, très étanche à la leur », explique ce soutien actif de Ségolène Royal à la primaire de 2006, fondateur de la plateforme participative « Ségosphère ». Entre eux, cette petite distance demeure.

Miquel, chargé des levées de fonds pendant la campagne présidentielle de 2017, puis de l'entreprise, l'attractivité et l'export à l'Élysée, n'a pas mis un pied rue de La Planche. Mais c'est un compagnon de Guerini et d'O à HEC. Ils forment un trio très soudé. Quand il faut choisir un parrain et une marraine pour son fils aîné, « Manu » et son épouse, Nathalie, conseillère presse à l'Élysée, choisiront Cédric O et Marie-Luce, l'épouse de Stanislas Guerini. À la sortie d'HEC, Miquel écarte la politique, « un milieu qui a ses charmes, mais aussi ses complexités et ses défauts ». Il revendique en revanche un ADN de centre gauche et « le souci de l'intérêt général ». « Je vivais à Soisy-sur-Seine, je suis allé au collège et au lycée à Évry, je voyais qu'on n'avait pas tous les mêmes chances de départ, confie-t-il. Je constatais aussi l'assignation à résidence. Quand je vais à l'Agora, le centre commercial d'Évry, je comprends bien que les gars n'ont pas bougé de chez eux. J'étais vachement marqué par ça. »

Il entre donc chez BNP Paribas. Puis rattrapé par un désir d'études, il intègre Sciences Po Paris, en ramassant en deux semestres sa quatrième et cinquième année. En cours rue Saint-Guillaume, un de ses profs de culture générale s'appelle… Emmanuel Macron.

Un jour, dans l'avion présidentiel, il lui montre les pages de notes noircies à l'époque. « Qu'est-ce que j'ai pu me faire chier à faire ça ! », s'esclaffe le chef de l'État. Les deux gardent contact quand Miquel rejoint le banquier JPMorgan, et Macron se fait remarquer chez Rothschild. Dans la petite bande, la vie s'écoule, entre week-ends à Arcachon chez Miquel, ou près de Saint-Jean-de-Luz chez Guerini.

*

6 mai 2012. Benjamin Griveaux, Ismaël Emelien et Stanislas Guerini sourient à Emmanuel Miquel, qui se tient derrière l'objectif. Ils sont place de la Bastille, la colonne en arrière-plan, dans l'euphorie de la foule qui célèbre la victoire de François Hollande. Leur candidat par défaut. Cédric O, bras droit de Pierre Moscovici, alors le directeur de campagne du candidat socialiste, a activement contribué au succès. Il répond aux interviews, travaille sur le programme, peaufine à reculons un accord avec le MRC de Jean-Pierre Chevènement. Aux côtés de Finchelstein, Emelien pond des passages de certains discours, dont celui du Bourget. Benjamin Griveaux, lui, rédige des notes au sein du pôle Affaires sociales, piloté par Marisol Touraine. Auparavant, il s'était enfermé deux semaines chez lui en Bourgogne, avec des provisions et quelques bonnes bouteilles. Il en reviendra avec cinq kilos de plus et un livre, *Salauds de pauvres !*, dédié « à tous ceux de La Planche ».

Le 15 mai, dix-sept ans après le départ de François Mitterrand, les socialistes retrouvent l'Élysée où s'installe, au deuxième étage, un banquier de 34 ans, Emmanuel Macron, nommé secrétaire général adjoint d'un président normal. Griveaux et O rejoignent les cabinets ministériels occupés par les strauss-kahniens :

la Santé et Marisol Touraine pour le premier ; l'Économie et Pierre Moscovici pour le second. Témoin cette année-là du mariage de Stanislas Guerini, Emelien poursuit son ascension professionnelle chez Euro RSCG, devenu Havas, dans les pas de Finchelstein. À l'Élysée, ce dernier retrouve Macron, qu'il avait connu cinq ans plus tôt à la Fondation Jean-Jaurès, dans le cadre de travaux sur la mondialisation et les inégalités. Mais la connexion se fait véritablement au Palais. Macron y organise des « dîners de brainstorming sur la situation politique, l'opinion, par rapport à la politique du président », détaille Finchelstein. Discret et appliqué, Ismaël est là pour prendre des notes et « restituer les choses de manière plus intelligente que ce qui a été dit ».

Dans le même temps, le courant strauss-kahnien au sein du PS vivote, après s'être déchiré entre soutien à François Hollande et Martine Aubry en 2011. Son chef de file déchu, il n'a plus raison d'être. Il n'y a plus de flamme, que des cendres. Et les rejetons se trouvent « dans la périphérie, pour ne pas dire dans la relégation du pouvoir socialiste », cingle un de ces orphelins. En 2014, Griveaux et O font leurs cartons et partent dans le privé, chez Unibail-Rodamco pour l'un, Safran pour l'autre. Guerini, essoré par son aventure entrepreneuriale, rentre à Paris et trouve un poste de cadre dirigeant chez le blanchisseur industriel Elis. Pour la petite bande, la page politique semble tournée. Seul Emelien, qui intègre en 2014 le cabinet d'Emmanuel Macron à Bercy, maintient encore une connexion directe avec le pouvoir. Elle sera déterminante.

5

Bourbon-sur-Mer

Ce n'est qu'une banale photo de vacances. Un cliché comme on en prend par dizaines, à l'heure de poser sa serviette sur la plage. On y voit une bande de copains rieurs, réunis autour d'une table en teck tirée sur la terrasse. Foisonnement de lavande, petit barbecue noir posé sur l'herbe. Et, quelques mètres en contrebas de l'étroit sentier côtier qui longe la clôture, la mer. Nous sommes à l'Île-aux-Moines dans le golfe du Morbihan, à l'heure du déjeuner au mitan du mois d'août 2017. À la regarder attentivement, elle n'est pas si bien cadrée, cette photo, prise de trop loin. Sans même un filtre Instagram pour faire illusion. Cela ne l'empêche pas de faire, exactement deux mois après sa publication sur le compte Twitter de Gabriel Attal, la une du journal *Le Monde*. L'image est surmontée de ce titre : « Les snipers de la Macronie. »

Yeux mi-clos, le conseiller de l'Élysée Stéphane Séjourné, les députés Sacha Houlié et Gabriel Attal tentent de fixer, un peu éblouis, l'objectif de l'appareil dissimulé dans le drone que pilote leur collègue parlementaire Pierre Person. La photo est sympa ; Attal, le maître de maison, décide de la poster. Et l'assortit d'un « hashtag » tout trouvé : #BourbonSurMer. Clin d'œil à l'emblématique brasserie Le Bourbon qui jouxte l'Assemblée. Quelques semaines plus tôt, fraîchement élue, la petite équipe n'a pas manqué d'y boire un verre. Ils savourent, se délectent de l'instant. Ils ont à peine 30 ans mais déjà un pied dans la porte du pouvoir. Et cette photo, cette une, qui les propulse à l'avant-garde du nouveau président...

À l'Assemblée, la troupe est vite identifiée. Jeunes loups, dents longues. Aurélien Taché, Guillaume Chiche complètent le tableau. Leur amitié avec Séjourné, qui a son bureau à l'Élysée, leur offre la réputation d'avoir une connexion avec le président. Leur passé de militants socialistes, une bonne longueur d'avance sur leurs collègues néophytes. Quelques postes leur sont distribués. Pas assez, leur semble-t-il. On les voit, bravaches, gonflés d'assurance, monter au front sur les plateaux télé les jours de polémique, croiser le fer sans se démonter avec les « usual suspects » de l'opposition. Leur activisme commence à agacer. Aux yeux de beaucoup, la une du *Monde*, le 20 octobre 2017, c'est (déjà) le coup de trop.

Cette photo, « ça ne nous a pas totalement servis ensuite, admet Garbiel Attal. Assez vite, certains ont voulu nous donner l'image de la bande de jeunes arrivistes, ambitieux, qui avaient tous un passé politique et qui cherchaient à exister dans le dispositif ». Confirmation par Sacha Houlié : « Ça nous a cornérisés. Cela a fait croire que l'on avait toutes les responsabilités alors que ce n'était pas vrai. C'était un peu agaçant et pas très malin. » Les voilà identifiés comme « la bande de Poitiers ».

Poitiers, car c'est là, dans la Vienne, que Séjourné, Houlié, Person et Chiche ont fait leurs études et leurs armes. Un label qu'ils arborent d'abord comme une médaille. « On a foncé dedans, parce qu'on est quand même des branleurs, soupire Chiche. On s'est dit : "C'est bien, c'est attractif, ça nous fait exister, tout en sachant très bien que ça allait agacer, attirer la suspicion, qu'on serait catalogués dans un truc clanique de petit club fermé"... » Bien vu. Jeunes, mais pas nés de la dernière législative, le cercle décide de s'ouvrir, tend la main aux prometteuses pousses issues de la droite, Aurore Bergé et Marie Lebec. À l'ancien chiraquien Hugues Renson, aussi. Mais le mal est fait. Le groupe se divise sur la stratégie à adopter.

Pas facile de se débarrasser de ses vieilles habitudes, de sa culture politique. « La caque sent toujours le hareng », dirait le président de l'Assemblée Richard Ferrand, adepte de la formule. Ceux-là ont été biberonnés dès le lycée au strauss-kahnisme, mais version terrain, filière Cambadélis. Des (archi) minoritaires au sein du PS. Quand leurs aînés, les protégés de Pierre Moscovici, Benjamin Griveaux, Cédric O, Stanislas Guerini, traînaient leurs guêtres entre HEC et le 7e arrondissement, eux usaient leurs fonds de culotte dans des amphis bondés en province. Une formation à la sauce MJS et Unef, celle qui vous fait dormir sur des quais de gare pour être sûr d'arriver à temps au Congrès. « Nous, c'est l'école de la fac. On en est très fiers. Ça nous permet de tenir la dragée haute à tous les gauchistes. On n'a jamais été élevés avec une cuillère d'argent dans la bouche », crâne Sacha Houlié. « La culture Camba, c'est on ne témoigne pas, on agit », complète Jean-Christophe Cambadélis. Lorsqu'on le retrouve à l'hiver 2019, à

L'Esplanade, café chic des Invalides où les hommes de réseau aiment se donner rendez-vous, il n'apparaît pas mécontent de ses rejetons politiques, l'ancien premier secrétaire du PS. Pour ces Padawans, il se voit comme « une sorte de Jedi au fond de sa forêt ». Quand bien même ils ont basculé du côté obscur de la majorité macroniste.

Si versant « Mosco », c'est Ismaël Emelien qui fait office de passerelle entre sa bande et Macron, pour les « Camba », c'est Stéphane Séjourné qui fait le lien. Fils d'expatriés, il s'éveille à la politique dans l'Argentine de la fin des années 1990, début des années 2000, celle qui subit les affres d'une grave crise financière et monétaire. Au lycée, il voit des amis sombrer dans l'extrême pauvreté, avant de quitter l'école faute de moyens. La société est exsangue. Un jour où, banale scène de la vie quotidienne, Séjourné sort la poubelle, il voit un enfant fouiller dedans dans l'instant. Une scène, comme un coup de poing en pleine figure. Ses parents rentrent en France, lui reste. Il veut passer son bac à Buenos Aires. Le jeune Stéphane obtient son émancipation. Nouvel épisode marquant, le 20 décembre 2001. Tandis qu'il manifeste devant la Casa Rosada, le palais présidentiel argentin, un hélicoptère s'élève dans le ciel. À son bord, le chef de l'État Fernando de la Rúa, exfiltré en catastrophe. À la nuit tombée, cinq dépouilles gisent sur le sol de la capitale. « Ça forge la conscience que l'économie de marché peut le mieux, mais aussi le pire quand elle est mal gérée, et que le politique a là-dedans une responsabilité », souffle encore Stéphane Séjourné. Avec sa camarade de classe Paula Forteza, désormais députée LREM des Français de l'étranger, ils adhèrent au PS, « le seul parti avec une vision internationaliste ». Première campagne en 2005, en faveur du « oui » au référendum sur le Traité pour une constitution européenne. Premier échec aussi.

Séjourné pose ses valises à Poitiers, l'académie de rattachement pour l'Amérique du Sud. Direction les bancs de la fac de droit, les mêmes que ceux fréquentés par Guillaume Chiche. Au printemps 2006, la jeunesse défile contre le Contrat première embauche (CPE). Séjourné, adhérent au MJS, est en pointe pour faire voter la grève. Il rencontre Sacha Houlié, qui bloque son lycée. Pierre Person fait de même à Toul, avant de débarquer l'année suivante dans le Poitou. Ensemble, ils jouent à pile ou face pour savoir qui intégrera la gouvernance locale du MJS, qui celle de l'Unef. Les années s'écoulent entre colocations, Erasmus à Grenade et tournées des bars aux universités d'été de La Rochelle. Quelques verres dans leur rhumerie fétiche, et c'est l'heure de leur danse rituelle : le « haka » Camba. Au petit matin, on termine au Triolet, discothèque bien connue des Rochelais. Dans cette bande très masculine, elle aussi, une seule femme : Jade Dousselin. Malgré les appels du pied, rien à faire. Elle ne cède pas à la tentation macroniste, et devient… l'une des avocates de La France insoumise, mais aussi des victimes du lait infantile contaminé. Un combat porté avec Quentin Guillemain, un autre proche de la bande, à l'origine de l'enquête contre Lactalis.

Ferrailler, c'est dans leur ADN. « Il n'y a pas une soirée où ils ne se voient pas. Ils passent leur temps à faire de la stratégie, à anticiper les coups, à en donner, à imaginer comment écarter les éléments dissonants », se remémore un témoin de l'époque.

Surtout, le petit cercle fantasme son identité « Camba » aux lointaines racines trotskistes. Ils se voient lambertistes, se bâtissent « une culture politique de l'entrisme et du mouvementisme, avec une lecture extrêmement internationaliste », décrypte Taché, alors responsable Unef à Limoges. On s'imprègne de ce que font les aînés qui se réunissent, tous les vendredis de 10 heures à midi à l'Assemblée nationale, autour de Cambadélis. « Le rituel, c'était le rapport de Camba qui commençait par la situation internationale, puis ce qu'il se passait dans les mouvements sociaux », s'amuse le cacique du PS, parlant de lui à la troisième personne. « Ils me charriaient évidemment, mais en même temps ils s'en imbibaient. Je leur disais toujours qu'on ne peut pas concevoir la politique sans militer, sans idée et sans pratique. » À croire l'ancien patron de la rue de Solférino, tout « Camba » qui se respecte doit aussi souscrire à un certain standing vestimentaire : si le petit-bourgeois est débraillé, l'ouvrier, lui, quand il se présente, est bien habillé. Un héritage de l'Organisation communiste internationale (OCI). Un commandement que ses cadets suivent tant bien que mal. Point mode, par Pierre Person : « C'est toujours Guillaume Chiche qui était le mieux fringué. Aurélien Taché, c'était le punk à chien et moi, j'étais un peu hybride entre le mec qui avait abandonné son jogging à Toul et portait une veste en jean trop courte. »

Nouveaux travaux pratiques en 2007. Séjourné et Houlié battent la campagne pour Catherine Coutelle, élue députée de la Vienne contre toute attente. La victoire vaut bien une « fête du feu de Dieu ». Dix ans plus tard, Houlié reprendra la circonscription. Séjourné, lui, devient une petite main de l'élue :

photocopies, revues de presse, réponses au courrier. Il apprend le métier entre les murs de la permanence parlementaire. Son ambition est contrariée en 2008, alors qu'il espère une position éligible sur la liste d'Alain Claeys, élu maire de Poitiers en mars. Un autre membre de la troupe lui est préféré : Jules Aimé. Amertume. Puis résilience. « Avec le recul, je considère que Claeys m'a plutôt fait une fleur. Être élu à 23 ans, il faut faire gaffe », juge aujourd'hui Séjourné. Amertume encore en 2009 quand il échoue à figurer en queue de la liste de sa région pour les élections européennes, « pour des raisons d'équilibres politiques ». Les charmes de la diplomatie socialiste. Son installation rue du 4-Septembre, en janvier 2019, d'où il conduit la bataille européenne de LREM, ne porte-t-elle pas un doux parfum de revanche ?

Souvenir des années Camba, celles où leur mentor serinait que l'international offre des débouchés, certains d'entre eux se verraient bien aujourd'hui gagner Riace, un village d'Italie qui accueille des migrants, en délégation « pour faire chier Salvini », l'ultradroitier ministre de l'Intérieur italien. Ils sont coutumiers des actions de ce type. En 2011, ils sont plusieurs à manifester devant l'ambassade de Hongrie contre la réforme constitutionnelle initiée par le Premier ministre nationaliste, Viktor Orbán. Ils se rendent aussi sur place. Pierre Person, sans ses papiers, s'y reprend à deux fois, après un premier arrêt forcé dès Strasbourg. Il doit faire le trajet en voiture.

Nouveau « voyage d'études », en 2013. Taché, Séjourné et Houlié décollent pour la Tunisie, à l'occasion du Forum social mondial. Ils dorment en cité U, piaules d'étudiants et douches collectives. La moitié de l'Afrique est venue à pied, racontent-ils.

Taché s'en amuse encore : « On retrouve des mecs de l'extrême gauche, de l'Unef... Ça nous donne une *street credibility* assez forte. » Le même se souvient de ce jour de 2011, où la bande est dispersée au canon à eau alors qu'ils protestent à Tours contre l'élection de Marine Le Pen à la tête du FN. « J'ai gardé une grille de lecture très forte de cette époque-là. Structurer ma pensée dans un cadre d'action internationale, la culture du happening, de l'infiltration, le combat politique en clivant et en désignant un ennemi. J'ai été anarchiste à 15 ans, socialiste à 25, macroniste à 35, mais je n'ai jamais changé d'idées », confie le député du Val-d'Oise. Idées qu'il n'hésite pas à faire entendre, lors de la préparation du projet de loi asile et immigration de Gérard Collomb, ou lorsqu'il s'oppose au projet de loi anticasseurs, concocté par le gouvernement.

À Paris, leur énergie ne passe pas inaperçue. Les animateurs du réseau « Camba » – Mao Peninou et Maxime des Gayets, adjoints au maire socialiste Bertrand Delanoë – les accueillent à bras ouverts. Et leur donnent de sérieux coups de pouce. Stéphane Séjourné débute sa carrière professionnelle à L'Alliance 7, la fédération des produits de l'épicerie et de la nutrition spécialisée. La compagne de Jean-Christophe Cambadélis, Heloïse Tarraud, y est alors directrice des relations extérieures, avant d'être recrutée par Orangina Suntory. Le jeune Mickaël Nogal, lui aussi actif au sein du MJS, passe par L'Alliance 7, puis par Orangina avant d'être élu député de Haute-Garonne, à l'âge de 26 ans.

Comme leurs aînés, ils doivent digérer le choc de l'affaire du Sofitel qui expédie DSK, la figure tutélaire, en prison à Rikers Island. À la veille de ce

14 mai, Séjourné assiste à une réunion avec Christophe Borgel, Maxime des Gayets… Le mot d'ordre : mobilisation, le patron revient ! Au réveil, la nouvelle tombe. « Une grosse claque. Des mecs étaient en train de monter et on s'est dit que c'était mort », rembobine Nogal.

Taché, Chiche et Séjourné atterrissent au conseil régional d'Île-de-France, dirigé par Jean-Paul Huchon. Le directeur de cabinet n'est autre que Maxime des Gayets… Ensemble, on trinque dans des bars qui jouxtent l'Hôtel de Ville. Les Poitevins se serrent les coudes, tout en larguant peu à peu les amarres avec le MJS et l'Unef. Spécialiste du logement des plus précaires et des migrants, Aurélien Taché est le premier à intégrer un cabinet ministériel, celui de Sylvia Pinel en avril 2014, avant de rester auprès de l'écolo Emmanuelle Cosse. Séjourné lui emboîte le pas six mois plus tard, en rejoignant, début septembre, le nouveau ministre de l'Économie, Emmanuel Macron, comme conseiller parlementaire. Séjourné en est certain : DSK *exit*, le nouveau locataire de Bercy peut incarner le renouveau de la social-démocratie.

Sacha Houlié comme avocat, Pierre Person en tant que juriste font, eux, leurs premiers pas dans le monde du travail. De loin, ils observent avec intérêt ceux de Macron au gouvernement. Stéphane Séjourné ne se lasse pas de leur parler de la force de conviction et de l'ardeur réformatrice de celui qui veut s'attaquer au travail du dimanche et aux rentes des professions réglementées. Il leur offre de juger sur pièces, le 19 octobre 2014, dans le public du « Grand Jury RTL ». Une rencontre est organisée à Bercy, dans la foulée. Le tout infuse. Et quelques mois plus tard, en juin 2015, autour d'une bière et d'un burger, dans un café du métro Avron, au pied de l'immeuble de Sacha Houlié, les deux amis lancent l'idée d'un site Internet. Ils l'appellent « Les Jeunes avec Macron » (JAM). Person est à la manœuvre, Houlié sort sa carte bancaire et loue le nom de domaine. Coût de l'opération : 28 euros. Officiellement, contre l'avis de Séjourné, frileux à l'idée d'alimenter ainsi la musique selon laquelle le ministre de l'Économie nourrit des ambitions personnelles. Officieusement, c'est plus nébuleux…

Person, Houlié et les deux autres cofondateurs – Florian Humez, désormais conseiller ministériel, et Jean Gaborit, adjoint au chef de cabinet à l'Élysée – recrutent à tour de bras, avec la méthode Unef/MJS. D'un côté, Séjourné les tient informés de l'avancée du projet de loi Macron, pour lequel les JAM prêchent la bonne parole. De l'autre, il tente tant bien que mal de cadrer ses cadets qui multiplient les sorties dans la presse, cherchent le buzz et agacent (déjà) leurs aînés, les « Mosco », qui œuvrent dans le plus grand des secrets à la création d'En Marche !. Peine perdue. On est militant ou on ne l'est pas. En mars 2016, un mois avant le lancement officiel d'En Marche ! à Amiens, les JAM tiennent leur premier événement public à Paris. On y croise notamment l'économiste Daniel Cohen, le futur ministre Mounir Mahjoubi. « Notre organisation a permis de peser dans le dispositif. Elle a été un levier afin de participer à la campagne présidentielle », assume Person. On ne se refait pas.

Pari gagnant. Un an plus tard, au QG de campagne d'En Marche !, Séjourné et Person sont chargés de préparer les investitures pour les législatives 2017. Les élections passées, la petite bande a gagné sa table au Bourbon. Gabriel Attal aussi est parvenu à se faire élire chez lui, dans les Hauts-de-Seine. Lui est plutôt un « Mosco » : élève de la très chic École alsacienne, Sciences Po Paris, stagiaire, puis collaborateur de la ministre de la Santé Marisol Touraine. Lié à Séjourné, il connaît la bande depuis bientôt dix ans. Mais il est plus tempéré. Peut-être plus tactique aussi. Comme rivés à leur culture minoritaire, les autres se marginalisent au sein du groupe, à coups de prises de position chocs. Chiche sur la procréation médicalement assistée (PMA), Taché sur la laïcité, l'immigration, la loi anticasseurs n'hésitent pas à jouer les poils à gratter de la majorité. En élargissant leur cercle à l'Assemblée, ils l'ont rendu aussi moins étanche. Des propos de leurs réunions du mardi fuitent, loin d'être élogieux envers certains ministres de droite, à commencer par le premier d'entre eux. « Il y a eu des explications », évacue l'un de ces jeunes loups. Séjourné se retrouve parfois en porte-à-faux. « Il avait ses amis qui foutaient le bordel, alors qu'il était conseiller parlementaire du président… Ce n'est pas possible », explique un proche. Attal est le premier à prendre l'ascenseur pour le gouvernement. En octobre 2018, il est nommé secrétaire d'État auprès du ministre de l'Éducation. Programmé pour prendre du galon. « On a des approches différentes. Gabriel a totalement fait de la stratégie personnelle et il a eu raison. Il vaut mieux être fort individuellement et faire ensuite collectivement », résume un membre de la bande. Séjourné joue lui aussi sa propre partition. Quitter l'Élysée, prendre un pas de distance après avoir vu « les limites » de l'impact que l'on peut avoir sur le cours du quinquennat depuis le Palais. Lui qui, après avoir constaté la relative impuissance des conseillers de François Hollande, avait imaginé que sous Macron le processus de gouvernance politique serait à l'Élysée… « Le choc avec l'administration, il l'a subi de plein fouet », témoigne un ami. « Lors des législatives de 2017, il s'est vraiment interrogé sur le fait de devenir député des Français de l'étranger sur une circonscription européenne, mais le président lui a dit qu'il avait besoin de lui à l'Élysée. Il a plus le sentiment d'être entendu par le président maintenant qu'il est sorti », confie un autre de ses proches. Séjourné a finalement gagné en influence en prenant les rênes de la campagne européenne de La République en marche. Au QG de la rue du 4 septembre et bientôt, probablement, comme élu au Parlement européen, il est l'œil et la voix d'Emmanuel Macron, son fondé de pouvoir, quasiment son prolongement, tour à tour conseiller, organisateur ou manager. « La tête de liste et le directeur de campagne, c'est presque Emmanuel Macron. Stéphane assure ce lien indispensable avec la ligne du président, comme le lien avec les partenaires des autres partis », théorise un cadre LREM. Indispensable donc, à la fois manœuvrier politique et gardien de la ligne officielle. Bon sang ne saurait mentir.

6

Les soldats de Bercy

Août 2014, Los Angeles. L'Amérique. La Californie. Pour Emmanuel Macron, la politique, c'est fini. Du moins le fait-il croire à son épouse, Brigitte, pas vraiment dupe. « Quand il quitte le poste de secrétaire général adjoint de l'Élysée, elle lui dit, en parlant du président Hollande : "Il va te rappeler." Elle avait l'intuition que cette histoire n'était pas terminée. Mais ils passent tous les deux à autre chose. Elle avait un projet de créer sa propre boîte dans le domaine de l'éducation », confie un proche de la première dame. Désormais, Emmanuel Macron est, clame-t-il à qui veut l'entendre, un entrepreneur. « Impose ta chance, serre ton bonheur, va vers ton risque », répète-t-il, citant le poète René Char dont, étudiant, il partageait déjà les œuvres avec son vieil ami Marc Ferracci. Après plus de deux ans à l'Élysée, comme secrétaire général adjoint auprès de François Hollande, il amorce un nouveau départ. Les ors de la République n'auront été qu'une courte parenthèse. Est-elle définitivement refermée ? Dans l'antichambre de Matignon, certains prétendent l'avoir entendu dire : « Je m'en vais, mais je reviendrai et je casserai tout au pic à glace. » Cinq ans plus tard, on ne sait toujours pas si la phrase est ou non apocryphe. Mais le langage imagé et l'intention font sens. Elle vaut donc au moins légende.

Cet été 2014, le couple Macron n'est pas vraiment en vacances. Après s'être fait les dents et un solide réseau à la banque Rothschild, Emmanuel Macron nourrit cette ambition : fonder une start-up avec deux trentenaires brillants dont il est devenu proche, Ismaël Emelien et Julien Denormandie. Dans la Silicon Valley, Macron veut étudier, comparer, emmagasiner des conseils. Les entreprises innovantes y poussent comme des champignons. Et ne rechignent pas à organiser des tours de leurs locaux pour livrer les clés de leur succès. C'est aussi une bonne occasion de joindre l'utile à l'agréable. Comme ce midi où Emmanuel et Brigitte Macron déjeunent avec un couple d'amis, Xavier Niel et Delphine Arnault, dans un restaurant de la côte Ouest. Macron en profite pour lever le voile sur son idée. Et Niel se montre allant. Oui, il pourrait financer son projet dans le domaine de l'éducation qui mature depuis trois mois. En plein essor des « Mooc », ces formations en ligne ouvertes à tous, « l'idée est de créer une plateforme pour faire bénéficier des outils numériques dans l'apprentissage au collège et à l'école primaire », résume Julien Denormandie.

Pour assurer son train de vie et financer la start-up, Macron envisage aussi de monter une société de conseil. Comme toujours, il fait jouer ses réseaux, consulte. Beaucoup. Avant de traverser l'Atlantique, il s'ouvre de son dessein auprès de son témoin de mariage, Henry Hermand, qui souffle ses quatre-vingt-dix bougies. Autour du gâteau d'anniversaire du vieux sage et homme d'affaires, il évoque des conférences à Berlin, Rome… Son copain banquier d'affaires chez Morgan Stanley, Bernard Mourad, se souvient aussi : « On parle de slides, d'ordinateurs. Il dit qu'il aimerait filer des cours à la London School of Economics. » Et pourquoi pas enseigner à Harvard grâce à l'entremise de l'économiste Philippe Aghion qui fait passer son CV ? Une nouvelle vie ! L'Amérique, on vous dit.

Chez Niel, les Macron sont en terrain conquis. Emmanuel a croisé l'atypique patron du groupe Iliad (Free) quatre ans plus tôt, en 2010, alors que le journal *Le Monde* cherchait de nouveaux investisseurs. Le trio Xavier Niel-Matthieu Pigasse-Pierre Bergé avait emporté la mise, contre Macron qui manœuvrait avec Alain Minc pour une offre concurrente. Une pièce (rocambolesque), faite de coups de billard à trois bandes et soupçons de trahison, avec une cage d'escalier en guise de décor pour la scène finale. Mais la véritable rencontre entre Macron et Niel se déroule quelques mois plus tard. « Un ami me dit : "Tiens, tu as bien aimé Matthieu [Pigasse] chez Lazare, il y a un petit nouveau chez Rothschild qui s'appelle Emmanuel Macron et que tu devrais voir", se remémore le patron de Free. Je zappe que c'est le même mec que l'on a dégommé quatre mois avant, et on va déjeuner dans un restaurant japonais où je l'invite. On passe un moment très sympa. »

Les deux hommes se rapprochent, échangent sur leur vision du capitalisme, s'insurgent contre la reproduction des élites. Avant la primaire socialiste de 2011, au printemps, Macron organise un dîner chez lui dans le 15e arrondissement pour présenter son candidat, François Hollande, à son ami. « Monsieur 3 % », comme on le surnomme alors méchamment, se montre délicieux. Les épouses Macron et Niel aussi se lient. Et quand Emmanuel est retenu tard le soir à l'Élysée, il n'est pas rare que Xavier et Delphine rejoignent Brigitte pour dîner. Parfois, Niel passe une tête dans le bureau du secrétaire général adjoint, qui s'intéresse de plus en plus près à l'univers des start-up, de la tech. Il aimerait bien, d'ailleurs, visiter l'école 42, un établissement à but non lucratif fondé en 2013 par Niel, dont l'objectif est de former des développeurs et dont les frais de fonctionnements sont pris en charge par l'homme d'affaires.

*

Un dimanche après-midi, 96, boulevard Bessières, dans le 17e arrondissement de Paris. Sans caméra ni cortège, Emmanuel et Brigitte Macron sortent de l'école 42, après deux heures de visite. Ils saluent Xavier Niel. Le hâle de l'été ne s'est pas encore estompé. Il y a quelques jours à peine, ils étaient ensemble en Californie. Entre-temps, Macron a changé de costume. L'apprenti start-uper est devenu ministre de l'Économie. Une sacrée promotion au parfum de revanche. Car, malgré le soutien du nouveau Premier ministre Manuel Valls – qui à l'époque dit en substance « j'en ai marre des pisse-froid, j'ai besoin de jeunesse, d'optimisme, ce garçon est toujours positif », rapporte un témoin de l'époque –, Macron n'a pas hérité du portefeuille du Budget lors du remaniement de mars 2014. Et pour le poste de secrétaire général de l'Élysée en avril, François Hollande lui a aussi préféré un intime, Jean-Pierre Jouyet. Ironie des nominations, et des réseaux savamment tissés, Jouyet suit et parraine le jeune Macron depuis qu'il l'a rencontré à l'Inspection des finances. Dans une impasse, le jeune énarque de 36 ans a préféré faire ses cartons le 15 juillet. Un coup de poker ? « Il comprend qu'il doit partir, analyse un pilier du précédent quinquennat. En faisant cela, il inverse le rapport de force avec Hollande. Et Hollande craque très vite et le rappelle. Psychologiquement, Macron est redoutable. »

En cette fin août 2014, Macron bénéficie aussi d'un concours de circonstances. Chez lui, lors de la fête de la Rose de Frangy-en-Bresse, Arnaud Montebourg envoie au président « une bonne cuvée du redressement ». Entraîné, Benoît Hamon « y va à la kalachnikov » contre la politique gouvernementale, se souvient Sibeth Ndiaye, alors attachée de presse de Montebourg, qui assiste avec effroi à la séquence. Elle ne sait pas encore que ce cauchemar de communicant la conduira tout droit vers le numéro gagnant. Le ministre de l'Économie et celui de l'Éducation prennent la porte. Pour Bercy, Hollande pense à l'ancien P-DG de la SNCF, Safran et Aérospatiale Louis Gallois, qui décline. Une chance pour Macron qui, toujours poussé par Valls, débarque le 26 août 2014 à Bercy. Il n'y a pas six semaines qu'il a quitté l'Élysée.

Pris de court, il lui faut constituer son équipe. Ses choix seront déterminants. Son cabinet sera sa légion, de la structuration d'En Marche ! à l'exercice du pouvoir à l'Élysée. En toute logique, Denormandie et Emelien, ses associés de la start-up, montent à bord. Au téléphone, Macron les avertit : « Bon, les amis, changement de programme, je viens d'avoir le président et il me propose d'entrer au gouvernement. Est-ce que vous en êtes ? », se souvient Denormandie, qui raconte : « On se retrouve le lundi soir, dans son nouveau bureau de Bercy, avec Ismaël et lui en se disant : "Voilà ce qu'on va faire"... »

Denormandie connaît la machine Bercy. Il a été conseiller de Pierre Moscovici, ministre de l'Économie et des Finances de 2012 à 2014, et dans le même temps de Nicole Bricq, en charge du Commerce extérieur. En le nommant directeur de cabinet adjoint, Macron sait qu'il recrute un excellent exécutant, loyal et fiable. « Un bonheur, s'extasie Rémy Rioux, qui fut directeur de cabinet de Moscovici. Il y a deux profils dans les conseillers en cabinet. Ceux qui viennent avec leurs dossiers le soir en disant qu'ils n'y arrivent pas. Et ceux qui viennent avec leurs solutions et ont l'intelligence de savoir quand ils peuvent faire tout seul ou quand il faut s'arrêter. Julien est très fort pour ça. »

Doux et affable, chouchou de ces dames, qui feraient bien du jeune homme aux yeux bleus leur gendre idéal – ce dont ses copains, mi-jaloux mi-perplexes, ne reviennent toujours pas –, Denormandie conquiert Macron par sa maîtrise du dossier STX, quand le conseiller et le secrétaire général adjoint planchaient pour sauver les Chantiers de l'Atlantique. Tombé en Macronie, l'ingénieur de formation, « fan de forêt », ne saura plus dire non au patron. À au moins trois reprises, le candidat, puis président, le retient par la manche, au tout dernier moment, quand le père de quatre enfants tente de prendre le large vers le privé, chez AXA notamment. À la fois rangé, mais « loin d'être averse au risque », dit de lui son voisin de bureau, Ismaël Emelien, chaque fois Denormandie reste. Jusqu'à finir ministre.

Il faut le voir, dans son bureau de l'avenue de Ségur, présenter non sans fierté son « Tableau de bord du ministère de la Cohésion des territoires ». Des PowerPoint imprimés, agrafés, qui lui permettent de suivre l'avancement de tous ses chantiers. Pour chaque politique publique, Denormandie a fixé des indicateurs et nommé un chef de projet, quinze en tout, qu'il réunit tous les premiers lundis de chaque mois. « Chaque fois, je leur demande l'atteinte des indicateurs fixés et les problèmes qui sont liés à la réalisation. Par exemple, j'ai lancé une politique très volontariste pour renforcer la couverture mobile et numérique du territoire. Et je peux vous dire département par département où on en est dans les objectifs fixés », nous assure-t-il. Le voilà qui confie, dans un sourire : « Je pourrais vous en parler des heures… » Et l'on songe à Alexis Kohler qui, de l'autre côté de la Seine, dans son bureau de secrétaire général de l'Élysée, tient, non sans fierté, son « tableau des engagements ». « Je suis assez process », dit-il à qui veut l'entendre. Denormandie et Kohler, ces deux-là ont un côté jumeaux. Jusque dans leur façon de parler.

À Bercy, Alexis Kohler est le supérieur direct de Julien Denormandie. Ils se connaissent depuis les années Moscovici. Kohler, Denormandie, Emelien. À eux trois, ils forment le « cœur du réacteur » du cabinet. « Alexis, il est garant de la faisabilité. Ismaël, il est garant de la cohérence. Moi, je suis plus sur le volet mise en œuvre », théorise Denormandie. Certains anciens de chez Montebourg sont reconduits. C'est le cas de Sibeth Ndiaye, attachée de presse, reçue avec la conseillère presse Marianne Zalc-Muller le soir de la passation entre les deux ministres. Première rencontre et premier point : storytelling, organisation de séances photo, mais aussi… éclats de rire lorsqu'il s'agit d'inviter le nouveau ministre à revoir en profondeur sa garde-robe faite de costumes chers, mal taillés et d'un goût… discutable. « Une insulte à la fashion brigade ! », en rit encore Ndiaye, qui le convainc alors d'adopter le tailleur d'Ismaël Emelien.

L'heure est aussi à passer en revue les cadavres du placard. Du bout des lèvres, Macron confesse : « Il y a peut-être ce truc, cette interview au *Point*, dans laquelle il y a un ou deux irritants, à propos des 35 heures… »

À la veille de sa nomination, l'ancien banquier avait plaidé pour l'assouplissement de la durée légale du travail. De quoi déclencher une belle tempête à gauche.

*

Assis dans l'antichambre – en réalité, dans ce vaste ministère, une salle d'attente au confort moderne –, Stéphane Séjourné relit la note qu'il a soigneusement élaborée. En face de lui, deux personnes attendent leur entretien, pour le même poste : conseiller parlementaire. Mais Séjourné est confiant. Il connaît bien, pour avoir travaillé sous ses ordres, Anne Rubinstein, la cheffe de cabinet du ministre. Et Julien Dray, proche de Hollande, mais aussi de Macron, a glissé un mot en sa faveur. Devant le ministre, le jeune socialiste déroule ses recommandations. « Dans la première partie, j'étais très sévère sur ce que lui pouvait représenter aux yeux d'un député ou sénateur socialiste lambda, comment il était perçu, vu. Et dans la seconde, il y avait quelques conseils sur sa première séance de questions au gouvernement, très pratiques. Là où il devait s'asseoir, ce qu'il devait regarder, le temps à ne pas dépasser, etc. » Banco ! Macron trouve tout cela fort malin et bien ficelé. Il tope dans la foulée.

D'autres talents frappent à la porte du cabinet. Jusqu'au remaniement du printemps précédent, Clément Beaune était conseiller budgétaire pour Jean-Marc Ayrault. Il a croisé le « SGA » de l'Élysée, fait la connaissance de Kohler. Le voilà rappelé. Son portefeuille est complété. On lui adjoint l'Europe. La thématique l'intéresse. Le ministre veut en faire une marque de fabrique. Banco, là encore. Macron vient de gagner un fidèle « M. Europe », qui l'accompagne dans sa marche, puis à l'Élysée. Barbara Frugier et Anne Descamps, une amie d'Emelien, débarquent à la communication et à la presse. Quentin Lafay est là aussi. Il devient à 25 ans la plume du ministre, puis du candidat, avant de partir écrire des séries aux États-Unis. En 2015, Sophie Ferracci, l'épouse de son témoin de mariage l'économiste Marc Ferracci, devient sa cheffe de cabinet. Elle aussi sera un pilier incontournable de l'aventure présidentielle. David Amiel, un normalien passé par Princeton, est recruté pour épauler le conseiller économique Philippe Martin. À 22 ans, il jouit d'une « liberté de contacts folle » avec le ministre. Aujourd'hui encore, il est tout étourdi de la confiance alors accordée. « Et puis il y avait l'atmosphère politique du moment, souligne-t-il. On avait le sentiment d'avoir une ligne politique particulière, incarnée par le ministre, partagée par nous, et qui n'avait pas de débouchés. Ça donnait le sentiment qu'il y avait quelque chose à faire. »

Macron 2014, c'est le « *new kid on the block* », *dixit* Bernard Mourad. Il intrigue. « Il y avait tout Paris. Qui aurait refusé un dîner à ce moment-là ? » Le ministre en profite, étoffe son carnet d'adresses, fait fructifier sa notoriété grandissante. Il reçoit beaucoup. Vraiment beaucoup. Au point qu'il lui arrive de faire deux dîners dans la même soirée. À en faire s'étouffer ses voisins de palier, Michel Sapin et Christian Eckert. De quoi, aussi, alimenter quelques moqueries. Quand il a un couvert réservé, le patron de la Fondation Jean-Jaurès, Gilles Finchelstein, fait l'introduction. Puis la discussion s'enclenche, sur l'actualité ou des thèmes prédéfinis. Macron accélère sa formation politique, affûte ses positions. Des artistes, des écrivains, des intellectuels se pressent à sa table. Des dirigeants aussi. « Je crois qu'il avait vu tout le monde avec la commission Attali », dit l'un de ses proches.

De cette époque (cela a démarré en 2008), Macron conserve amitiés et relations d'affaires. L'avocat Jean-Michel Darrois est de celles-là. Le patron de Nestlé, Peter Brabeck-Letmathe, avec lequel il a conclu un juteux deal chez Rothschild, aussi. Les milieux des start-up, de la French Tech, des grosses PME, des financiers de l'étranger, quelques industriels, aussi, le voient avec les yeux de Chimène. « Ils ont un mec en face qui leur dit : “Moi, je suis libéral et je m'assume libéral.” Jamais personne ne leur a dit ça ! », relève l'un de ses amis patrons.

Avec les représentants du grand patronat, en revanche, ce n'est pas le coup de foudre immédiat. « Pour le coup, il est assez constant. Il fait le même coup qu'avec les syndicats », se marre un proche. Macron, dit un autre, voit le Medef comme « une trappe à conformisme et à conservatisme ». Un troisième abonde : « Macron, ce n'est pas l'homme des patrons, contrairement à ce qu'on peut penser. Il connaît leur liquidité. Le patronat n'a pas la réputation d'engagement. Ce sont des gens assez cyniques. » Pendant la campagne, ils misent d'abord sur François Fillon, avant de tourner avec le vent. « Les patrons lui font un chèque comme une assurance-vie, car ils le voient monter. J'ai vu plein de gens dans les milieux parisiens qui avaient déjà donné ailleurs et se sont dit : “Attention, c'est peut-être un nouveau Sarkozy qui regardera qui a donné ou pas.” À un moment, ils ont flippé », en rigole encore un ami. Macron n'ira pas jusque-là. Mais, au moment de s'inventer en président jupitérien, il s'offre une petite douceur en rayant tous les noms du grand capitalisme français de sa première promotion de la Légion d'honneur, en juillet 2017. Une manière de se démarquer de son étiquette de candidat des puissants. Et de signifier, comme il l'a fait avec d'autres corps, que désormais le patron, c'est lui. L'un de ses collaborateurs élyséens nous aide à faire le tri : « En fait, il échange assez peu avec des patrons depuis qu'il est arrivé à l'Élysée, jure-t-il. De toute façon, ils ont tous l'un de ses numéros de téléphone. Donc il reçoit des messages. Il peut répondre, mais assez rarement. Sa ligne de conduite, c'est plutôt de considérer que les gens doivent être reçus au bon niveau. Alexis Kohler en voit des brassées, à la pelle. Et il les fait beaucoup recevoir à Bercy. Le président, lui, s'investit pas mal dans son rôle de VRP de la France auprès des patrons étrangers. Il voit beaucoup, par exemple, les investisseurs de la tech étrangère. »

À son arrivée à Bercy, les milieux politiques et économiques surveillent attentivement son projet de loi pour la croissance, l'activité et l'égalité des chances économiques, présenté le 10 décembre 2014 en Conseil des ministres. Héritage, là encore, de sa formation accélérée au sein de la commission Attali, Macron veut « déverrouiller l'économie française », s'attaquer au travail du dimanche, de nuit, aux professions réglementées. « Quand vous prenez l'ensemble des propositions de la commission, notamment en matière de réformes de la concurrence, sur l'ouverture du marché des biens, on retrouve en filigrane des choses très proches de sa loi de 2015. Il a embarqué avec lui des convictions, des propositions, des projets clefs en main, ou en tout cas des idées assez abouties sur la nécessité de déverrouiller le pays », décrypte son ami Marc Ferracci. Emmanuel Macron rassemble des idées qui fermentaient au cabinet de Moscovici, ajoute les siennes, son portage énergique, et markete le tout.

Reste à convaincre les parlementaires de voter ce texte, alors que la majorité socialiste se fissure. Stéphane Séjourné se démultiplie au Palais-Bourbon pour porter la bonne parole : « Une loi libérale n'est pas forcément facteur d'inégalités. » Macron, lui, passe des centaines d'heures à l'Assemblée, entre examen en commission et hémicycle, usant de tous ses talents de séduction. Trois députés rapporteurs du texte succombent : Richard Ferrand, Christophe Castaner et Stéphane Travert. Séjourné, lui, compte et recompte. Sa calculette affiche cette certitude : malgré les frondeurs de l'aile gauche du PS, la loi peut être votée. À droite, des députés sont prêts à s'abstenir, une trentaine, pense-t-il. Matignon et l'Élysée ne font pas les mêmes calculs. La loi Macron est adoptée en déclenchant l'article 49-3. Des semaines de négociations, de « maïeutique » – l'un de ses termes fétiches – au sein du groupe PS, tout ça pour passer en force.

Pour Macron et son équipe, c'est une meurtrissure. Ce qu'ils vivent, aujourd'hui encore, comme un mauvais coup de Manuel Valls soude un peu plus le cabinet autour de son ministre. L'épreuve est fondatrice. Ils sont prêts à se mettre en ordre de marche, le moment venu.

7

Le raté de La Rotonde

Deux silhouettes se détachent sur le terre-plein central du boulevard du Montparnasse, dans la nuit du dimanche 23 avril 2017. Julien Denormandie et Ismaël Emelien observent, en retrait des lumières de la ville, la soirée battre son plein à un couloir de bus de là. Leurs regards disent tout. Ils savent. Ils savent que cette fête, que leur patron a voulue coûte que coûte, sera payée comptant. Dès ce soir. « On sent que cela ne va pas être compris. Il ne faut pas être grand clerc. Vous le voyez quand vous croisez le regard de tous ceux qui vont écrire des papiers », nous confie le premier. « Ce n'est pas sorcier de se rendre compte que ça va mal sortir », dit le second. Rouages essentiels de la campagne, omniprésents, mais invisibles, jamais loin de leur candidat, toujours à bonne distance des projecteurs, les deux amis (et ils ne sont pas les seuls ce soir-là) anticipent les dégâts d'images, la mauvaise presse du lendemain. Ils songent à l'après, aussi. À cet entre-deux-tours de l'élection présidentielle, lors duquel il faudra livrer bataille contre Marine Le Pen. Derniers kilomètres d'un marathon qu'ils ont couru tel un sprint. Pour l'heure, le peloton fait relâche. Il trinque. Emmanuel Macron l'a souhaité ainsi.

Tout le monde l'a pourtant mis en garde contre cette idée. C'était lors d'un déjeuner, au QG, quelques jours plus tôt. L'équipe de campagne est réunie pour préparer le week-end du premier tour. On déroule le planning. Et la soirée ? Le candidat veut la terminer en beauté, à La Rotonde, avec ses proches et ses équipes. Cela compte pour lui. Il le dit. Rue de l'Abbé-Groult, dans la grande salle du cinquième étage, la quinzaine de lieutenants présents, communicants en tête, allument les warnings. Chacun se souvient du Fouquet's de Nicolas Sarkozy. Les velours rouges de la brasserie parisienne, nom claqué en lettres lumineuses façon Broadway, ne pourront échapper à la comparaison. « Mais le menu n'est qu'à 45 euros ! » Macron ne comprend pas. Il se tient debout, s'agace. Il n'est pas d'accord. Ce n'est même pas sélect ! On y mange du haddock poché ou une pièce du boucher à prix gonflé. « C'est un truc de touristes », balaie l'un des invités. Peut-être. Mais les dorures et miroirs qui couvrent le plafond donnent du clinquant à l'affaire, tenue par deux frères auvergnats. Le président tient. Mordicus.

Autour de la table, il en est un qui, ce jour-là, ne pipe mot. Aurélien Lechevallier ne veut pas jouer le vieil ami qui, lui, a compris. Mais celui qui est désormais conseiller diplomatique adjoint du président sait. Il sait ce que cette brasserie signifie. Il faut remonter le temps. Se remémorer ces instants où, étudiants à Sciences Po, lui, « Emmanuel » et quelques autres buvaient des verres au TournBride, troquet corse de la rue Mouffetard recommandé par Marc Ferracci, un autre pilier de la campagne présidentielle, désormais conseiller spécial du cabinet du ministère du Travail.

Un soir, l'un des compères lance : « Moi, mon rêve, c'est d'aller à La Rotonde. » Drôle de vœu, exaucé à l'occasion d'une poignée de soirées. Puis, plus encore.

Bien des années plus tard, en 2011, Emmanuel Macron rassemble, avec Philippe Aghion, une équipe d'économistes pour travailler à la campagne de François Hollande. Le bien nommé « groupe de La Rotonde ». Aghion et Macron, l'économiste truculent et le jeune inspecteur des finances, se sont rencontrés, avant de ne plus se quitter, au sein de la commission Attali. Le jeune ambitieux se nourrit des connaissances et conseils de son aîné. Doit-il prendre ce poste à la banque Rothschild ? Oui, lui recommande l'universitaire, estimant qu'il lui faut se frotter « au privé », « à l'économie réelle ». Les voilà donc, à l'aube de la présidentielle de 2012, de nouveau réunis avec Jean Pisani-Ferry, Élie Cohen, Gilbert Cette, pour pondre des notes sur la réforme de l'État, la santé, l'éducation, la politique industrielle. Ce travail de l'ombre pour le candidat Hollande s'effectue dans de petits bureaux à l'Assemblée. Mais aussi à La Rotonde, donc, sur suggestion d'Aghion, qui a aimé y plancher avec Ségolène Royal cinq ans plus tôt. Petit monde.

Emmanuel Macron est déjà familier des lieux. Depuis ses années Rothschild, il a pris l'habitude de venir y dîner avec son épouse, Brigitte. Un jour, à l'heure de l'addition, il a sympathisé avec les patrons. Gérard et Serge Tafanel complimentent le banquier d'affaires pour son allure. « Très chic ! » Le couple venu d'Amiens s'est trouvé une cantine. Pendant la campagne présidentielle, les salades César de la maison sont directement livrées au QG d'En Marche !, les jours de réunion. Aujourd'hui encore, les Macron s'échappent régulièrement de l'Élysée pour y retrouver un peu de leur vie d'avant. Un coup de fil avant de passer et l'on s'arrange pour leur trouver une table portant la promesse de ne pas être importunés. Là, ils ont fêté le quarante et unième anniversaire du président.

Cette brasserie, c'est un point de repère, son Paris à lui. Leur Paris à eux. Alors, en cette fin d'avril 2017, il ne cède rien. Le premier tour se fêtera ici, ou ne se fêtera pas. Il faut faire avec. « Là, l'équipe décide d'élargir. On invite les gardiens, la sécurité, tout le monde. Du coup, ça va devenir un truc populaire », se souvient un fidèle.

Ce dimanche de premier tour, après les larmes et hourras de 20 heures, les saluts kennediens à la foule depuis le balcon du QG ou à la portière de sa berline, après une entrée en couple, façon vedette américaine, sur la scène du palais des congrès de la porte de Versailles, les minibus filent donc vers Montparnasse. Lorsque les convives arrivent à La Rotonde, les journalistes sont déjà là, massés derrière des cordons de sécurité. Alexandre Benalla filtre les entrées. On se presse. De la garde rapprochée, grands élus, parlementaires, soldats de la première heure, aux petites mains, le QG s'est délocalisé. Conjoints et conjointes ont été invités.

Et d'autres visages, plus habitués aux flashes ceux-là : Line Renaud, grande amie des Macron, qui leur a présenté Johnny ; Stéphane Bern, futur « M. Patrimoine » ; Pierre Arditi, François Berléand. Jacques Attali est venu embrasser ce jeune « Mozart de la finance » – surnom hérité de ses années Rothschild – qu'il a repéré et en partie fait. Daniel Cohn-Bendit et Romain Goupil, révolutionnaires d'un temps que les moins de 30 ans – et ils sont ici nombreux ! – n'ont pu connaître, passent en amis, saluer un « Emmanuel crevé, mais ravi ». Cohn-Bendit en profite pour démontrer au candidat pourquoi il est impossible d'avoir la majorité à l'Assemblée. Un peu plus tôt, Benjamin Griveaux leur a envoyé un texto. « Vous êtes où ? » Folle rumeur sur Twitter, Dominique Strauss-Kahn aussi est là ! Mais non, c'est l'architecte Roland Castro. Un journaliste a confondu. Mais l'on croise bien l'écrivain Philippe Besson. Auteur d'un dithyrambe sur l'ascension macroniste – quoi qu'en dise un ami jurant qu'il se permet de « tacler » le président –, il y gagne, en août 2017, la promesse d'un poste digne de Romain Gary, à Los Angeles. Un poste, il l'a dit à quelques-uns, dont il rêve déjà ce soir-là. Aujourd'hui, les coulisses grincent d'un surnom, « M. le consul »...

L'ancienne sénatrice Bariza Khiari, désormais présidente de l'Institut des cultures d'islam, fouille sa mémoire : « Les artistes, on ne les avait pas invités. Je les ai vus arriver un par un, je me demandais ce qu'ils faisaient là. J'aurais aimé les voir plus avant, dans les meetings... J'appelle cela venir au secours de la victoire ! » Elle n'est pas la seule, ce soir-là, à pester contre « les parasites », contre ces flatteurs, « dont les cours sont pleines », prévenait Machiavel. « Ce ne devait être qu'un temps de célébration interne, cela a peoplisé la soirée, déplore le trésorier de la campagne, Cédric O. L'image de ce moment nous a échappé. »

Ce soir-là, quelque deux cents personnes affluent. À l'entrée, on stagne. Christophe, un serveur, veston noir sur chemise blanche, se hisse sur une table, non sans avoir pris soin de jeter une nappe dessus. Avec la manière, il tente de décongestionner l'entrée. « Félicitations au futur président. Je vous invite à monter, il y a de la place à l'étage ! » Emmanuel Macron applaudit l'initiative. « Je vais faire comme vous ! » Le voilà qui grimpe à son tour sur une table. Mains jointes, il s'élance : « Je voulais vous dire un immense merci, parce qu'ici il n'y a que des amis. J'ai eu tout à l'heure des mots pour ma famille, pour Brigitte, que je redis, sans laquelle je ne serais pas là. Mais je voudrais aussi avoir un mot tout particulier pour les équipes, mes équipes qui depuis le début ont suivi. Parce qu'au sein du mouvement, il y a des équipes qui ont passé les jours, les nuits, les week-ends, qui ont fait un boulot extraordinaire tous et toutes. Donc je voudrais vraiment vous remercier. Et ce soir, c'est votre soirée. »

À l'étage, une vingtaine de personnes, élus les plus proches, familles, amis, VIP entourent le candidat et son épouse. Au rez-de-chaussée, on se regroupe en fonction des affinités. La Macronie s'attable. Il y a là Richard Ferrand, Julien Denormandie, Ismaël Emelien, Cédric O, Sylvain Fort, Sibeth Ndiaye, Stanislas Guerini, Adrien Taquet, Benjamin Griveaux ou Stéphane Séjourné, pour ne citer qu'eux. Les agents de sécurité, le DRH. Sylvie Goulard et Arnaud Leroy papotent dans un coin. « On méritait de prendre un verre, de se poser », justifie Bariza Khiari, qui livre cette clé : « Pour nous, on avait atteint l'objectif d'être en tête du premier tour devant Marine Le Pen. » Et c'est bien cela qui leur donne le sentiment d'avoir gagné. « Ce qu'il ne faut pas oublier, c'est pourquoi on fait ce dîner. C'est qu'on avait pris un pari que personne n'avait osé prendre. Très tôt après la déclaration de candidature, on s'était dit : le soir du premier tour, le Front national ne sera pas en tête, alors qu'à l'époque c'était considéré comme acquis. Et c'est ce qui s'est passé », explique Julien Denormandie.

Oui, mais voilà, cela ne se dit pas. Cela ne se montre pas. « La victoire est prononcée, alors qu'elle n'était qu'annoncée », regrette aujourd'hui Christophe Castaner. Une soirée comme un acte manqué. Dans l'instant, on n'en dit mot, on serre les rangs. Mais certains auraient voulu plus de retenue. Comment renvoyer une image de liesse, quand le Front national, qu'il faut encore battre (et largement), vient de se hisser au second tour de la présidentielle ? À la lumière de La Rotonde, certains se remémorent le Jacques Chirac au ton grave du 21 avril 2002. Proche conseiller d'Emmanuel Macron, Philippe Grangeon, lui, fait carrément demi-tour sitôt arrivé, à l'instant où il découvre quelle scène se joue. En homme d'expérience, il ne participe pas à la soirée. Cela, il ne le cautionne pas. Il le dira.

La salle est pleine, les plats tardent à arriver. Emmanuel Macron fait le tour des tables. Il remercie les uns. Explique aux autres qu'ici se sont tenus les premiers dîners de réflexion sur la création d'En Marche !. Une histoire de genèse. Mais, à mesure que la soirée s'étire, la gêne grandit. Combien sont-ils à nous confier l'embarras qui les saisit ce soir-là, à manger ainsi sous l'œil des caméras ? Les flashes crépitent. Les envoyés spéciaux des chaînes d'information en continu enchaînent les duplex. « Mais pourquoi on fait ça ? », s'interroge une petite main, dont le téléphone vibre. Texto d'un ami, rivé à son écran de télé : « On ne comprend pas, vous déconnez… » Pour ceux dont l'engagement politique remonte à la bataille de Ségolène Royal contre Nicolas Sarkozy, et qui n'ont rien oublié de la soirée du Fouquet's, recevoir pareil message est une morsure. Dans la grande salle du rez-de-chaussée, on finit par tirer les rideaux afin d'éviter l'effet « aquarium », ou « zoo » c'est selon, engendré par les baies vitrées.

Certains préfèrent filer tôt. Incommodés. Ou affairés, comme les moines-soldats de l'état-major qui s'éclipsent pour préparer tracts, affiches, planning au QG. Confidence édifiante d'un député : « On a le sentiment de faire une connerie, mais d'être coincés dans un piège. On ne pouvait pas ne pas y aller. »

Qu'importent les réticences et avertissements, Emmanuel Macron ne leur a pas laissé le choix. Des mois plus tard, Christophe Castaner y voit le témoignage d'un attachement viscéral à « sa part de liberté ». Signe distinctif, caractéristique, dit-il, du personnage. Le futur président n'est-il pas resté interdit quelques jours plus tôt quand, tandis qu'ils survolaient les Pyrénées, ce fidèle compagnon lui a dit que non, s'il était élu, il ne pourrait pas se mettre à la varappe comme il en témoignait l'envie ? De là à n'en faire qu'à sa tête et selon son bon vouloir, « son plaisir » comme il rétorque aux journalistes à la sortie de La Rotonde, il n'y a qu'un pas...

Alors que le mois d'août 2017 touche à sa fin, son intention de nommer Philippe Besson consul de France à Los Angeles fuite dans la presse. Tollé. Attendu, évident. Et dire que l'incendie Benalla n'est même pas éteint. « Je reconnais pleinement Emmanuel Macron là-dedans. C'est : "Je m'en fous !", souffle l'un de ses fidèles, qui dessine alors un parallèle avec la soirée de La Rotonde. Le qu'en-dira-t-on, pour lui, c'est nul et non avenu. » À bout d'éléments de langage, qu'il vient de dérouler, un autre finit par lâcher : « Ça, c'est vrai, le président, il fait ce qu'il veut. » Qu'importe le prix ? Quant au ministre Jacques Mézard, il soupire : « Vous voulez que je vous dise que c'est bien ? Non... Avec ce système présidentiel, toute la journée, il a affaire à des gens qui lui expliquent que le soleil illumine le monde, mais que lui aussi. Et cela arrive quel que soit le président. »

Dès le lendemain matin du premier tour de la présidentielle, Marine Le Pen s'affiche sur un marché. Emmanuel Macron, lui, reste invisible. Claquemuré en son QG. Comment aborder cette nouvelle manche, qu'il n'avait pas préparée ? « On s'est tous réveillés le lundi matin, après avoir fait un bon dîner, bu un verre de vin, et là, tout à coup, on se dit : "La question, ce n'était pas qu'est-ce qu'on fait dimanche soir, mais qu'est-ce qu'on fait pendant l'entre-deux-tours !" On s'était concentrés sur un objectif, arriver en tête du premier tour. On a eu deux ou trois jours où c'était la panique totale. On se prend tous le gros coup de bambou », confie un intime. Que faire, donc ? Lors d'une réunion au QG, sous la houlette d'Ismaël Emelien, il est envisagé de jouer à fond la présidentialité. Et donc, en déduit-on, de ne plus accorder d'interview radio ou télé. Voire, pourquoi pas, de refuser le débat avec Marine Le Pen ! Il faut que Gérard Collomb et François Bayrou montent au créneau pour le convaincre qu'il s'agit là d'une folie. D'autant que la presse ne parle que de cette soirée, de cette victoire trop tôt célébrée.

Flottement et colère. Emmanuel Macron ne digère pas ce traitement médiatique. Devant ses conseillers, il peste contre ce qu'il vit comme une injustice, un mauvais procès, sur le thème « c'étaient pas les grands patrons, c'était pas le show-biz » ! D'aucuns, parmi ses proches, y voient une première « cassure » avec la presse, augurant les difficiles relations à venir. Révélateur, annonciateur, aussi, d'un tempérament.

Ce qui n'empêche pas de retenir en vitesse la leçon pour le second tour. Solennité maximale au pied de la pyramide du Louvre. Sobriété, teintée de nostalgie, lors du pot au QG. « Humilité » même, selon Julien Denormandie, qui raconte : « Quand on est tous réunis, il nous dit : “Ce soir, on n'a absolument rien gagné. On a juste gagné la possibilité d'essayer de transformer le pays. On verra si on a gagné ou pas, fin 2021, début 2022, si les extrêmes auront chuté dans notre pays.” »

Il faut toutefois attendre des mois pour entendre un semblant de mea-culpa. Au détour d'une réunion, le président lâche : « On ne va pas refaire la connerie qu'on a faite à La Rotonde ! » Sourires entendus, sous cape, autour de la table. Ou comment à demi s'exempter, par la grâce d'un pronom.

8

Avant-première à l'Élysée

Les trombes d'eau de l'après-midi ont cédé la place à un doux soleil de printemps. Même les cieux y mettent du leur. Il y a un an, un mois et huit jours, Emmanuel Macron lançait son mouvement, En Marche !, à Amiens. Le cierge déposé alors à la cathédrale par l'énamouré sénateur François Patriat a-t-il fait son office ? Toujours est-il qu'un an, un mois et huit jours plus tard, à 39 ans, l'ancien secrétaire général adjoint de l'Élysée succède à celui dont il fut le conseiller.

Ce 14 mai 2017, les figures imposées passées, le jeune président s'offre un temps réservé. Un pot avec son commando, « les dingos du début », comme Benjamin Griveaux aime les présenter. Suffisamment joueurs, ambitieux et convaincus par leur grand homme qu'ils ont tout plaqué pour l'accompagner dans sa conquête du pouvoir. Pari gagnant, célébré dans l'intimité de cette fin de journée. La famille du président, les visages du QG – élus, collaborateurs, petites mains, concierge – un peu endimanchés, venus avec enfants et conjoints, une petite centaine de personnes au total, papotent entre la salle des fêtes et les jardins du Palais.

« Une année avec des jeunes qui portaient des jeans pourris, dormaient sur leurs ordis, à bouffer des sandwichs » : Bariza Khiari n'en revient pas. Ils sont là, aux commandes du pouvoir. Ce matin, la sénatrice socialiste, une ancienne fabiusienne qui a franchi un Rubicon nommé Macron, écœurée par la déchéance de nationalité, s'est réveillée avec « l'impression d'avoir braqué une banque ». Les souvenirs encore vivaces évoquent « une fête de fin de tournage », « la première d'un film avec champagne et petits-fours », « une cousinade ». Le soleil brille.

Ce dimanche pluvieux a jusqu'ici été consacré à la pompe républicaine. Il fallait installer le président dans ses habits. Ses équipes n'ont pas lésiné sur le récit, abreuvant les journalistes de textos prérédigés sur le programme, les musiques, tenues ou voitures choisies. Une certaine émotion étreint Philippe Grangeon. Il se voit en « trait d'union ». Le moment n'est pas neutre pour cette figure de la deuxième gauche, visiteur du soir et ami de François Hollande, puis précieux parrain de son turbulent cadet. Cadet dont le président sortant dit qu'il l'a « trahi avec méthode ».

Le discours d'investiture d'Emmanuel Macron est teinté de régalien. Pour Sylvain Fort, ce fut le premier d'une kyrielle. À partir de ce jour, il officie comme plume. Terminées, les relations (houleuses) avec la presse. Il l'a demandé. Une attention toute particulière est portée aux militaires. Macron est désormais le chef des armées. Il saura bientôt le leur rappeler. Tout a été minutieusement pensé par l'équipe de campagne pour que « les Français visualisent le président ». Devant leurs écrans de télévision, ils font aussi la connaissance de ses lieutenants. La veille, à 1 heure du matin, le directeur de campagne, Jean-Marie Girier, a proposé par texto à l'équipe de se faire ce « petit plaisir » : parcourir le tapis rouge de la cérémonie d'investiture en pack. Vendu ! Ils savent que l'image restera. Elle grave dans l'inconscient collectif que cette victoire, c'est aussi la leur, qu'elle les inscrit dans la mythologie du quinquennat. Cela, les aléas de l'exercice du pouvoir ne pourront leur enlever.

Comme le souvenir de cette soirée de printemps. Aujourd'hui encore, ils n'en ont rien oublié. « Là, on retrouve notre Emmanuel », savoure Patrick Toulmet, l'un des tout premiers Marcheurs, directeur du CFA de Bobigny qui fut le théâtre de la déclaration de candidature de Macron, en novembre 2016, et désormais délégué interministériel. Quelques heures plus tôt, en marge de la traditionnelle cérémonie à la mairie de Paris, son ami le président lui a dit : « Je te vois ce soir à l'Élysée ? Viens, on sera en petit comité. » Un petit comité auquel tentent de se greffer de drôles d'invités. Soudain, la rumeur se propage. Les frères Bogdanov, inclassables figures de la vulgarisation scientifique et de la cosmologie, ont essayé de rentrer et ont été refoulés ! « Truc de ouf ! », murmurent les plus jeunes, dont les bras tombent, quelques instants plus tard, lorsqu'ils voient Igor et Grichka tranquillement déambuler dans les salons.

Debout, ses troupes autour de lui, Emmanuel Macron dit quelques mots. De remerciement, bien sûr. Puis il pointe le doigt vers le ciel. « Vous entendez ? » Silence de mort. En plein Paris. Il poursuit : « J'aurai besoin de vous car, comme vous pouvez l'entendre, ici il n'y a pas beaucoup de bruit. » Prémonitoire.

En ce dimanche de mai 2017, l'heure est encore à la fête. Les enfants de Sibeth Ndiaye, future conseillère presse et communication, et de Julien

Denormandie, pas encore ministre chargé de la Ville et du Logement (cela viendra), s'égaillent sur la pelouse. Ceux d'Emmanuel Miquel, bientôt conseiller entreprise, attractivité et export, posent pour une photo souvenir avec le président ; le fils de Cédric O, prochain conseiller participations publiques et économie numérique, avec la première dame. Lorsqu'il croise un futur candidat aux législatives, Emmanuel Macron l'encourage. « Ah, tiens, tu te présentes aux législatives. Sur la 10e circonscription des Hauts-de-Seine, on a fait un bon score ! », lance-t-il à Gabriel Attal. Celui qui, à l'automne 2018, entre au gouvernement à seulement 29 ans est encore sidéré de sa connaissance de la carte électorale. « Ce qui était extrêmement frappant, c'était la jeunesse. Tous les enfants qui étaient là avaient au maximum 5 ans. J'ai vraiment eu le sentiment qu'on avait changé de génération. Dans une campagne traditionnelle, on aurait eu le ban et l'arrière-ban de la notabilité politique. Là, il n'y avait pas les vieux crocodiles », observe Sylvain Fort. Il est, à cet instant, l'un des rares, avec Ismaël Emelien, nommé l'après-midi même conseiller spécial, à savoir la place qu'il occupera dans le dispositif élyséen.

La composition du cabinet n'est pas encore arrêtée. « En réalité, on n'avait pas prévu les équipes avant d'être élus. Le président attend d'arriver à l'Élysée pour nous expliquer comment il voit les choses », confie Stéphane Séjourné, qui devient son conseiller politique. Alors les premiers soirs, lui, Ismaël Emelien, Julien Denormandie, Richard Ferrand, François Patriat, Philippe Grangeon ou Jean-Marc Borello, les proches de la campagne, continuent donc de se réunir comme avant, si ce n'est que le décor a changé. Il faut bien le temps de s'organiser. « On a attendu quelques jours avant de savoir ce qu'on allait faire », confirme Emmanuel Miquel. Ce 14 mai, l'heure n'est pas encore à « la guerre des bureaux » dont un salarié de l'Élysée énonce la règle en ces termes : « Le premier arrivé est le premier servi. » Pour les moins lestes ou les derniers nommés, la sanction se nomme « soupente ». « L'Élysée est un endroit inconnu pour beaucoup. Ils cherchaient littéralement leur bureau. C'était : "Qui veut le bureau de Gaspard Gantzer ? Oh non, pas moi !" On aurait dit des enfants qui découvrent leur nouvelle école. Il y avait un côté un peu épaté d'arriver là, une sorte d'émerveillement », se remémore un ami de la petite bande.

Le pôle diplomatique, lui, découvre avec délice les commodités du sommet de l'État. Pour ces conseillers qui, depuis la victoire, s'échinent à organiser, depuis le QG et avec trois bouts de ficelles, des entretiens téléphoniques entre le président élu et les grands de ce monde, l'Allemande Angela Merkel, l'Américain Donald Trump ou le Chinois Xi Jinping, « c'est le bonheur ». « Tout est prêt. On comprend que, lorsqu'on a une intention politique, on la transmet et elle s'exécute de manière quasiment magique ! » savoure Aurélien Lechevallier, conseiller diplomatique adjoint.

Le soir où il fête l'installation du président, Stéphane Séjourné ne sait pas encore qu'il prendra ses quartiers au deuxième étage, ni qu'il travaillera avec une vue imprenable sur la cour du Palais. Il appartient à celui qui fut son conseiller parlementaire à Bercy de boucler les dernières investitures, en vue des élections législatives qui arrivent à grands pas. Le voilà dans les étages, pendant que la « cousinade » se poursuit dans les jardins. Sur un coin de table du secrétariat, épaulé par le futur député de Paris Pierre Person, il procède à quelques réajustements, barre et ajoute des noms de candidats, sous la direction du président. Et pourquoi se priver au passage d'une photo souvenir dans le bureau du chef de l'État ? Le cliché sera envoyé aux copains. Valérie Lelonge, l'historique assistante personnelle d'Emmanuel Macron, qui vient de quitter le QG d'En Marche !, découvre, elle, son nouveau cadre de travail. Cette jeune femme blonde, « lumineuse, toujours souriante et politique », disent ceux qui l'ont côtoyée, n'a plus quitté Macron depuis Bercy. Elle est appelée à devenir cheffe du secrétariat particulier du président de la République.

Autour du buffet, un pilier de la Macronie brille par son absence. Alexis Kohler – et cela n'étonne absolument personne – est déjà au travail. À vrai dire, des mois plus tard, ce pot, il ne s'en souvient même pas. Si ce n'est les collaborateurs qu'il reçoit en entretien pour constituer le cabinet de l'Élysée, et bien sûr le nouveau président, il ne reçoit pas grand monde ce soir-là. Il est comme ça, le nouveau secrétaire général de l'Élysée. « Il n'a pas l'esprit célébratif, surtout quand il y a beaucoup de monde. Il n'est ni autiste ni misanthrope, mais c'est une question de personnalité », confie un proche. Présent depuis le petit matin, il est celui qui éteint les lumières aux heures avancées de la nuit. « Un moine ! », dit un ancien ministre de François Hollande. « Un techno froid », corrige un ami du président. Une image qu'il récuse : « Il n'y a rien à en dire, c'est tout simplement affligeant », s'insurge Kohler. Chef des « Mormons », surnom de la garde rapprochée du président, il n'est pas rare qu'il reçoive à dîner, autour d'un plateau-repas, dans son bureau. Il arrive à Macron de s'en amuser et de lancer à l'un de ses invités un sonore, mais amical : « T'as rien d'autre à foutre de tes soirées ? » Pour lui, plus souvent que pour d'autres, le devoir l'emporte sur le sens de la fête. Ses amis disent pourtant qu'il est loin d'être dénué d'humour. Mais pince-sans-rire. Lors des dîners organisés au ministère de l'Économie, Kohler était plus attentif à la gestion des affaires courantes qu'au contenu de l'assiette, ses dossiers et ses deux téléphones à portée de main, écoutant la conversation d'une oreille. À l'heure de prendre congé, certains invités, l'apercevant encore penché sur son bureau, s'arrêtaient pour papoter. « Et il voyait sa famille quand sa famille venait à Bercy », lâche un familier de cette époque. Alors, oui, le 14 mai 2017, Alexis Kohler est passé en coup de vent au cocktail avant de monter se mettre au boulot. Et cela ne surprend personne. « Il travaillait déjà en véritable machine de guerre pour faire tourner l'État », se souvient Sibeth Ndiaye, « époustouflée ».

Vice-président, en quelque sorte. Un énarque quadragénaire, dont le chef de l'État aime à dire sur le ton de la boutade : « Il est plus intelligent que moi. » François Bayrou, qui forme un tandem inséparable avec la députée Marielle de Sarnez depuis trente ans, y décèle le même lien fusionnel. C'est dire ! Aux yeux de Christophe Castaner, qui fréquente le duo depuis les années Bercy, « il est le seul, avec son épouse, Brigitte, à être réellement essentiel dans le dispositif du président ». Le ministre de l'Intérieur insiste : « Macron considère Kohler comme son égal. Il a une vraie délégation de pouvoir, de représentation, de décision. Il est le seul qui aujourd'hui peut arbitrer sans en parler au président. » Cette réaction d'un familier de l'Élysée, à qui l'on demande qui ose émettre des critiques à l'encontre de Kohler en pleine crise des « gilets jaunes », en dit aussi long : « Je ne peux pas vous le dire, j'aurais l'impression de les livrer à la police… » De quoi faire s'étouffer plus d'un député dans les couloirs du Palais-Bourbon. Jamais élu, ni exposé, toujours dans l'ombre. Et pourtant si puissant.

De lui, on sait peu de chose. L'homme est précédé d'une réputation de « castrateur », « d'ennemi de la radicalité de l'imagination ». Si prompt, dit-on, à passer à la moulinette tout projet ambitieux que certains lui appliquent cette formule, autrefois employée par Macron à propos du sort réservé aux textes de loi dans le processus législatif : « Si vous voulez qu'il reste deux bras et deux jambes, il faut présenter Shiva. » Sans fantaisie, mais carré. Ce qui sort de son bureau, c'est du faisable, de l'efficace. « Ça vole », selon l'une des expressions fétiches du président. « Il est celui qui connaît absolument tous les dossiers sur le bout des doigts et qui fait que ça ne part pas dans le décor », dit de lui Sylvain Fort, dithyrambique sur ce « grand serviteur de l'État ». Approbation de Cédric O : « Il évite beaucoup de dingueries. » Rémy Rioux, l'ancien directeur de cabinet de Pierre Moscovici à Bercy, qui l'a repéré et recruté comme adjoint en 2012, nous certifie qu'il n'est « pas psychorigide ». Le patron de l'Agence française de développement lui trouve même, et on ne l'avait pas vu venir, « un côté un peu oriental, plus imaginatif ». Héritage, selon lui, d'un métissage peu banal entre un père alsacien et une mère sabra. Pas grand-chose ne filtre sur sa matrice idéologique, si ce n'est une fréquentation estudiantine du club rocardien Opinions, où il côtoie l'actuel Premier ministre, Édouard Philippe… Peu, au sein de la majorité, sont capables de le teinter politiquement. Un proche du président tranche ainsi la question : « Il est techno. Il est du côté de Bercy. À juste titre. Le budget, ça compte. » Lorsqu'on lui pose directement la question, le principal intéressé se fend d'une mise au point. « Je ne suis pas là pour développer ma propre idéologie, tranche Kohler. Je suis le principal collaborateur du président de la République, je ne suis ni président de la République, ni Premier ministre, ni ministre. Je n'ai pas d'existence politique à avoir. Il faut que chacun soit à sa place. Cela ne m'empêche pas d'avoir, moi, des convictions, des idées, de les défendre, et au premier chef auprès du président. Je lui dirai toujours, s'il le souhaite, ce que je pense profondément. Mais cela reste toujours ses orientations, ses décisions. Il y a des gens qui ont été dans ce bureau qui ont fait l'erreur de ne pas rester à leur place. »

C'est à l'époque de la commission Attali, alors qu'il arpente les couloirs de Bercy pour tester des idées, que Macron croise Kohler pour la première fois. Leur lien se forge sous le règne de François Hollande. Macron est secrétaire général adjoint de l'Élysée, en charge des questions économiques ; Kohler, au cabinet du ministre de l'Économie. « Ils se voyaient tout le temps, Alexis était tous les deux ou trois jours dans son bureau », se souvient Rémy Rioux. Et c'est tout naturellement que Macron l'appelle à ses côtés, en août 2014, lorsque la cuvée du redressement d'Arnaud Montebourg le propulse ministre de l'Économie.

Mais Alexis Kohler ne suit pas son patron au QG d'En Marche !, fin août 2016, lorsque vient le temps de quitter Bercy. Le mouvement n'a-t-il pas les moyens de le salarier ? Ou bien, ne croyant pas au coup de poker de Macron, cet ancien du Trésor préfère-t-il assurer ses arrières ? Les deux hypothèses se murmurent. Lui évoque plutôt l'envie de se frotter au privé et sa conviction de ne pas avoir « le profil idéal pour être directeur de campagne », un poste « plus politique ». Direction Genève et MSC, un géant des océans fondé et dirigé par des cousins de sa mère, pour « un énorme poste » de directeur financier. En route aussi pour des ennuis. Car aujourd'hui, Kohler est sous le coup d'une enquête judiciaire du Parquet national financier, à la suite de plaintes de l'association anticorruption Anticor, pour « prise illégale d'intérêts », « trafic d'influence » et « corruption passive ». Il lui est reproché d'avoir pu favoriser MSC, en dissimulant ses liens familiaux, lorsqu'il était représentant de l'État au conseil d'administration des chantiers navals de Saint-Nazaire (STX France), dont l'armateur italo-suisse était le principal client. Ou encore d'avoir approuvé des contrats alors qu'il était représentant de l'Agence des participations de l'État au sein du conseil de surveillance du « Grand Port du Havre », où il a siégé de 2010 à 2012 aux côtés du maire de l'époque, Édouard Philippe. Des accusations qu'il vit comme une meurtrissure. « Vous ne pouvez pas bien le vivre. Cela ne peut pas ne pas vous toucher, souffle-t-il. Les gens racontent n'importent quoi, vous salissent. Dans l'esprit des gens, on se goberge dans un luxe incroyable, on profite énormément. Ils ne se rendent pas du tout compte de ce que c'est que la vie quotidienne, ce que c'est d'investissement, de travail, de sacrifices. Je ne me plains pas, je ne me plaindrai jamais. Tout ce que j'ai fait, je l'ai fait de manière intègre. »

La campagne présidentielle, il la suit par e-mails ou messagerie chiffrée. Et en multipliant, chaque semaine, les allers-retours entre Genève et Paris. Sa place est assurée. Alexis Kohler, que Macron « a testé par tous les temps et sur tous les terrains », dit un ami, est programmé pour le poste de « SG ». Ce qui ne l'empêche pas, susurre-t-on, de voir d'un mauvais œil l'espace vacant rempli par d'autres, comme l'économiste Jean Pisani-Ferry, « notre Zidane à nous », vantait Arnaud Leroy pendant la campagne. « Jean Pisani-Ferry, Didier Casas, Christian Dargnat... tous les hauts cadres qui ont joué des rôles clés dans la campagne et qui avaient envie d'en être ont été écartés, essentiellement par Alexis. Dans un système où le président peut être vite isolé, c'est facile de mettre des digues », confie un ministre.

Ce soir de « cousinade », tous les espoirs sont encore permis. « C'était encore dans l'ambiance : on s'en sortira tous ensemble ou on coulera tous ensemble », se souvient l'ancien député Arnaud Leroy, qui n'entre pas au gouvernement comme il l'espère, mais finit, grâce à l'appui de Macron, à la tête de l'Ademe, l'Agence de l'environnement et de l'énergie. Tandis que le soleil se couche sur l'Élysée, les lieutenants sont certes épuisés par une campagne harassante, mais tenus en haleine par celle qui s'annonce. « C'est un moment d'accomplissement, mais ce qui est extraordinaire, c'est que c'est aussi potentiellement, pour chacun et collectivement, le début d'autre chose », se souvient Emmanuel Miquel.

Il doit être 22 ou 23 heures. La soirée s'étire au premier étage de l'Élysée, dans le bureau du secrétaire général qu'il n'a même pas encore aménagé. Dans leurs fauteuils, autour d'une télévision qu'ils écoutent distraitement, Emmanuel Macron et Alexis Kohler devisent, refont à deux le film de la journée. Seuls au sommet de l'État. Sensation de solitude, de vide, comme lorsque à la fin d'une fête le dernier invité a fait ses adieux, laissant derrière lui un salon entier à ranger. Sensation de vertige aussi. Ils sont là. Demain, ils nommeront un Premier ministre.

*

Près de deux ans ont passé. Pour une part d'entre eux, l'enthousiasme s'est émoussé, élimé à l'épreuve du pouvoir et d'un rythme effréné, qui épuise les corps et les familles. « Ils sont tous en burn out. Il faut arrêter de les mettre sous flux tendu comme ça, vingt-quatre heures sur vingt-quatre », s'affole un fidèle du chef de l'État.

Dès septembre 2017, les épouses des collaborateurs sonnent l'alerte auprès de Brigitte Macron. Elles n'en peuvent plus. Question de parcours, de profils, aussi. En cet hiver 2019, après avoir de nouveau assuré six mois la direction de la communication, poste qu'il n'aime pas, Sylvain Fort fait ses cartons, quittant le Palais avec l'envie de renouer avec le privé. Le conseiller spécial Ismaël Emelien et le bras droit d'Alexis Kohler, David Amiel, prennent également leur envol fin mars, à la sortie de leur livre. Emelien s'est retrouvé empêtré dans les urgences du quotidien. Il a aussi laissé des plumes dans l'affaire Benalla. Avec Amiel, jeune normalien, « Isma » s'offre un temps de respiration pour réfléchir à la doctrine. Stéphane Séjourné a été le premier à quitter le Château, afin de diriger la campagne des européennes et briguer un siège au Parlement européen. Un familier de l'Élysée tranche : « Pour tout le monde, ça dysfonctionnait. » L'Élysée se vide de ses « Mormons ». Mais au fait, d'où vient ce surnom ? « De ceux qui ne nous aiment pas », tranche l'un d'eux. Un ami du président rit en avançant cette hypothèse : « Parfois Emmanuel est très messianique dans ses discours, ça vient peut-être de là. C'est un courant évangéliste ! » Le temps est venu d'une vaste recomposition. « Eux, ils rêvaient que le temps passe deux fois plus vite, que leur journée soit deux fois plus pleines, que leurs trois téléphones sonnent en permanence. C'est toujours comme ça. Il y a toujours un moment de renouvellement. Les équipes sont usées, les gens sont rompus », souligne un de leurs familiers. Kohler, lui, préfère en plaisanter : « Je me suis souvent fait la réflexion qu'en fait on fait des années de chien, chaque année vaut sept ans. » Cédric O ne se voit pas aller au-delà de 2019. « On va tous partir, probablement avant la fin du quinquennat, dit-il. Je reste viscéralement attaché à cette équipe, j'ai une fidélité au président qui n'a pas changé. Il n'empêche, je ne vais pas faire de la politique toute ma vie. Et c'est sain parce qu'il faut que les équipes et les idées se régénèrent. Je pense qu'on retournera tous plus ou moins dans le privé. C'est bien pour l'État aussi. »

Dans le bureau d'Emelien, celui qu'Emmanuel Macron occupait comme secrétaire général adjoint, trônait en bonne place une photo. Comme dans celui de Sibeth Ndiaye et de Sylvain Fort. L'image a été prise au QG de campagne, le soir du premier tour de la présidentielle. Ismaël Emelien, Sibeth Ndiaye, Sylvain Fort, Jean-Marie Girier, Benjamin Griveaux, Julien Denormandie y prennent la pose tout sourires. Fort l'a fait encadrer et leur a offerte. Pourquoi celle-là ? « C'est la seule photo où l'on est ensemble, nous dit-il. La seule photo du noyau dur. » L'unique et authentique, à ses yeux.

III

L'ILLUSION D'UN NOUVEAU MONDE

9

Dans l'ombre du Congrès

Des centaines de pas foulent le damier noir et blanc de la galerie des Bustes. Et de là où il se trouve, en ce tout début d'après-midi du 3 juillet 2017, c'est à peu près tout ce que Sylvain Fort voit. Des souliers. Les parlementaires se hâtent de rejoindre l'hémicycle du Congrès de Versailles. Et lui est assis par terre, avec son ordinateur, « comme un con », maugrée-t-il. Ismaël Emelien est là aussi. Depuis quelques heures, ces deux-là vivent « un enfer absolu ». L'encre du discours que le président s'apprête à prononcer devant quelque neuf cents parlementaires n'est pas sèche. Avant de déjeuner avec les membres des bureaux et chefs de groupe des assemblées, Emmanuel Macron fait parvenir à ses conseillers les modifications qu'il souhaite apporter au texte. Entre les services, pâté en croûte de caille pour l'entrée, tronçon de turbot-légumes primeurs pour le plat, se danse un drôle de ballet. À même le sol, dans le couloir, « réseau pourri » en prime – quelle guigne ! –, Fort et Emelien reprennent le texte, dont ils font parvenir les nouvelles versions au président grâce à son aide de camp. La pêche Melba dégustée, de nouvelles demandes de modifications parviennent *via* le secrétariat du chef de l'État. Et c'est ainsi que la plume et le conseiller spécial se retrouvent à taper frénétiquement sur le clavier, tandis que députés et sénateurs défilent sous leur nez. Les ont-ils seulement remarqués ?

À cet instant, on ne peut que songer à la façon dont Ismaël Emelien nous parla un jour d'Emmanuel Macron : « Il n'y a rien à quoi il ne tient plus qu'à sa liberté. C'est vrai, y compris, et surtout, dans les moments les plus contraignants. Et donc, un texte, jusqu'à la fin il bougera, parce que, jusqu'à la fin, il veut sentir qu'il est libre de s'en échapper. En plus, le prononcé sera un peu différent de ce qui est écrit, parce qu'il sent différemment les choses sur le moment, parce que l'hésitation qu'on avait depuis deux jours, il la tranche d'une troisième manière. Pour moi, c'est son besoin de liberté qui s'exprime à ce moment-là. » Souvent ses troupes en ressortent essorées.

⋆

Les parlementaires prennent place dans l'hémicycle. Ceux de l'opposition sont encore groggy, sonnés, de la claque que vient de leur infliger la nouvelle majorité. Tant de leurs amis ont été balayés… La chaleur ajoute à la torpeur. Et ce nouveau pouvoir, qui se présente de fer et centralisé… Voilà que ce jeune président a décidé de s'exprimer devant eux. Réunir le Congrès à la veille du discours de politique générale du Premier ministre, Édouard Philippe : même un intime du chef de l'État trouve la manœuvre « très dure » pour le chef du gouvernement, privé de son coup de projecteur.

La précipitation est telle que Sylvain Fort et Ismaël Emelien n'ont même pas pu échanger un mot avec Emmanuel Macron, lorsque celui-ci gagne l'hémicycle de ce pas lent qu'il a adopté depuis la soirée du Louvre. Ils le suivent depuis l'étage, installés aux côtés d'Alexis Kohler, Stéphane Séjourné, la secrétaire générale adjointe Anne de Bayser, le directeur de cabinet Patrick Strzoda. En tout, une vingtaine de membres du cabinet sont alignés. Il est si rare que les « Mormons » apparaissent en public ainsi réunis. Ils ont beau rester dans l'ombre, au sens propre, celle des plus hauts gradins du public, cela ajoute à la singularité du moment. Retiennent-ils leur souffle ? Il n'y a alors, assure Ismaël Emelien, « pas de sentiment d'aboutissement ». « On est au bas de la montagne et maintenant il va falloir la gravir. On a fait un long chemin pour arriver jusqu'au camp de base et là on quitte le camp de base pour monter jusqu'au sommet, observe-t-il en bon sherpa. Et le sommet, ce sera d'avoir réussi ou pas. »

Comme de coutume pour ce type de grand discours politique, le président a passé commande à ses équipes il y a un moment de cela. À l'Élysée, on a commencé par poser le cadre. Quel est l'objectif du discours ? Que veut-on que l'on en retienne ? À quelles questions faut-il répondre ? Lesquelles, au contraire, trop liées à l'actualité, doivent être laissées de côté ? Sylvain Fort s'est mis au clavier, enfermé dans son bureau pour pondre une première trame, qui voyage au sein du cabinet, du bureau d'Ismaël Emelien à celui d'Alexis Kohler, pour atterrir, enfin, sur celui du président de la République. Et puis, il y a ces « regards extérieurs », de responsables politiques, intellectuels, visiteurs du soir, dont le chef de l'État est friand. Ses conseillers croient se souvenir que Philippe Grangeon, François Bayrou, mais aussi l'ancien ministre de François Mitterrand Michel Charasse jettent un œil au texte.

L'allocution est sans surprise, pour tous ceux qui ont suivi la conquête du pouvoir. « Tout cela est aligné avec ce qu'on a dit pendant la campagne. Et puis, ce sont les mêmes équipes. On commence à savoir ce qui peut sortir de ce petit club », observe Jean-Marc Borello, patron du groupe SOS, qui a connu le président lorsqu'il était son élève à Sciences Po. Soit, avance Emelien, « la prime à la réalité et non pas aux représentations de la réalité, la remise en cause des évidences, d'un certain nombre d'habitudes, de corporatismes ». Ou encore : « Doter l'individu d'une capacité à affronter par lui-même les événements en étant accompagné aussi longtemps qu'il le faut. Faire prendre conscience à beaucoup de gens qu'ils bénéficient de choses qui sont dues à leur statut et pas à leurs efforts, mais que ces bénéfices-là sont aussi la raison pour laquelle un certain nombre d'autres personnes sont privées de tout accès à quoi que ce soit. Or, c'est d'abord pour ces derniers que nous nous battons ». Le quinquennat en est à ses balbutiements, à sa déclaration d'intention.

*

Un homme est chargé de la mettre en musique. En mots, plutôt. Depuis son discours d'investiture, et jusqu'à l'hiver 2019, Sylvain Fort tient la plume pour le président. Agrégé de lettres classiques, féru d'opéra et pétri de culture classique, Fort a fait ses humanités en classe prépa à Henri-IV, avant d'effectuer un détour par la finance.

Juillet 2016. Emmanuel Macron n'a pas encore quitté le gouvernement, mais il cherche déjà un *spin doctor* de campagne. Devant un ami, Brigitte Macron s'extasie de la recrue qu'ils viennent de repérer. « Ce n'est pas un communicant, il est normalien et il a écrit sur Karajan ! » Référence au livre que vient de consacrer Fort au chef d'orchestre autrichien, dont il choisit l'interprétation de l'*Ode à la joie* pour accompagner les premiers pas du président Macron au Louvre, *Herbert von Karajan : une autobiographie imaginaire.* Soupire-sourire d'un familier de l'Élysée, qui connaît bien Macron, en songeant à « la fascination pour le normalien de celui qui a raté Normale Sup' ».

Comme à son habitude, Emmanuel Macron a demandé à des connaissances de jouer les rabatteurs. En l'espèce, les équipes de Publicis, qui prennent langue avec Fort au mois de juin. « Il y a un futur candidat à la présidentielle, ou potentiel, qui se positionne et qui cherche son communicant, mais on ne peut pas te dire qui c'est. » Hameçonné, Sylvain Fort se rend au rendez-vous organisé avec Maurice Lévy, patron du puissant groupe de communication. Le voile est levé. Ce « futur candidat à la présidentielle, ou potentiel », c'est Emmanuel Macron. Et cela tombe drôlement bien. Car depuis le lancement d'En Marche !, le 6 avril 2016, Fort suit avec intérêt le jeune ministre de l'Économie. Il aura tôt fait de le rencontrer. Comme il verra Ismaël Emelien, Alexis Kohler et Julien Denormandie, incontournable triumvirat, avant d'assister au meeting de la Mutualité. Autre rite macronien, s'ensuit un long entretien avec Philippe Grangeon. L'entrepreneur Mathieu Laine se targue aussi d'avoir joué les entremetteurs, ce que Sylvain Fort finit par démentir, à quelques jours de quitter l'Élysée. Mathieu Laine… Combien sont-ils, dans l'entourage du chef de l'État, à pester contre celui qu'ils considèrent être un « imposteur » ? Proche du pouvoir, lui ? « C'est son fonds de commerce. Cela a toujours fonctionné comme ça. On trouve déjà ça dans Balzac », éreinte un conseiller élyséen.

Le mois d'août 2016 fait ses adieux, quand, enfin, Emmanuel Macron rappelle Sylvain Fort. Celui-ci se rend à Bercy, pour assister, croit-il, à une banale réunion du cabinet. Mais, et Fort le découvre *in situ*, le ministre vient de déposer sa démission ! « Et en fait, je suis resté. Personne ne m'a jamais dit : "C'est toi qui vas t'occuper de ça", se souvient le communicant. J'avais une agence, une associée, des salariés. Je n'ai jamais pu y remettre les pieds. » Sa boîte, Steele & Holt, compte des clients aussi variés qu'AXA ou Zadig & Voltaire. Mais aussi En Marche !, désormais. « Techniquement, j'ai été engagé pendant la campagne comme consultant. Steele & Holt était donc rémunérée par En Marche ! », nous explique l'intéressé qui assure que le parti n'est plus client de l'agence depuis mai 2017. Autre client de Steele & Holt, non mentionné sur son site Internet celui-là : le prince héritier saoudien, Mohammed ben Salmane. Explication de Fort : « J'ai cédé mes parts en juin 2017. Je n'ai jamais eu MBS comme client. »

Dès ce 30 août 2016, Sylvain Fort prend donc les appels de journalistes qui saturent les lignes, pressés d'en savoir plus sur le dernier coup d'éclat de Macron. Un saut de l'ange dans la piscine macronienne. Mais, à l'entendre, l'amerrissage est sans douleur. « Je croise des gens qui croient très simplement, comme moi, que la France ne s'en sortira pas si elle n'est pas adaptée à la donne économique mondiale. Que si l'on continue à croire qu'une économie administrée va nous permettre de prospérer, on se trompe. Et par ailleurs, ce sont des gens qui ont tous une sensibilité sociale, qui se posent la question de la perpétuation, de la rénovation, de l'adaptation de l'État-providence dans un monde en bouleversement profond. »

Entre Sylvain Fort et les jeunes ou vieux loups de la Macronie, il y a un monde. Nulle matrice strauss-kahnienne à déceler chez lui. « Il est très à droite », souffle un transfuge du PS. On le dit ami avec l'ancienne plume de Nicolas Sarkozy, Camille Pascal, ce qu'il assume. Il se murmure aussi qu'il entretient des liens avec le maurassien Patrick Buisson, ce qu'il dément énergiquement. Lorsqu'il annonce son départ de l'Élysée, certains font tourner, un peu outrés, un peu désabusés, l'élogieux portrait publié par *La Synthèse*, newsletter très droitière. « C'est symbolique, quoi ! »

Des cartons de déménagement traînent au pied de la bibliothèque. Lorsqu'il nous reçoit dans son bureau de l'Élysée, Sylvain Fort est sur le départ. Ce jour-là, il a à cœur de rectifier certaines idées reçues. « Je suis originaire d'une famille de gauche, et même très à gauche. Ma mère était très militante PS dans le 20e arrondissement. Je suis allé dans des réunions de section du PS dans le 20e, c'était fun. Il y avait une pureté, qui s'est complètement perdue après. C'était le PS dans son épure du congrès de Tours de 1920, encore ancré sur des valeurs fondamentales : éducation, méritocratie, redistribution, méfiance à l'égard de l'argent, et qui s'opposait à une droite extraordinairement embourgeoisée, nous raconte l'encore conseiller élyséen. Les gens croient que je sors du 16e arrondissement et que mes parents allaient voter RPR en loden, mais ce n'est pas du tout ma matrice intellectuelle. Je ne viens pas de la droite vieille France. Ma droite à moi, c'est le gaullisme social, une droite plutôt libérale et sociale, si toutefois elle existe encore. »

Car, grandissant, Sylvain Fort ne trouve plus le PS « fun ». Plus du tout. Il lui reproche une « double trahison » : « avoir remplacé le social par le sociétal » et « être passé d'une conception de la redistribution liée à la création de richesse à une vision largement bureaucratique, étatiste ». L'étudiant se (re)classe dans une droite-gaulliste sociale, pompidolienne, après un bref passage chez Jean-Pierre Chevènement. « La gauche a payé cher son abandon des classes populaires au profit des combats catégoriels et son rapport hypocrite à l'argent. En trente ans, en une génération, la gauche s'est effondrée. »

En 2007, tout en portant un regard bienveillant sur la « démocratie participative » prônée par Ségolène Royal, Sylvain Fort voit dans l'avènement de Nicolas Sarkozy « un moment intéressant ». Il planche pour l'Institut Montaigne, l'Institut de l'Entreprise, se rapproche du ministre de l'Enseignement supérieur, un certain… Laurent Wauquiez, l'un des principaux opposants de Macron, avec lequel les échanges se font désormais à tir tendu. On se pince. « C'est la droite sociale, comme son nom l'indique. Je me dis : ça me parle, c'est intéressant. J'ai discuté avec lui, j'ai participé pendant quelques mois à des réunions restreintes autour de lui, à des réflexions. » Quand se fomente la campagne de Nicolas Sarkozy pour sa réélection, il est aussi des rendez-vous organisés par Jean-René Fourtou, le patron de Vivendi. C'est là qu'il rencontre Camille Pascal, s'en fait « un pote », et Geoffroy Didier, Guillaume Peltier. Mais Patrick Buisson, insiste-t-il, « c'est l'envers de ce que je pense ». « Au fond, je suis sans doute une sorte de démocrate-chrétien. »

Neuf mois à jouer les *spin doctors*. La campagne s'achève dans un rapport de grande tension avec la presse. Il décroche son téléphone plus vite que son ombre, adresse quelques « connards » au passage. Sylvain Fort ne veut plus gérer la communication. Est-ce de toute façon envisageable ? Avec certains journalistes, la ligne est carrément coupée. Plume et conseiller mémoire, il reste au cœur du dispositif, fait défiler des phrases au kilomètre. Les discours d'hommage à Arnaud Beltrame, Jean d'Ormesson, Johnny Hallyday, c'est lui. Un travail de l'ombre, qu'il décrit ainsi : « Ce n'est ni une expression personnelle ni de la littérature. Le président sait ce qu'il veut dire et, moi, je dois lui faire des propositions dans un langage que lui puisse s'approprier. C'est un travail de tailleur sur mesure. Il faut que les coutures tombent bien sur la parole présidentielle. »

Au Château, l'influence se niche aussi dans les détails. Aurélien Lechevallier, conseiller diplomatique adjoint, mesure celle de Fort un jour où il assure l'aiguillage de la correspondance présidentielle – toutes les annotations que le chef de l'État fait sur des articles, des notes, des dossiers, quand il travaille, en somme tout ce qu'il renvoie et qu'il s'agit de distribuer à qui de droit lorsqu'elle sort de son bureau. « Il y en avait beaucoup, beaucoup, où il interrogeait Sylvain pour avoir son retour, son sentiment. » Un ministre de poids confirme. Il raconte avoir observé ceci : « Vous avez un bout d'échange avec Sylvain, vous sentez qu'il accroche. Et hop ! Six heures après, vous avez un retour du président. »

Las. Quelque temps avant son départ de l'Élysée, un ami entend la plume s'épancher : « Le président n'écoute plus personne... » Il y a aussi ce poste de directeur de la communication, endossé par devoir et sans plaisir après l'affaire Benalla. La désorganisation du management élyséen, dont il souffre. À l'heure de plier bagage, l'intéressé, lui, rappelle cette promesse initiale : « J'ai toujours dit au président que je ne lui demanderais jamais rien, sauf de pouvoir partir quand je le souhaiterais, avec son accord bien sûr. Le contrat était moral. »

*

Fin août 2016, Emmanuel Macron quitte Bercy. Et son mouvement, lui, le gourbi de la rue des Plantes. De nouveaux locaux, fonctionnels, sont loués dans la tour Montparnasse. Facétie de l'immobilier parisien, En Marche ! voisine avec les équipes du candidat à la primaire PS, Benoît Hamon. Mais aussi avec les éditions XO. Et cela tombe plutôt bien. L'ex-ministre vient de signer chez eux pour un livre. Mais ce rapprochement géographique n'accélère pas la livraison. L'écriture de *Révolution* est « laborieuse, très laborieuse », « assez douloureuse », soufflent ceux qui y ont assisté. Est-ce parce que, dans ses jeunes années, il s'est rêvé écrivain ? Un vieil ami de Macron s'étonne de l'attention portée à ce qui n'est finalement qu'« un outil de campagne », puis relève : « Il accorde de l'importance à tout, puisqu'il découvre tout. Pour lui, tout est *first.* » Macron fait poireauter son éditeur. « Il passe son temps à écrire et réécrire. C'est comme ses discours aujourd'hui, il y a quinze versions. Bernard Fixot, fondateur des éditions XO, s'arrachait les cheveux, il avait le sentiment que ça ne sortirait jamais », se souvient un cadre de la campagne, qui témoigne : « En réalité, en même temps qu'il l'écrivait, il tranchait des aspects idéologiques. Il a eu de longues discussions avec Gérard Collomb, Richard Ferrand, François Sureau, Alexis Kohler. » Les questions qui se posent alors – « Jusqu'où met-on le curseur ? Telle ou telle mesure est-elle possible ? », se souvient David Amiel, conseiller économique – racontent que tout est à bâtir.

L'image d'Épinal, et vendeuse, d'un candidat écrivant à la main, à la lumière de sa lampe de bureau, s'estompe. *Révolution* est un ouvrage collectif. Pas la partie personnelle, celle dans laquelle Macron évoque son enfance et sa vie de famille, dont il a couché un premier jet, il y a plusieurs mois de cela, testant différents formats. Mais pour le reste… « On aurait plus vite fait de compter les gens qui n'ont pas contribué. C'est un ramassis de notes et de collages dont on a fait un livre », égratigne l'un de ceux qui a prêté main-forte. Un autre, plus cruel encore : « J'ai un peu honte d'avoir aidé, ce n'est pas vraiment mon genre de littérature… » Selon un cadre de la campagne, Emmanuel Macron songe même, un temps, « à passer les épreuves à Erik Orsenna pour lui faire réécrire le tout ».

C'est qu'il y a des blocs épars, un peu techniques. Gérard Collomb écrit sur les collectivités locales, les territoires, la Chine. Le député Arnaud Leroy, branché environnement et Europe, envoie aussi des éléments. Lui ne les retrouve pas vraiment. Marc Ferracci, bien sûr, mais aussi Philippe Martin, Jean Pisani-Ferry ou Philippe Aghion nourrissent le volet économique et social. Les coordonnateurs du programme reçoivent le projet de livre, l'annotent, le renvoient. « On écrivait des bouts, de la substance, des éléments de diagnostic, de propositions », raconte l'un de ceux-là. Quelques personnalités choisies sont sollicitées pour jeter un coup d'œil à la version finale. Pour la partie internationale, on demande leur avis à Pierre Vimont et aux anciens ministres Hubert Védrine, Dominique de Villepin. Alexis Kohler, David Amiel, Ismaël Emelien et la jeune plume Quentin Lafay, eux, s'escriment à assembler le patchwork. « Le dernier cut, c'était quand même Emmanuel », tient à préciser Marc Ferracci. Le titre aussi, contre l'avis de ceux qui le trouvent « trop marketing » ou trop détonnant. Quant à la quatrième de couverture… elle est l'occasion, pour l'un des lieutenants, d'envoyer une vacherie sur la première dame ; et pour son interlocuteur, de prendre le pouls de l'ambiance : « Elle est affreuse, mais c'est Brigitte qui l'avait choisie. »

Ainsi ont été posées les fondations du macronisme. Façon ciment à prise à rapide. Jusqu'à ce jour, *Révolution* reste le seul écrit doctrinal sur lequel la Macronie peut s'appuyer.

*

C'était le grand absent de l'entourage d'Emmanuel Macron. Le siège désespérément vide autour de la table. Le M. ou Mme X qui ouvrirait des horizons nouveaux et préparerait les lendemains qui chantent. Où donc se cache(nt) le(s) théoricien(s) du macronisme ? À la fois partout et nulle part. Pendant longtemps, il a fallu se contenter d'assemblages de conceptions, de bribes à saisir ici ou là afin de dessiner une colonne vertébrale. Et personne pour relier l'ensemble, d'un coup de crayon sûr.

Ismaël Emelien et David Amiel ont finalement décidé de s'atteler à cette tâche vitale pour la survie de l'espèce macronienne. « Un projet mûri de longue date », dit le premier, « un guide des valeurs autant qu'une méthode », destiné à « armer les progressistes ». « Un manifeste, un exposé de ce qu'est le progressisme, pour donner un socle de doctrine, alimenter le débat public en France et à l'étranger », abonde le second. Fruit de leur réflexion, un livre donc, publié fin mars, qui fait pendant, deux ans et demi plus tard, à *Révolution*. Et un objet qui entraîne aussi leur départ de l'Élysée – c'en est du moins la raison officielle – en vertu d'un « principe cardinal », *dixit* Emelien : « pas d'expression personnelle » quand on travaille au Palais.

Une question les obsède : de quoi le macronisme est-il le nom ? Le débat est vieux comme Emmanuel Macron au pouvoir. Celui qui lui a succédé au poste de secrétaire général adjoint de l'Élysée, Boris Vallaud, dit un jour ceci à François Hollande et Jean-Pierre Jouyet : « Macron, c'est Attali qui passe à l'acte. » En clair, analyse le député socialiste, « Macron appartient à ceux qui sont convaincus que l'on n'a pas accompli tous les actes du libéralisme et que cela explique notre faiblesse, notre chômage structurellement élevé ». Cela, estime un interlocuteur du président, constitue une première hypothèse, « négative ». Et quel serait son verso, le positif ? « Cela consiste à dire que la tenue d'un discours politique, allant, moderne, manifestant la capacité de confiance de la France en elle-même est de nature par lui-même à déverrouiller le système. » Le même prévient : « À l'heure actuelle, personne n'est en mesure de trancher ce que c'est. »

Pour certains, le macronisme ne serait au final que la consécration du pragmatisme, de l'efficacité, de la culture du résultat ? Kohler s'insurge : « Ce discours consiste à dire : "Ces gens n'ont pas de boussole idéologique." C'est ne pas avoir vraiment pris le temps de regarder les choses de près et de réduire tout ce qui a été fait au souci, qui existe et qui est par ailleurs important, de l'efficacité. » Chômage de masse, absence de mobilité sociale, « ces problèmes ne sont pas sans solutions », veut encore croire le secrétaire général de l'Élysée. « Ils ont été résolus dans d'autres pays. Mais pour ce faire, nous devons transformer notre manière de faire les choses et accepter d'appliquer des solutions radicales. Radical au sens de "à la racine des choses". Il faut cesser avec les "corrections", arrêter de traiter le symptôme à la place de traiter le mal. L'objectif poursuivi est porteur d'un projet politique qui est profond. » Un volontarisme qui s'apparente à « une forme de positivisme », décrypte Boris Vallaud. « Ils pensent que c'est une science exacte, qu'ils appliquent une recette qui d'évidence est la bonne. Je les crédite de sincérité. »

Et si le chef de l'État était rétif à sortir du brouillard ? Maintenir l'ambiguïté, pour ratisser large. L'une de ses vieilles connaissances réfléchit à voix haute : « Je pense qu'il a vu dans son aventure personnelle une sorte d'exemple qu'il pourrait proposer à la société. Il cherche moins la doctrine que le récit et le mouvement. D'où son insistance sur la notion de progressisme. Mais le mouvement pour aller où ? »

Amiel y voit, lui, l'envie « d'adapter le modèle français au XXIe siècle, dans toutes les dimensions. Dans la sphère économique, ça veut dire accomplir le passage d'une économie nationale à une économie mondialisée, d'une économie de rattrapage à une économie d'innovation, ce que la France n'avait pas fait. Il faut aussi adapter notre protection sociale au XXIe siècle, pour mieux protéger les individus face aux nouveaux risques, ce que très peu de pays ont suffisamment fait ». Un objectif qui ne répond pas à l'interrogation. Dans quelle case doctrinale inscrire le macronisme ? Le conseiller pense « qu'il n'y en a pas ». Quant à la matrice idéologique d'Emmanuel Macron ? « Elle est *sui generis* », souffle Ismaël Emelien, évoquant une partie de la deuxième gauche, une forme de chevènementisme, des pans entiers actualisés. Et de lancer : « Il est faux, réducteur de penser qu'il s'inscrit dans un courant. D'ailleurs, il ne se revendique l'héritier de rien. En revanche, on revendique les emprunts, les apports, un peu partout. » En somme, il y a tout un nouveau monde à inventer, théoriser, formaliser. En témoigne ce pilier de la majorité, qui, au souvenir du meeting de campagne donné à Bercy, qu'Emmanuel Macron avait conclu en hurlant, agite les mains et rit franchement : « On a eu : "C'est mon projeeet ! Mais on n'a pas de projet." » Emelien, lui, insiste : « Le risque que l'on prend en quittant l'Élysée, ce choix important, ça montre la valeur que l'on accorde et que le président accorde à cette initiative. »

10

« *Make our planet great again* »

Encaisser les coups, répondre. Frapper fort, frapper vite. Ne laisser aucun espace, ne pas baisser la garde. Se déplacer, sans cesse. Ismaël Emelien aime la boxe. A-t-il ces leçons en tête, le 1er juin 2017 ? Ce jour-là, c'est sur la scène internationale qu'il faut mener le combat. En début de soirée, la certitude se profile, Donald Trump va annoncer que les États-Unis se retirent de l'accord de Paris sur le climat. Un K.-O. technique pour la France qui, sous la présidence de François Hollande, a porté à bout de bras les négociations jusqu'à arracher, en décembre 2015, la signature de 195 pays. Emmanuel Macron doit enfiler les gants.

La cellule diplomatique de l'Élysée est en ébullition depuis plusieurs jours. La décision américaine pesait comme une épée de Damoclès. Lors de son premier G7 en Sicile, une semaine auparavant, Emmanuel Macron a tenté (en vain) de convaincre son homologue de ne pas honorer sa promesse de campagne. L'ultramédiatisée poignée de main, ferme à faire pâlir les phalanges, échangée quelques jours plus tôt lors du sommet de l'Otan à Bruxelles, n'y a rien changé.

À lire la presse américaine, elle a même été plutôt contre-productive. La mauvaise nouvelle arrive à Paris dans la matinée, par des contacts à la Maison-Blanche et l'ambassade de France à Washington. Il ne reste plus que quelques heures pour préparer la riposte.

Le président décroche son téléphone. À Washington, c'est l'heure du lunch. Au bout du fil, Trump dézingue l'accord, qui coûte des milliards aux Américains et a le mauvais goût d'avoir été signé par son prédécesseur, Barack Obama. Réponse de Macron : « J'estime que c'est une grosse erreur. Donc, je vais être obligé de le dire. Et non seulement je vais le dire, mais je vais le dire fort. » Hasard de l'agenda, le chef de l'État reçoit ce jour-là à l'Élysée un appui catégorie poids lourd : l'ancien maire de New York Michael Bloomberg, en visite à Paris, l'assure de son soutien. Certes, le gouvernement fédéral américain se retire, mais les villes mettront l'accord en œuvre, certifie le milliardaire. Il y a un coup à jouer. Le conseiller diplomatique Philippe Étienne, son adjoint Aurélien Lechevallier, la conseillère communication internationale Barbara Frugier et Ismaël Emelien entrent en action.

« Il y a un parallélisme des formes : décision d'un président, réponse d'un président, nous explique Emelien, des mois plus tard. On a fait le choix d'avoir aussi une expression en anglais, puisque c'est un sujet global. L'idée, c'était de s'adresser directement aux citoyens du monde. Qu'un président français s'exprime en anglais depuis l'Élysée, c'est inédit. Il fallait que ce soit court, simple, compréhensible. » L'équipe turbine. À 21 h 30 heure française, Trump débute son allocution. « L'encre était à peine sèche sur notre papier. Le président va dans le salon d'hiver et il fait les deux déclarations, en français et en anglais. Il est tout de suite dedans, il ne refait pas la prise », se souvient Lechevallier. Le ton se veut offensif. Macron parle de « faute », contre-attaque, offre une forme d'asile aux scientifiques et chercheurs américains, qui souhaiteraient poursuivre leurs travaux sur le réchauffement climatique. *Icing on the cake*, Macron détourne le slogan de campagne de Trump, signature de sa déclaration version anglaise : « *Make our planet great again.* » « On était assez sûrs de notre coup. On voulait que le président soit très visible sur cette annonce, que Paris garde sa force d'avoir été la ville où a été signé l'Accord », souligne Lechevallier.

Mais ensuite ? La réception en grande pompe de Donald Trump à Paris, quelques semaines plus tard pour le 14 Juillet, interroge. Les doutes sur son engagement écologique sont loin d'être apaisés. Un an plus tard, un autre coup d'éclat éclipse le premier. Le 28 août 2018, à la surprise générale (y compris celle du président), le ministre de la Transition écologique, Nicolas Hulot, superstar et prise de guerre, démissionne. Il clame, comme le fera plus tard son ami le député Matthieu Orphelin en claquant la porte du groupe, sa lassitude face à une politique des (trop) « petits pas », dénonce le poids des lobbies. Le début du quinquennat perd peu à peu ses nuances de vert.

En attendant que les déceptions ne s'expriment, ce 1er juin 2017, c'est un double strike : Macron, peu réputé jusqu'alors pour son engagement en faveur de la cause écolo et novice, à même pas 40 ans, sur la scène internationale, se pose en fer de lance de la lutte mondiale contre le réchauffement climatique. « Parfait dans le temps, l'incarnation, le slogan, la traçabilité, salue le vice-président d'Havas, le communicant

Michel Bettan. Celui qui a apporté cette vision-là sur la table a frappé un grand coup. »

*

L'inspirateur, c'est lui : « Du "Isma" pur sucre », souffle un ami. Créatif et hors codes. « C'est un moderniste, marketeux, assez influencé par l'approche du pouvoir aux États-Unis et très guidé par les sondages », décrit une amie. Auprès d'Emmanuel Macron, sa recette est la suivante : pousser au maximum le curseur du risque dans ses propositions. Quitte à voir neuf de ses idées sur dix retoquées. « J'offre des options et le président décide », philosophe-t-il. L'Arc de triomphe est vandalisé le 1er décembre lors d'une manifestation des « gilets jaunes » ? Laissons-le ouvert aux visites du public, que les Français constatent par eux-mêmes les dégâts, propose-t-il. Corbeille. Les forces de l'ordre sont à bout, épuisées par plusieurs samedis de protestations ? Versons-leur une prime exceptionnelle, suggère-t-il. Accepté. À Christophe Castaner, ministre de l'Intérieur, de s'en dépêtrer. Ainsi va le quotidien d'Ismaël Emelien. « Quand tu fais une réunion avec Ismaël, tu sais qu'il va dire à un moment quelque chose qui n'est pas banal, et toujours très argumenté. Je n'en ai pas vu beaucoup des comme ça », salue Charles Hufnagel, le conseiller communication d'Édouard Philippe. Tête dans les livres et études en tous genres, nez sur les sondages, pieds loin du terrain, Emelien est, *dixit* un ancien strauss-kahnien, un « *wunderkind* » – un enfant prodige – de bureau.

« Mascotte » des cercles DSK, ombre de Gilles Finchelstein à Euro RSCG (devenu Havas), le jeune

Ismaël grandit en accéléré. « Il a réussi à emmagasiner en peu d'années une addition de compétences qu'il est rare d'avoir même trente ans plus tard », flatte le patron de la Fondation Jean-Jaurès. Ces deux-là se découvrent rue de La Planche, autour de la candidature de DSK à la primaire 2006. Leur amitié se scelle lors d'un dîner en 2008. Emelien rentre d'un séjour d'études au Caire, cherche un stage. Son aîné le prend sous son aile et lui enseigne les ficelles : analyse d'opinion, du conseil stratégique aux patrons, des campagnes électorales. Il épaule ainsi le boss de Veolia Antoine Frérot, décoré par un ministre de l'Économie nommé Emmanuel Macron.

Mais ce n'est pas tout. Emelien voyage. À l'île Maurice, où des constitutionnalistes planchent sur une réforme du mode de scrutin. Pour eux, il se charge des projections électorales selon les hypothèses retenues. Au Venezuela, plus controversé. Début 2013, il est sollicité pour la campagne présidentielle de Nicolás Maduro, héritier autoritaire et répressif d'Hugo Chávez, dont la réélection en janvier 2019 sera contestée par l'opposition et jugée « non démocratique » par l'Union européenne. Dépité par la polémique, Finchelstein tient à préciser qu'à l'époque c'est toute la machine Havas qui œuvre pour celui qui fait alors figure de « Lula vénézuélien ».

Sentir l'air du temps, capter les signaux faibles, prendre une longueur d'avance… Par quelques intuitions bien senties, exprimées au cours de rares interventions en réunion (il reste le plus souvent silencieux), Emelien se taille une réputation. Un ami raconte, encore tout confit d'admiration : « On disait tous : “La prochaine campagne 2017 se jouera sur les questions d'autorité, d'identité”… Bien avant la présidentielle, Isma disait : “Non, je ne pense pas. Ce sont des sujets qui passionnent 15 % ou 20 % des Français et qui laissent 80 % d'entre eux indifférents. Mais les 15 % qui ne parlent que de ça sont passionnés et font beaucoup de bruit. Si on attrape ce hochet-là, on reste minoritaires." Franchement, à l'époque, dans l'ambiance Valls, attentats, c'est couillu comme pari. » Le même souligne qu'il a conceptualisé la fameuse Grande Marche de la campagne, portant ce constat : « Quand on demande aux Français ce qui les préoccupe le plus, on les fait manger au menu, jamais à la carte. »

C'est aussi cette forme de « radicalité » qui le fait remarquer. « Ismaël, c'est un intransigeant, à tous points de vue, que ce soit sur les valeurs ou les idées, souligne son meilleur ami Stanislas Guerini. Il a toujours vu que les conseillers qui avaient l'oreille des responsables politiques, ce sont ceux qui parlaient vrai, disaient ce qu'ils pensaient, ne faisaient pas de détours. » À La Planche, Ramzi Khiroun remplissait ce rôle auprès de DSK. C'est aux côtés de ce communicant au parcours baroque qu'Emelien apprend à affronter les crises. Le culte du secret aussi. Sa ligne de conduite est ferme et définitive : on ne montre pas les cuisines. Un mantra en Macronie. Pas une tête ne dépasse. Les succès, comme les échecs, sont « collectifs ». Lui demande-t-on les secrets de fabrication de tel ou tel discours qu'il répond : « Je ne rentrerai pas dans le détail de qui a apporté quoi. Cela fait partie de nos règles de fonctionnement, on n'a pas à revendiquer de paternité de quoi que ce soit, à la fin, c'est le discours du président. » Seulement des explications de texte, données par ceux qui y sont habilités, les communicants. « Son objectif, c'est de sortir ce quinquennat de l'anecdote, alors que la Hollandie était championne des cuisines. Il veut éviter que ce quinquennat bruisse », décrypte un proche. Il ne voit aucune raison de s'étendre auprès des journalistes. De toute façon, rappelle-t-il, ce n'est pas dans sa fiche de poste. Cela semble bien l'arranger.

Difficile de lever le rideau de fer sur sa personne. Essayez de l'interroger, même avec d'infinies précautions, sur son mariage où la moitié des collaborateurs de l'Élysée étaient présents, en plein remaniement, et observez l'huître se refermer. Un ami, prudent et respectueux : « Je n'aime pas parler d'Ismaël. Car je n'ai pas envie de mettre de la lumière, là où il n'a jamais voulu qu'il y en ait. » Un boxeur ne baisse pas la garde. « C'est plus une posture défensive qu'offensive. Il dit : "Vous ne franchirez pas ma vie privée, qui est riche, dense." Il se protège parce qu'il a vu ce que la vie publique pouvait représenter pour une famille, des enfants », décrypte une amie, rappelant qu'Emelien a vu de près le clan Strauss-Kahn dans la tourmente lors de l'affaire du Sofitel. « Il est à l'opposé de l'image que l'on a fait passer de lui », s'insurge Ludovic Chaker. « Pudique », mais pas austère. Promis, Emelien est hyperdrôle, aime le bon vin, se fait chambrer par ses amis parce qu'il est nul au foot.

Mais Ismaël peut-il encore être Ismaël dans la broyeuse élyséenne ? Avant d'être happé dans le tambour de la machine, Emelien pouvait encore lire à satiété. Des écrits de David Plouffe, le stratège d'Obama, d'autres sur la théorie du *nudge* (coup de pouce pour inciter en douceur à changer les comportements) ou le bouquin d'« un Indien qui avait décrit la manière dont il avait redressé son entreprise », se souvient Finchelstein. Au Palais, il a tenté de se donner un peu d'air, choisissant l'ancien bureau d'Emmanuel Macron au deuxième étage, pas tout à fait sous la main du président, donc. « La proximité empêche aussi de réfléchir. Son rêve est d'avoir plus de temps pour prendre un pas de côté, se nourrir. L'Élysée, c'est quand même l'asphyxie. C'est dur de garder la capacité d'être disruptif », pointe un ami. En période de conquête du pouvoir, Emelien fut le cœur du réacteur. Désormais, il faut gérer. Un conseiller relève ce hiatus : « On ne peut pas être disruptif matin, midi et soir dans l'exercice du pouvoir. La disruption, ce n'est pas un mode de gestion. » Parfois, le boxeur frappe dans le vide. Ce qui peut être lassant. Le bruit courait depuis un moment déjà. Lui balayait les rumeurs de départ. Jusqu'au jour où il a finalement refermé la porte de son bureau. Ismaël Emelien a bonne voix, ce 11 février, en annonçant qu'il s'en va. « Ce n'est pas une démission, tient-il à nous préciser, d'emblée. Mais un départ. » Officiellement, il tient en une explication : publier et promouvoir le livre qu'il a coécrit avec le conseiller économique David Amiel, qui fait lui aussi ses bagages. La réalité est, comme attendu, plus nuancée.

Car il y a l'affaire Benalla. Emelien est mis en cause depuis que l'ex-chargé de mission a affirmé à la police lui avoir transmis une vidéo obtenue illégalement et censée le disculper. Faits reconnus par le conseiller spécial lui-même devant les enquêteurs. « L'enquête montre que le téléphone de Benalla était dans son bar à chicha fétiche et que le téléphone d'Ismaël était au même endroit. Je ne sais pas si Ismaël était avec son téléphone, mais voilà... Et puis, il y a un collaborateur de LREM, qui est très proche de lui, qui la sort », confie un cadre de la majorité. Le 16 janvier 2019, un mois avant d'annoncer son départ, Ismaël Emelien est auditionné. Le « collaborateur de LREM » en question, Pierre Le Texier, l'est quelques jours plus tard. Sacrée épée de Damoclès. « Ismaël est vraiment parti pour l'affaire Benalla. On voit bien que ça va être difficile de passer au travers. Il a fait quelque chose que d'autres collaborateurs politiques auraient fait à sa place. On agit pour d'autres, mais on est responsable pour soi », observe un conseiller du pouvoir. Cela ne suffit pas, à soi seul, à expliquer qu'il prenne la tangente. « Il est malheureux de ça. Tout à coup, il devient le suppôt de Benalla, confirme un familier de l'Élysée. C'est la goutte d'eau, mais ce n'est pas le motif principal. »

Revenons à cette interrogation : Ismaël peut-il encore être Ismaël dans la broyeuse élyséenne ? À entendre ses amis, la question est rhétorique. « Relire des interviews de ministres toute la journée… » soupire l'un d'eux. Exagéré, certes. Son rôle ne se résume pas à cela. Loin de là. « Le président a une très grande confiance en Ismaël et c'est aussi pour cela qu'il lui faisait tout faire. C'est le revers de la confiance, qui est un honneur et un embarras. Son quotidien était fait d'urgence. Cela ne vous fait pas un quotidien intéressant, vous ne faites pas de la grande stratégie du lever au coucher », confie un proche. Ils sont nombreux, ceux qui le connaissent bien, à confier qu'il ne s'agit pas là d'un cadre fait pour lui. Ou, et c'est plus surprenant, à témoigner du fait qu'il ait envie de s'exprimer plus librement. « Imaginez rester quatre ans silencieux en étant au cœur des affaires publiques… C'est un soldat. Mais un soldat qui a des convictions. » Et puis, il y a les contraintes liées à l'exercice du pouvoir. Dès le printemps dernier, en privé, il disait sa frustration, s'épanchait sur les lenteurs, les pesanteurs. Tout l'inverse du cœur battant de la conquête. L'un de ses amis ajoute : « Il croyait au pouvoir transformateur. Il voulait changer la France, tout simplement. Il avait raté la marche avec DSK, en avait gardé un goût de trop peu. C'est fait, maintenant. »

*

13 juin 2018, 0 h 28 sur les réseaux sociaux. Sibeth Ndiaye poste une vidéo d'une minute et cinquante-trois secondes sur son compte Twitter, mettant en scène Emmanuel Macron face à ses collaborateurs. « Le président ? Toujours exigeant. Pas encore satisfait du discours qu'il prononcera demain au congrès de la Mutualité, il nous précise donc le brief ! Au boulot », écrit la conseillère presse. Une communication atypique et tardive, à destination, en premier lieu, des insomniaques et d'une poignée de permanenciers assoupis dans les rédactions.

Où l'on voit le chef de l'État dézinguer le projet de discours concocté par son équipe : « aberrant », sans « fil directeur ». « De la lasagne faite avec de la paella ! » Suffisamment imagé pour que l'on saisisse la teneur de son jugement... Message à l'adresse de l'internaute noctambule : le président est infatigable, intransigeant et perfectionniste. À quelques heures d'une intervention, ô combien attendue par tous ceux qui trépignent de voir l'aile sociale de sa politique se mettre en œuvre, le président fixe le cadre. « On met un pognon de dingue dans les minima sociaux, les gens sont quand même pauvres. On n'en sort pas. Les gens qui naissent pauvres, ils restent pauvres, les gens qui tombent pauvres, ils restent pauvres. On doit avoir un truc qui permet aux gens de s'en sortir ! [...] Il faut prévenir la pauvreté et responsabiliser les gens pour qu'ils sortent de la pauvreté. » L'instant est capté par le réalisateur interne de l'Élysée qui, comme la photographe officielle Soazig de la Moissonnière, suit quotidiennement le chef de l'État. Comme Voltaire a travaillé son image de son vivant, demandant à des peintres de le représenter en situation, un soin tout particulier est apporté à l'imagerie de ce quinquennat. D'autant que, *via* les réseaux sociaux, la production maison permet de communiquer sans l'intermédiaire de la presse. Ce jour-là, la caméra s'invite dans le Salon vert du Palais. La garde rapprochée du président tente laborieusement de répondre à la commande, quand le président, *dixit* Sibeth Ndiaye, « a cette tirade qui nous paraît lumineuse ». « Donc la décision est prise collectivement de la diffuser, avec l'accord du président de la République », poursuit la communicante. La vidéo est postée sur la messagerie Twitter de la conseillère, dont elle a remis les codes aux community managers de l'Élysée. « À partir du moment où j'ai eu beaucoup de followers, on a estimé qu'il était plus prudent que je n'y touche pas. » Et pourquoi ne pas utiliser le compte officiel d'Emmanuel Macron ou celui de l'Élysée ? Parce que le sien « porte un regard sur le président ». Millimétré.

Mais le coup part de travers. « Pognon de dingue »... Ça ne passe pas. « Racisme social », « cynisme », « provocation », hurlent en chœur ses opposants. Et voilà le chef de l'État accusé, six mois après la réforme de l'ISF, de l'« exit tax », de se montrer moins regardant lorsqu'il s'agit de redistribuer de l'argent aux plus fortunés. Pas de quoi estomper son image de président des riches, justement... Facteur amplifiant, le même jour, un indiscret du *Canard enchaîné* rapporte que l'Élysée a ordonné le renouvellement intégral de sa vaisselle, pour plusieurs dizaines de milliers d'euros. Et ce, juste après la polémique sur la piscine que le couple Macron souhaite faire installer au fort de

Brégançon. « On n'a pas eu de chance sur le timing. Si on avait mieux anticipé, on ne l'aurait pas fait, admet Emelien. Après, il faut se remettre dans l'objectif du moment, qui était d'arriver à concentrer l'attention politique et médiatique sur le lendemain. Et ça a marché. »

Mais le discours du lendemain, à Montpellier, est éclipsé. « Je pensais que la vidéo servirait à purger un truc pour mieux mettre en valeur ce qui serait dit le lendemain sur l'accompagnement des personnes. Mais ça n'a pas eu cet effet-là. Cela a phagocyté le message », déplore un ministre. « Pas une faute de fond, mais une faute de goût », se désespère un conseiller. Sans surprise, pour Sibeth Ndiaye, le problème ne vient pas de l'émetteur, mais du récepteur. « Ce que ça montre, c'est que l'attention médiatique, politique peut ne pas excéder cinq secondes. Il y a un sujet de société sur le fait que les gens résument la pensée en cent quarante signes. La réduction de la pensée à la punchline revient à en nier sa complexité », cingle-t-elle. Parer les crochets, répondre avec un uppercut.

Souvent, la com' doit monter sur le ring pour son patron. Déminer les petites phrases du chef de l'État, quitte à accuser ceux qui les retranscrivent de les tordre, les manipuler, les sortir de leur contexte. Avant le « pognon de dingue », il y a eu les « gens qui ne sont rien », « les fainéants ». Après, « les Gaulois réfractaires », l'invitation à « traverser la rue » pour chercher du boulot. Sans oublier l'« habitude française de se plaindre », dans les rues de la modeste Saint-Dié-des-Vosges. « On n'a jamais cherché la provocation pour la provocation. En revanche, on n'a jamais refusé telle option parce qu'elle pourrait être prise comme une provocation », assure Emelien. Un autre proche du président se montre moins clément : « Dans les expressions du président, il y a des choses détestables. Qui sont vraies, mais qui ne se disent pas et ne se font pas dans des moments précis. » Comme autant de parasites qui grignoteraient sa popularité, alors que beaucoup de capital politique a déjà été dépensé sur les réformes. Au Palais, on espère désormais un retour sur investissement, pour ne plus donner l'impression de subir.

Comment reprendre la main, chasser cette image crépusculaire de Macron, assurant, le 16 octobre 2018, le service après-vente du remaniement dans une semi-pénombre ? Une allocution montée à la va-vite, sans moyens techniques à ce moment-là, nimbée d'amateurisme. Sous l'impulsion du conseiller en communication de l'époque, Gaspard Gantzer, l'équipe Hollande a pourtant aménagé un studio prêt à l'emploi pour les allocutions, installé dans le salon Napoléon III. Mais l'équipe Macron n'a pas jugé bon de l'utiliser. « C'est aussi de la faute du président, parce qu'il met tout le monde dans le mur, en faisant ça à la dernière minute », souffle un proche. Au sommet du pouvoir, l'oxygène est rare. Même pour un boxeur aguerri, il n'est pas facile d'y trouver le second souffle.

11

Ondes brouillées avec la presse

Une meute de journalistes fait le pied de grue devant la maison de Brigitte Macron. Ce 6 mai 2017, c'est l'effervescence au Touquet. Les photographes et reporters de télévision tuent le temps comme ils peuvent, en espérant apercevoir le futur président. On papote, on fume. On jette un coup d'œil, pour rigoler, aux annonces immobilières en vitrine de l'agence AFTim au rez-de-chaussée de la demeure du couple. Surtout, on joue des coudes avec une impressionnante foule de badauds, smartphones à la main, tous aux aguets. Voilà d'ailleurs Brigitte qui ouvre la porte et descend les quelques marches du perron, baskets aux pieds et fine doudoune bleue, pour accueillir sa fille et ses petites-filles. Avant d'être le week-end de second tour d'élection présidentielle, c'est d'abord l'anniversaire de la petite Élise, qui se précipite dans les bras de sa grand-mère. À l'intérieur, Emmanuel Macron tourne en rond. Il veut aller jouer au tennis pour faire redescendre la pression. Mais incognito. Une solution existe : filer à l'anglaise par-derrière, en escaladant le muret, raquette sur l'épaule. Sibeth Ndiaye se charge de faire diversion. La conseillère sort pour occuper les pensionnaires du « Macron tour », à commencer par le journaliste de « Quotidien » Paul Larrouturou, persuadé qu'Emmanuel Macron va aller taper la balle à un moment ou un autre. Il aimerait saisir l'instant, juste quelques plans, même de loin. Mais Sibeth Ndiaye ne lâche rien. Elle jure ses grands dieux qu'il ne bougera pas, qu'il souhaite rester au chaud.

Deux heures plus tard, Larrouturou est furieux. Il vient de croiser dans les rues du Touquet un jeune ado sur son vélo. Ce dernier est tout fier d'exhiber un selfie pris avec Macron, en tenue de tennis. Le ton monte. Ndiaye clôt ainsi la conversation : « Paul, le tennis, on s'en tape. J'assume de mentir si c'est pour faire en sorte que le futur président puisse se payer deux heures tranquille. » « J'assume de mentir pour protéger le président »... Deux mois plus tard, la formule est reprise dans un article de *L'Express* pour illustrer les rapports houleux entre la presse et l'Élysée. Ndiaye l'assume, mais la juge sortie de son contexte et, d'une certaine manière, tronquée. Elle témoigne en tout cas du rapport de force qui s'est installé dans la relation pouvoir/contre-pouvoir entre la Macronie et les médias.

Après un quinquennat Hollande jugé trop bavard, l'équipe Macron compte donner un sérieux tour de vis. Ressenti dès le premier Conseil des ministres du quinquennat, le 18 mai 2017. Le temps de la traditionnelle photo de famille, la presse est, contrairement à l'usage, cantonnée derrière les grilles. Pas question qu'elle puisse saisir les apartés entre ministres, instants informels qui précèdent le déclenchement de l'appareil. De mémoire de rubricard, on n'avait jamais vu ça. Le Château ne veut qu'une image, muette et solennelle, en rien parasitée par le bruit des coulisses. Ce jour-là, une autre innovation met les journalistes accrédités en alerte. Emmanuel Macron se pique de demander à être suivi par des journalistes spécialisés plutôt que par des reporters politiques, en fonction du thème de ses visites. Alors que s'organise son premier déplacement au Mali, le service de presse de l'Élysée appelle directement, dans certaines rédactions, les journalistes qu'il a désignés. Voilà comment le quinquennat du nouveau président commence sur un communiqué commun à une quinzaine de sociétés des journalistes, pour protester contre l'organisation de sa communication et sa volonté de choisir les reporters habilités à l'accompagner.

Lorsqu'elle évoque cette période, Sibeth Ndiaye parle de « choc culturel ». « Il y avait un accès illimité aux conseillers, ce qui a conduit à une cacophonie quasiment organisée. On a coupé complètement le robinet de cela et organisé les prises de parole. Il fallait hiérarchiser : qui parle quand et de quoi dans l'exécutif », poursuit-elle. L'accès à l'envers du décor est totalement interdit. Double verrou et chien de garde à l'entrée. Ordre est donné de se taire et de tout faire remonter à la cellule communication. Revisiter les coulisses d'une décision, « ça fout le bazar dans les équipes et ça prend de la bande passante médiatique sur des sujets qui ne sont pas intéressants », tranche Ismaël Emelien. Même écho dans le bureau d'Alexis Kohler. En témoigne ce vœu, formulé en souriant par le secrétaire général de l'Élysée, ce jour de février 2019 où il nous reçoit : « J'espère qu'on ne vous a pas trop parlé de cuisine... » Pour illustrer ce tropisme, il aime à emprunter cette citation à Otto von Bismarck : « Les lois, c'est comme les saucisses, il vaut mieux ne pas être là quand elles sont faites. » Il plaisante : « Ce qui en dit assez long, et sur la loi, et sur Bismarck. » Ces mots, il arrive à Emmanuel Macron de les reprendre à son compte. Kohler file la métaphore. « C'est très important que les gens se concentrent sur le plat qu'on fabrique et que l'on sert, plutôt que sur les modalités de préparation », poursuit-il.

La mise à distance doit aussi être physique. Dès juin 2017, les journalistes sont avertis sans égards d'un projet de déménagement de la salle de presse. Version officielle : pour améliorer leur confort et récupérer une salle de réunion. Ce que l'on comprend : Emmanuel Macron ne voudrait pas de ces concierges au Château et aimerait donc les expédier dans une rue adjacente. Le local exigu a le tort d'offrir une vue imprenable sur la cour de l'Élysée. Et les journalistes des agences de presse y ont un accès permanent. Mais la mesure provoque une levée de boucliers. Même Donald Trump n'a pas osé ! Cela devient un point de crispation majeur. Y compris chez des proches du président, la décision suscite l'interrogation. Ainsi, Jean-Marc Borello, qui demande : « Est-ce que c'est la peine de les braquer ? » Réponse : « Non, mais ce n'est pas pratique. » Chacun sait en outre que les moyens ne manquent pas pour entrer au Palais sans être vu : passer par la rue de l'Élysée, sous le porche, puis par la chapelle, ou par la grille du Coq. Début 2019, la menace n'était toujours pas mise à exécution. Mais des plans détaillés sont prêts à être sortis des cartons à tout moment.

D'où vient cette défiance ? Est-elle de même nature que celle entretenue envers les autres corps intermédiaires, accusés de ne plus représenter que leurs propres intérêts ? « Je pense qu'on a un intérêt convergent très fort. Dans notre relation, on construit l'exercice démocratique, théorise pourtant Sibeth Ndiaye. Que les journalistes soient parfois le miroir de nos errances, c'est indispensable au bon fonctionnement de la démocratie. Et on voit bien que, quand on est tous les deux affaiblis, on a les "gilets jaunes". » En se livrant une guerre larvée, les deux parties seraient donc engluées dans une spirale mortifère. Entre les mots et la pratique, il y a les accès de tension. Quand Emmanuel Macron lance à un journaliste, navré par la supposée vacuité d'une question : « J'ai de la peine pour vous, vraiment. » Ou quand en pleine affaire Benalla, révélée par *Le Monde*, il fustige cette « presse qui ne cherche plus la vérité ». Un proche du président s'en excuserait presque, nous confiant, désolé : « C'est tellement difficile de faire votre travail avec nous... » Mais telle est la volonté du chef de l'État. Alors Sibeth Ndiaye se charge de la faire respecter. À la lettre.

★

Mars 2006. Fac de Poitiers. Une responsable nationale de l'Unef s'invite à une élection du Crous. Discrètement, elle s'empare d'une urne et la fait disparaître. Alors qu'une bonne partie des universités est en grève contre le contrat première embauche (CPE) voulu par le gouvernement Villepin, le syndicat étudiant s'oppose à la tenue de ce scrutin. Et emploie tous les moyens pour y parvenir. « J'étais contre l'idée d'empêcher ces élections. Mais j'étais tout aussi attachée à la discipline de l'organisation, un truc qui t'est inculqué dès les premières AG, se souvient Sibeth Ndiaye. Il y a un culte absolu de l'organisation, le collectif prime sur l'individu. » Quitte à finir au poste et recevoir une convocation judiciaire trois ans plus tard.

Élevée dans la bonne société dakaroise – son père est un homme politique de premier plan, sa mère est magistrate –, Ndiaye se distingue par son militantisme total, aux prises avec le terrain. Étudiante à l'université de sciences et médecine de Paris-VI, elle rentre à l'Unef comme en religion. Mais dans la tendance strauss-kahnienne, minoritaire et plutôt aile droite. Elle croit alors à « un syndicalisme de services, dans la filiation CFDT ». Intégrée en 2002 au Bureau national du syndicat, où elle rencontre son futur mari, elle y consacre tout son temps, soirs et week-ends compris. Trois à quatre jours par semaine sur les routes, à faire du suivi d'université, « à dormir sur le tapis d'une chambre de cité U », résume un témoin de l'époque. « Elle naviguait dans des conditions très difficiles, minoritaire dans une organisation dont la vie démocratique se réduisait comme peau de chagrin. C'est une super militante », salue un ancien ténor socialiste.

Versant positif de cet apprentissage à la dure, elle se forge une volonté en Téflon. « Ça m'a dotée d'une grande résistance aux situations de stress et d'une endurance à la pression. La résistance aux conflits aussi, confirme l'intéressée. Parfois, tu débarques dans des universités très hostiles à la gauche, tu as des fachos en herbe en face et tu es une petite nana noire. C'est là où tu apprends que la règle de base est de crier plus fort que ton agresseur. » L'Unef, c'est aussi l'école du vice. Une ancienne partenaire au Bureau national ouvre le manuel : « On apprend à ne pas sortir de la ligne, à mentir s'il faut mentir, à tromper s'il faut tromper. On apprend à être un soldat et on a une organisation militaire. On nous apprend à défendre la ligne quelle qu'elle soit, coûte que coûte, peu importe les conséquences. » Un vieil héritage lambertiste, qui aurait trouvé sa place aujourd'hui au premier étage de l'Élysée.

De l'Unef, Sibeth Ndiaye conserve de solides amitiés. À commencer par l'ancien député PS de Seine-Saint-Denis Mathieu Hanotin, son témoin de mariage, qu'elle affronte en 2017 par candidatures interposées, quand celui-ci dirige la campagne de Benoît Hamon. Ndiaye quitte l'Unef le 1er juillet 2006 et intègre l'agence de communication Opérationnelle, un point de chute classique des réseaux strauss-kahniens. Surtout, en 2008, elle pilote la campagne d'Hanotin aux élections cantonales dans le 93. Victoire. « Je n'ai même pas eu le temps de lui proposer d'être ma collaboratrice : c'est sur ma campagne qu'elle a tapé dans l'œil de Claude Bartolone », le patron du département, rembobine Hanotin. Attachée de presse au conseil général du 93, elle apprend les ficelles du métier, avant d'animer la campagne cantonale de 2011, puis d'intégrer le cabinet d'Arnaud Montebourg, ministre du Redressement productif, en 2012.

Même si « idéologiquement », ce n'est pas sa « came », elle apprécie le goût du happening du chantre du « Made in France ». De la politique, de la vraie. De la bonne. « Montebourg considère que la politique influe sur la vie et qu'il n'y a pas une vérité pragmatique qui influe sur la marche du monde. J'aime bien les gens qui font turbuler le système, qui le questionnent, qui disruptent », dit-elle. Montebourg pousse la logique un poil trop loin… Le 24 août 2014, le ministre envoie sa « cuvée du redressement » au président Hollande. Irrattrapable. Même avec les meilleurs éléments de langage. Sous le soleil de Frangy-en-Bresse, Sibeth Ndiaye assiste impuissante à la chute vrillée de son patron. « Ça m'a appris le syndrome de la petite phrase. Conseiller, c'est parfois aussi protéger un patron de lui-même. Ça m'a appris aussi qu'en politique tu n'as jamais vraiment d'amis. » Cette leçon résonne drôlement, lorsque l'on sait combien ses sorties intempestives ont coûté à Emmanuel Macron, durant les premiers mois de son quinquennat.

En partant, Montebourg lui demande de se mettre au service de son successeur. Elle s'exécute. Et les deux cliquent tout de suite. « Je pense que Macron a été séduit par son énergie, ses idées, son caractère. C'est une tête bien faite, avec beaucoup de charme dans les relations humaines », loue Hanotin, qui convient : « Macron a tout de même réussi à tourner une page, à faire confiance à des jeunes, des gens atypiques, et pour cela il faut l'en remercier. » Avec Ndiaye, Macron trouve un incomparable moine-soldat, prête à prêcher la bonne parole par tous les temps et sur tous les terrains. Jamais le moindre pas hors de la ligne. Pendant la campagne, elle tire sur la corde. Dans la dernière ligne droite, à plusieurs reprises, elle ne parvient même plus à sortir de son lit. Cassée. « Je me suis fait peur », dit-elle. À l'Élysée, le rythme est moins intense, souffle-t-elle.

Au Palais, elle fait la gare de triage des innombrables sollicitations de journalistes, entre récit de la geste macronienne et précisions sur les réformes en cours. Une seule question germe chaque fois dans sa tête : que répondrait Emmanuel Macron ? « Vous défendez la doxa du gouvernement coûte que coûte, vaille que vaille. C'est mon boulot, j'y mets mes tripes et je peux être dure. Quand on tire, on doit viser juste et sans hésitation », assène-t-elle. Rugueuse, frontale dans ses relations avec les journalistes. Ombre portée du président, qu'elle continue à escorter avec une trousse à maquillage, résurgence de la campagne, y compris ce jour de février 2019, dans l'Indre, alors que Paris bruisse de rumeurs sur sa prochaine éviction elle doit être en ligne avec la politique menée. Même sur l'asile et l'immigration, elle qui à l'Unef, comme tous ses camarades du syndicat, a sans doute inscrit par pelletées des étudiants étrangers sans-papiers à la fac pour aider à leur régularisation. « Je ne suis pas du style à rester contre mes convictions les plus profondes. Je peux avoir des désaccords, mais jamais suffisamment pour me pousser à partir. Et je me sens assez libre de partir », assure-t-elle. Un jour, l'un de ceux qui la connaissent bien a évalué devant nous à « 80 % » son taux d'alignement avec le chef de l'État. Sa façon de penser, elle la dit en privé. « C'est l'une des très rares dans l'entourage qui résiste et affronte le président. Mais sur son secteur », témoigne un ministre. Des piliers de la campagne, Sibeth Ndiaye est l'une des seuls, voire la seule, à continuer de vouvoyer Emmanuel Macron. Cela lui permet, théorise un proche, de lui dire les choses encore plus franchement. Voire durement. Notamment dans ces instants, où il est posé. Coincé ? « Quand elle le maquille, c'est le moment où elle lui dit ce qu'elle pense, témoigne un proche. Pendant qu'elle lui met délicatement du blush sur le visage, elle lui dit : “Alors, après, il y a un micro tendu, vous n'allez pas refaire une petite phrase…” » Tandis que le petit commando de la campagne quitte peu à peu l'Élysée – Séjourné, Fort, Emelien, Amiel… –, où sera-t-elle dans quelques mois ? Sourire. Et mutisme, évidemment. Ses deux armes. Tiendra-t-elle jusqu'au bout ? Les deux cas de figure sont possibles. Début 2019, le vent vient de face. Une ancienne de l'Unef prend ce pari : « Sibeth, c'est la dernière des guerrières. Elle a le cuir solide. »

*

L'aréopage présidentiel pénètre le cimetière de Colombey-les-Deux-Églises sous un rayonnant soleil d'automne, en direction de la tombe du général de Gaulle. Trois pas derrière, un homme marche le regard baissé, la mine grise. Sans doute aurait-il aimé gloser auprès des journalistes sur le rapport à l'histoire de ce jeune président, la filiation avec le grand Charles qui se dresse là, évidente... Las. Le porte-parole de l'Élysée est désormais muet. Il n'en a d'ailleurs plus le titre. Et n'a plus le droit de parler aux journalistes. Bruno Roger-Petit, on l'apprend ce 4 octobre 2018, est recasé conseiller mémoire. Il a aussi la charge des légions d'honneur. « Enfin, il plie les rubans », balance l'un de ses pires ennemis au Palais. Bunkerisé. Dans un univers où le lien direct avec le sommet vaut tous les titres du monde, l'un de ses rares amis au Château le défend en ces termes : « Au quotidien, il est là, il a la confiance du président. Il discute avec lui et il n'y a pas beaucoup de gens qui parlent avec le président. »

Comme dans un palais des glaces, selon là où vous vous trouverez, vous obtiendrez une perspective tout à fait différente du cas « BRP ». Chaque fois aussi révélatrice que trompeuse. Ainsi, d'aucuns y verront l'incapacité des historiques de la Macronie à s'ouvrir et laisser pénétrer, dans le premier cercle du président, de nouveaux conseillers. Une machine à happer, broyer avant de recracher. En somme, l'illustration d'un fonctionnement clanique et donc malsain. « Si vous aviez quatre conseillers agriculture, à un moment, cela poserait un problème de territoire et ils se tueraient entre eux. Sur la com', ils sont cinq... À un moment, c'est un peu logique que ça gratte, que ça frotte. Et puis, il y a des personnalités un peu rêches », défend un proche.

D'autres y liront la chute inéluctable d'un courtisan plein de morgue, pas taillé pour un poste mal défini dès le départ, obsédé par la verticalité du pouvoir. Un jour, l'un des « Mormons », le club des lieutenants historiques de la Macronie, devise ainsi devant nous : « Pour s'agréger à ce groupe, il y a deux ou trois trucs fondamentaux. Il faut une bonne dose d'énergie et de travail, il ne faut pas être tire-au-flanc. Il faut être assez prêt à l'autodérision, ne pas se prendre au sérieux. Et puis, il ne faut pas avoir d'ambitions mal placées. Ici, on vous demande de bosser en équipe et que les autres profitent de votre travail. » On lui demande alors s'il faut comprendre qu'il dessine là le portrait, en creux, de Bruno Roger-Petit. « Qu'est-ce que j'ai dit ? » Ne pas être tire-au-flanc, ne pas se prendre au sérieux… « Ah oui, c'est ça. » Le même s'étouffe : « Parfois, il sortait son journal en réunion ! On n'est pas à *L'Équipe* dans les années 60 ! » Voilà qui restitue assez fidèlement l'ambiance. À couteaux tirés. « Dans les réunions de crise, il n'est pas là ! » peste un autre. Un conseiller de l'Élysée, tendance « Casque bleu », explique aussi l'incompréhension mutuelle : « Bruno, c'est quelqu'un, s'il ne reçoit pas un mail d'invitation pour une réunion à l'Élysée, il ne va pas y aller. Il aime que ce soit bien formalisé. » Ajoutez, en toile de fond de ce huis clos étouffant, une sourde rivalité entre les entourages d'Emmanuel et Brigitte Macron. Bien malin celui qui trouve la sortie de ce labyrinthe de rancœurs et d'ego.

Revenons quelques mois en arrière. 29 août 2017, l'Élysée envoie un communiqué à toutes les rédactions : Bruno Roger-Petit est nommé porte-parole de l'Élysée, un poste que plus personne n'avait occupé depuis l'éphémère David Martinon sous Nicolas Sarkozy. Polémiste abonné des joutes sur les plateaux télé, éditorialiste pour le site Internet du magazine *Challenges*, il s'est rapproché du candidat Macron pendant la campagne à grands coups de textes laudateurs. La société des journalistes de sa rédaction s'en émeut. Signe de sa proximité, cet instant capté par la caméra du réalisateur Yann L'Hénoret[2]. Où l'on entend Brigitte Macron demander, à l'heure où le programme de son candidat de mari est mis sous presse, s'il a bien « reçu les questions de BRP »... Lequel est également invité à La Rotonde, le soir du premier tour de la présidentielle. Dans un contexte de brouille naissante avec la presse, quoi de mieux qu'un journaliste pour parler aux journalistes, pourrait-on penser. Au sein de la profession, l'homme est connu pour ses coups d'éclat et est précédé d'une mauvaise réputation. On s'interroge : est-il seulement encore journaliste ? Agent double, plutôt.

Car depuis plusieurs mois, BRP distille ses conseils à Emmanuel Macron. Et ce, dès la campagne, *via* une boucle nommée « Jupiter », dans laquelle se trouve aussi Brigitte Macron et le réalisateur, futur patron de LCP, Bertrand Delais. Au sein de la petite équipe, certains admirent sa culture à l'ancienne. « Il n'y a pas beaucoup de politiques à l'Élysée, des gens qui ont connu le président monarque. Il peut vous citer par cœur les petites phrases politiques, les débats », loue un proche de Brigitte Macron. Mais les apports de cet admirateur de François Mitterrand agacent l'équipe com' en place. « C'est lui qui a propulsé cette histoire de Jupiter, qui a explosé en vol au bout de trois mois et qui a mal encodé le quinquennat. Les

2. Auteur du documentaire *Le Candidat*.

gens n'ont pas compris, parce que ça n'avait rien à voir avec la campagne », se désole un pilier de la Macronie.

Quand il débarque à l'Élysée le 1er septembre 2017, BRP arrive donc en terrain occupé et miné, avec des divergences stratégiques sur la façon de conter le quinquennat. Les uns, on l'a vu, prônent une communication vissée, verrouillée. Lui s'épanche sur sa peine à ouvrir les écoutilles du Palais. « Il est resté journaliste. Lorsqu'il assiste à une réunion, qu'il a des infos, il ressent le besoin de les diffuser. Mais un communicant ne fait pas cela », soupire devant nous un conseiller du président au début de l'été 2018. « Mort avant d'entrer », résume une communicante de l'exécutif. L'équipe historique n'a pas oublié un édito au vitriol écrit une semaine après le lancement d'En Marche ! en avril 2016, intitulé « Macron 2017, c'est fini », dans lequel il dézingue la communication « bafouillante » du futur candidat, noms à l'appui. On a connu meilleurs auspices. Sans surprise, la situation ne tarde pas à s'envenimer, coups bas et « off », piques anonymes et décapantes pleuvent des deux côtés. Parfois, deux sons de cloche différents sortent du Palais. Comme ce jour où le plan pauvreté est reporté. Fallait-il encore le travailler ou empêcher qu'il ne soit parasité par la finale de la Coupe du monde ? L'ambiance est délétère. Mais personne ne siffle la fin de la récré. Surtout, BRP devient une curiosité : un porte-parole qui ne parle jamais. En réalité, il voit sa fiche de poste différemment : conseiller direct du chef de l'État, traitant avec quelques éditorialistes triés sur le volet, pour broder auprès d'eux le fil du quinquennat. « Je pense qu'ils ne sont pas d'accord avec le président. Il y a un non-dit », observe un ministre. Quant au porte-parole du gouvernement, Benjamin Griveaux, il s'étonne encore de n'avoir jamais eu le moindre échange avec lui.

Son cas en rappelle un autre. Celui de la journaliste d'i-Télé Laurence Haïm, recrutée à grand bruit en janvier 2017, pendant la campagne, directement en provenance de Washington DC, pour muscler la dimension internationale. « On trouve tous de loin que c'est très cool d'avoir la journaliste un peu alternative, un peu culte. Mais on ne l'avait jamais rencontrée en vrai. Quand elle arrive, je vois une diva, d'un autre temps », en grince encore un ministre. Haïm ne fait pas l'affaire. Le premier cercle est sans pitié. « Elle ne connaît pas la politique internationale. Elle parlait anglais. *Full stop !* C'est pas Kissinger ! Il y a une interview sur France 5 où elle dit que la campagne est financée par les Français de l'étranger. Là, on a tous été voir Macron pour lui dire qu'il fallait la débrancher », cingle un cadre de la campagne. Deux ans plus tard, l'amertume de la journaliste ne s'est pas dissipée. Lorsque nous la sollicitons pour ce livre, elle nous répond d'un cinglant : « *No way.* »

Ce matin du 19 juillet 2018, le calvaire de Bruno Roger-Petit dure 1 minute et 53 secondes. Le temps d'une courte allocution face caméra sur fond bleu, première réponse à l'affaire Benalla révélée la veille au soir par le journal *Le Monde*. Un crash industriel. À ceux qui le croisent cet après-midi-là, dans les couloirs du Palais, il assure y être allé « avec des baïonnettes dans le dos ». Faut-il y voir un coup fourré de ses ennemis ? Certains ne sont pas loin de le penser. « C'est trop pervers », souffle un salarié du Château. Et puis ce n'est pas le moment. Qui imagine, en outre, que pareille allocution se serait faite sans l'aval du chef de l'État ? Son texte est évidemment pesé au trébuchet par le cabinet de la présidence. « Malheureusement, c'était le fusil à un coup et en plus il se l'est tiré dans le pied. Le lendemain de son intervention, on ne l'a plus vu », pointe, acide, un proche du président. En septembre, la fonction de porte-parole est *de facto* supprimée. Et BRP, reclassé. À l'Élysée. « Il a pris un ticket aller, il n'y a pas de retour possible dans sa profession d'origine », observe un ministre. D'aucuns l'auraient pourtant bien renvoyé chez *Challenges*. Impossible. Depuis, il dit avoir choisi de se taire. Contacté à de nombreuses reprises pour cet ouvrage, il n'a pas souhaité donner suite, concluant notre conversation par un échange acerbe. La violence du pouvoir laisse parfois les plaies à vif.

*

Mars 2016. Chez lui à Paris, Xavier Niel organise « un thé ». Autour de la table, deux de ses amies vont faire connaissance : Brigitte Macron et Michèle – « Mimi » – Marchand. La première a des problèmes, la seconde des solutions immédiates. Elles sont faites pour s'entendre. À cette époque, Brigitte Macron est à la recherche de photos invisibles, mais dont l'existence supposée la fait frémir : son mari Emmanuel, supposément en train d'embrasser un garçon boulevard du Montparnasse. Niel est parti lui-même défricher le terrain. Un coup de fil chez *Closer* qui le renvoie vers *Voici*, un autre à *Voici* qui le renvoie vers *Closer*. Mimi Marchand conforte son pressentiment : ces photos n'existent pas. Et elle peut être encore plus utile. Ses talents sont multiples et précieux pour le couple Macron, dont la sérénité des week-ends est désormais menacée par des photographes. « Mimi, elle les mate, les paparazzi », assure Niel. C'est décidé, Mimi et son agence Bestimage s'occupent de l'image du couple. Tranquillité garantie.

Veille du premier tour de l'élection présidentielle, le 22 avril 2017. Mimi est là, dans les rues du Touquet, blouson noir brodé et lunettes de soleil, déambulant aux côtés de Brigitte Macron, pour une séance shopping. Les deux femmes sont devenues « proches », « copines », dit Marchand. « Je l'ai guidée du mieux que j'ai pu dans un monde qu'elle ne connaissait pas ou peu, nous confie-t-elle. C'est une femme formidable, d'une intelligence exceptionnelle, drôle, la meilleure amie que tout le monde aimerait avoir. » À cette date, son passé sulfureux d'ancienne propriétaire de boîtes de nuit, familière du Paris interlope mêlant voyous et people, et passée par la case prison, n'a pas encore été immortalisé dans le livre-enquête *Mimi*, paru à l'automne 2018. À ce moment, elle rêve encore. La voilà proche de tisser sa toile jusqu'à l'Élysée. Son entreprise est florissante, sa mainmise inquiète d'ailleurs ses concurrents. Elle rappelle son antériorité, sa fidélité à l'aventure macronienne, revendique sa part dans les « moments très forts et inoubliables » de la campagne : « Mes deux photographes sont là depuis le lancement du mouvement En Marche ! à Amiens, en avril 2016 (nous étions les seuls à y croire !). Ils ont fait toute la campagne, les deux élections, la passation des pouvoirs, l'installation à l'Élysée, etc. », nous écrit-elle.

Mimi Marchand est radieuse. Derrière le bureau du président, faisant le V de la victoire des deux mains. Le cliché est publié dans l'hebdomadaire *Le Point*, le 7 mai 2018. Il a été pris un an plus tôt, juste après l'investiture d'Emmanuel Macron. Sa fuite crée un début de polémique. Jusqu'où s'étend l'influence de Mimi Marchand sur la communication du couple

Macron, s'interroge la presse. « Depuis mai 2017, elle n'a aucun rôle officiel ou officieux, jure un proche de Brigitte Macron. Les journalistes continuaient à la solliciter directement quand Brigitte Macron est arrivée à l'Élysée, car ils pensaient que c'était elle qui s'occupait des relations presse. Pendant un an, elle venait, puis de moins en moins. Elle n'a plus eu de demandes. Les journalistes ont compris que ça ne servait à rien. » L'intéressée assure, à qui veut l'entendre, que son agence Bestimage travaille de la même façon qu'avant sur les déplacements du couple présidentiel ou les événements.

Pour Mimi Marchand, même si certains lieutenants de la Macronie ou ministres restent en contact, la ligne directe avec le couple présidentiel aurait été définitivement coupée en juillet 2018. C'est qu'elle a été aperçue, de manière assez rocambolesque (« par HASARD », jure-t-elle par texto en lettres capitales), dans la même pièce qu'Alexandre Benalla, au cours d'une interview donnée par l'ancien chargé de mission de l'Élysée au *Monde*. « Mon dernier conseil [à Benalla] a été un réflexe de patronne d'agence : "Demande que les photos ne soient pas rediffusées." » Entre Marchand et Benalla, des personnalités « à la Audiard », dit un ami des deux, une relation de sympathie s'est nouée durant la campagne. « Il faisait un excellent boulot et tout le monde faisait appel à lui pour quoi que ce soit », vante Mimi qui se souvient l'avoir aperçu à l'Élysée la dernière fois le 16 juillet 2018, pour la réception de l'équipe de France championne du monde. Le 18 juillet au matin, alors que son affaire est sur le point d'éclater, c'est vers elle qu'Alexandre Benalla se tourne. « Il voulait savoir comment faire avec la presse et je n'ai pu que lui conseiller de voir avec le Château, raconte aujourd'hui

Marchand. J'ai eu de la peine pour lui. » Elle aussi a connu la chute.

*

Novembre 2015. Dans une loge de la Comédie-Française, l'acteur Christian Hecq se débarrasse de son costume de capitaine Nemo, futur nom de baptême du chien adopté par les Macron à l'Élysée. Sa pièce, *20 000 lieues sous les mers*, qu'il vient d'adapter, est un succès. Et d'ailleurs, un couple d'amis, grands amateurs de théâtre, frappe à la porte pour le féliciter : Brigitte et Emmanuel Macron. À cette époque, le ministre de l'Économie est l'étoile montante de la politique. L'un des hommes qu'il faut connaître et qui veille à étoffer son réseau. Dans les coulisses de la Comédie-Française ce soir-là, Jean-Marc Dumontet est également présent. Avec le producteur, qui s'occupe entre autres de Nicolas Canteloup ou d'Alex Lutz, propriétaire du Point-Virgule, de Bobino, ou encore du Théâtre Antoine avec Laurent Ruquier, la discussion dure une dizaine de minutes. Tout le monde en reste là. Jusqu'au jour où Dumontet lâche à son amie Line Renaud : « Arrêtez de me parler tout le temps de Macron, invitez-moi à dîner avec lui. » C'est chose faite, en janvier 2016. Voilà comment il se retrouve dans les gradins des meetings de la campagne à noircir ses carnets de notes. Dumontet commente le fond, la forme. En solo, en marge d'une équipe de campagne soudée. « En direct », comme le lui a demandé le candidat. À deux reprises, ses théâtres, Antoine et Bobino, servent d'estrade au candidat. Épinglé par la presse à l'heure où les comptes de campagne sont rendus publics, il se défend bec et ongles d'avoir pratiqué des ristournes d'ami.

Depuis l'élection, il n'est pas rare de le voir à l'Élysée. Invité des déjeuners de l'aile Madame, visiteur du soir et des jours d'allocution. Habitué aux mises en scène au cordeau, l'homme de théâtre s'arrache les cheveux devant certaines négligences techniques. Cette allocution du 16 octobre 2018, décidée à la hâte pour expliquer le remaniement, tournée dans la pénombre, sans que quiconque n'ait songé à mettre en place un éclairage correct...

Le 31 décembre suivant, il plaide pour une deuxième prise quand le directeur de cabinet Patrick Strzoda joue plutôt la musique du « non, non, mais tout va bien ». Sans titre ni rôle officiel, mais pas sans influence. Jusque dans la... décoration du Château. C'est lui qui a fait découvrir le street artiste Obey, dont les œuvres emplissent son bureau et essaiment au Palais. Après le meeting de Lyon, où Macron avait décliné le triptyque « liberté, égalité, fraternité », il montre sa Marianne stylisée au couple Macron. Elle trône désormais dans le bureau présidentiel. Le 24 septembre 2018, Dumontet fait venir l'artiste à l'Élysée. Le chef de l'État est aux Antilles, mais Brigitte Macron le fait appeler. Et Shepard Fairey laisse un petit mot au président sur son bureau. « La fascination pour le patron qui réussit... Macron pense que c'est son André Rousselet », moque un familier de l'Élysée, en référence au fondateur de Canal +, proche de Mitterrand.

Dans son bureau, au milieu des œuvres de street art et affiches de ses artistes, parmi lesquels on compte Nicolas Canteloup ou Alex Lutz, Jean-Marc Dumontet reçoit à tour de bras en ce début d'année 2019. Une mission aussi officieuse que cruciale lui échoit : trouver un successeur au directeur de la communication, Sylvain Fort. Le 5 janvier débute un premier round d'entretiens. Vingt-cinq personnes, en tout. Et des profils aussi variés que Franck Louvrier, Laurent Glepin, Mayada Boulos ou Clément Leonarduzzi. « Il va bientôt demander si Jacques Pilhan ou Pierre Bellemare sont disponibles », raille un macroniste. Dumontet, lui, se targue en privé de mener « le processus de recrutement le plus sérieux de la Ve République ». Il consulte aussi les journalistes, leur demande comment retisser un lien abîmé entre le pouvoir et son meilleur ennemi. Le processus traîne, comme les rumeurs. À l'heure où le président Macron cherche à revoir sa gouvernance, la bonne fréquence n'est toujours pas trouvée.

12

Les déçus montent à la tribune

Emmanuel Macron bout de colère, dans l'hélicoptère qui le conduit, à travers un ciel purée de pois, du Centre d'accueil et d'examen des situations (CAES) de Croisilles au hangar de la gendarmerie mobile de Calais. Le président vient de prendre connaissance de la une du *Monde*. Et il est furieux. Ce 16 janvier 2018 devait être la rampe de lancement du projet de loi asile et immigration. Une tribune, ce titre : « M. Macron, votre politique contredit l'humanisme que vous prônez ! » Plus encore que les mots et le constat, sévères, la liste des signataires le pique au vif : Laurent Berger, secrétaire général de la CFDT ; Thierry Pech et Lionel Zinsou, respectivement directeur général et président de Terra Nova ; Jean Pisani-Ferry, professeur à Sciences Po ; Jean-François Rial, P-DG du groupe Voyageurs du Monde. D'eux, il ne peut pas dire – comme de ce manifestant qui l'interpelle dans l'après-midi en criant : « Relisez votre discours sur l'humanisme ! » – qu'ils sont des « activistes ». « Tous ces gens-là ne sont pas des bolcheviks », comme le souligne un de leurs amis. Surtout, et c'est bien cela qui donne son poids et sa résonance au texte, tous, excepté le patron de la CFDT, sont des proches, voire des très proches, du chef de l'État. Thierry Pech ? Il connaît Emmanuel Macron depuis le tout début des années 2000, lorsque ce dernier était l'une des petites mains de la revue *Esprit* et que Pech siégeait au comité de rédaction. Le directeur de Terra Nova a accompagné le jeune ministre dans ses premiers pas à Bercy, aux prémices de la création d'En Marche !, avant qu'ils ne s'éloignent. Quant à Jean Pisani-Ferry, il n'est autre que le coordonnateur du programme présidentiel ! Lionel Zinsou, l'ancien Premier ministre béninois qui a travaillé avec Macron chez Rothschild, et Jean-François Rial, aussi, sont des amis, soutiens de la première heure. Ces cinq-là, en conscience, envoient « le premier missile du quinquennat ». Tiré depuis « la salle des machines ». Vu d'en haut, de l'hélicoptère volant de Croisilles à Calais, cela donne : « On est toujours déçu quand des gens qui ont participé à un parcours se permettent de vous lâcher au bout de six mois. C'est quand même une très mauvaise manière de sortir ça à une heure du discours du président. » Macron et ses troupes en sont convaincus, Pisani-Ferry et consorts ont voulu « saloper » la séquence Calais.

Si le président découvre la une du *Monde* dans l'hélicoptère, il a déjà eu le texte entre les mains. Les signataires l'ont fait passer à son conseiller spécial Ismaël Emelien, qui le lui a aussitôt transmis, la veille au soir, à 23 heures. Suffisamment tard afin que les lieutenants du président ne puissent pas « torturer chacun à l'Opinel pour qu'ils retirent leurs signatures ». On n'est jamais trop prudent. Tous jurent qu'ils n'avaient pas prévu que la publication tomberait le jour du déplacement à Calais, qu'il ne faut pas y voir un fait exprès. Tous assurent et assument, en revanche, une prise de position mûrement réfléchie. Voilà plusieurs mois que leur remontent les échos de la pression policière sur les migrants à Calais. La circulaire Collomb sur le recensement des migrants en hébergement d'urgence et les premiers retours sur le contenu de la loi asile et immigration ont achevé de les convaincre. Ils doivent bouger. « C'était : “Tu nous as fait pleurer à chaudes larmes sur l'universalisme français, les gens qui dorment dans les bois, tu as dit que l'Allemagne avait sauvé l'honneur de l'Europe... Là, on arrache les couvertures, on lacère les toiles de tente, sous ton régime, et on ne t'entend pas.” C'est comme quand on joue à cache-cache : vu ! C'était ça, la tribune. Vu ! », décrypte un ancien soutien du président. Ironie de l'histoire, le texte paraît un an quasiment jour pour jour après une tribune signée par Macron dans les mêmes colonnes, qui fit chavirer bien des cœurs à gauche. Le candidat à la présidentielle y louait à l'envi l'action de la chancelière allemande Angela Merkel, forte à ses yeux d'avoir « sauvé notre dignité collective en accueillant des réfugiés en détresse ».

Aujourd'hui encore, ceux que l'on interroge ne renient rien de leur texte de janvier 2018. Ainsi, Laurent Berger, un an plus tard : « On sait tous qu'on est en train de faire quelque chose d'important. Mais on l'assume. On y consacre du temps, à échanger entre nous. Aucun d'entre nous ne peut espérer un gain. Ce n'est que de la perte mais il est question de nos valeurs. C'est l'un des moments où un certain nombre de gens qui l'avaient soutenu – ce qui n'était pas mon cas – tirent la sonnette d'alarme de façon forte et circonstanciée pour dire : “Vous ne pouvez pas faire n'importe quoi.” On est quelques-uns à avoir honte de la façon dont les choses se passent sur la question avec la loi asile et immigration, la circulaire, et à considérer que c'est une forme de trahison de la promesse qui a été faite », nous confie le patron de la CFDT. Quelques jours avant ce coup de semonce dans *Le Monde*, Berger a déjà dit sa façon de penser dans une interview à *L'Obs*, publiée dans le fameux numéro présentant, en une, un Emmanuel Macron entouré de barbelés et cette mention : « Migrants, bienvenue au pays des droits de l'homme. » S'il n'a pas apprécié la couverture, qui a fait hurler la Macronie, et l'a dit au patron de l'hebdomadaire, le syndicaliste ne retire pas un seul de ses mots d'alors.

À cette période, l'envoyée spéciale du président pour la francophonie Leïla Slimani fait entendre sa voix aussi. « Tout est insupportable dans ce projet de loi », estime pour sa part l'avocat François Sureau, dans une interview à Mediapart. Romain Goupil et Daniel Cohn-Bendit publient également un texte, sans cependant s'attirer les mêmes foudres que ceux qui les ont précédés. « La ligne portée par beaucoup au ministère de l'Intérieur consistant à dire qu'on allait laisser les gens patauger dans la boue pour les décourager de venir, ce n'était pas fidèle à l'inspiration de la campagne. La ligne de la campagne était très claire : l'asile est un droit constitutionnel, pour celles et ceux qui sont persécutés, mais la contrepartie de cela, c'est que lorsque quelqu'un est débouté il est reconduit à la frontière. Et pour que ce principe soit appliqué, il faut décider vite, parce qu'on n'expulse pas quelqu'un qui a appris la langue, travaillé, pris racine. Je pensais que pour Emmanuel Macron il y avait une question de fidélité à son identité politique. Et je pensais qu'il était important que des gens proches de lui disent qu'ils ne s'y retrouvaient pas dans la mise en œuvre de ces principes. Il ne fallait pas laisser ce monopole aux opposants », explique pour sa part Jean Pisani-Ferry.

Les chauffages d'appoint ne parviennent pas à adoucir l'atmosphère du glacial hangar de la caserne de Calais. Pas plus que le discours prononcé par Emmanuel Macron devant les forces de l'ordre. La réplique est dure, cinglante. Polaire. Dents serrées, le président torpille « les déclarations faciles, depuis Paris » : « On fait la République au concret, on ne le fait pas en deux lignes, un matin de mauvaise conscience. » Sans être nommément cité, Laurent Berger est, lui, sèchement prié de s'en tenir à ce qui le regarde : le sort des travailleurs. Auprès des journalistes, le porte-parole du gouvernement, Benjamin Griveaux, minore, tacle : « Cela fait vingt-cinq ans qu'on a des tribunes, des cris d'orfraie. Quand on est un intellectuel, on ne cède pas à la facilité. » En coulisses, les échanges se font âcres. « Macron était hystérique. C'était terrible. Il a fait passer les messages, rapporte un familier de l'Élysée. Il leur en veut toujours là-dessus. Si on n'est pas avec lui, on est contre. Il n'y a pas de voie médiane. » La messagerie chiffrée Telegram bruisse de remontrances.

Sitôt la tribune publiée, le téléphone de Jean Pisani-Ferry vibre : « Surprenante tribune. Je crois que Gérard est suffisamment accessible et ouvert au dialogue pour échanger avant d'ouvrir son journal. Au-delà, je ne m'attendais pas à ce que tu sois le premier de la troupe à sortir pour mettre en difficulté le président. » Ce message, adressé par un haut gradé de la Macronie, il y répond dans la minute. « Tu imagines bien que cela ne m'a pas été facile. Il ne s'agit pas de dialogue, mais de choix et de gestes porteurs de signification. Exprimer une interrogation, une réserve ou un désaccord tout en affirmant sans ambiguïté un appui aux orientations du président, ce n'est pas chercher à le mettre en difficulté, au contraire. Le débat est nécessaire, d'abord avec ceux qui sont en soutien. »

Mais ce jour-là, ceux qui suivront, et encore des mois plus tard, les lieutenants de la Macronie ne se privent pas de jouer la musique des raisons prosaïques. « C'est un règlement de comptes de ceux qui attendaient des jobs qu'ils n'ont pas eus ou qui attendaient une proximité qui n'est pas venue », étrille l'un. Un autre : « Les retraites ont été proposées à Pisani-Ferry. Il lui a aussi été proposé d'être ambassadeur à Berlin. Mais il voulait être ministre à Bercy. » Il a bien été envisagé que l'ancien directeur de cabinet de Dominique Strauss-Kahn pilote la réforme des retraites, avant que la tâche n'échoie au chiraquien Jean-Paul Delevoye. Pisani-Ferry avait demandé à être rattaché à Matignon, et non au ministère des Solidarités et de la Santé. Une voie lui laissant, estime-t-il, plus de marges de manœuvre. Refusé. De là à sous-entendre qu'il a signé par aigreur… « C'est dégueulasse de dire ça, tempête l'un de ses bons amis. Ce n'est pas vrai. Il ne le fait pas par esprit de revanche, il le fait par conviction, parce qu'il est clean. Pisani-Ferry, c'est le courageux de la bande. » La riposte a secoué les signataires. C'est visible, palpable. Un an plus tard, quand on leur demande qui a tenu la plume, ils demeurent bouche cousue.

⋆

Comme cela lui arrive de temps en temps, la garde rapprochée du président est réunie à l'Élysée, pour un dîner mi-politique, mi-amical, en petit comité.

La discussion, technique, s'éternise. L'air de rien, comme ça, au détour d'une phrase, Julien Denormandie, glisse : « Ah, si on n'avait pas ce problème d'immigration albanaise... » Et voilà, une pièce dans la machine ! Dans son style inimitable, Gérard Collomb embraye illico. Il s'emporte, râle, maugrée. Il sait bien que l'on se paie un peu sa tête. Il n'est qu'à voir les rires sous cape, sourires et clins d'œil amusés qui s'échangent autour de la table. Collomb et l'immigration albanaise... Au sein de la petite bande, c'est devenu une blague. « Il a un traumatisme albanais. Qu'est-ce qu'on s'est marrés avec ça ! », s'esclaffe l'un des convives. Pour le ministre de l'Intérieur, c'est une véritable obsession qui vient de Lyon. Une histoire, explique l'un de ses fidèles, de policiers contaminés par la gale en démantelant un squat de migrants albanais. Depuis, il suffit ne serait-ce que d'évoquer ce petit bout de Balkans pour qu'il démarre au quart de tour. Cela ne manque pas, en décembre 2017, lorsqu'il revient d'un déplacement à Tirana : « Ça allait, Gérard, ce petit trip chez tes amis albanais ? » Ses cadets s'en amusent encore. Selon un membre de son équipe, lors de son passage à Beauvau, Gérard Collomb a fait baisser de 40 % l'immigration albanaise.

Mais au sein de la majorité, la ligne du ministre de l'Intérieur ne fait pas rire tout le monde. Tant s'en faut. Sa circulaire du 12 décembre 2017 allume un premier feu. Associations, intellectuels sont scandalisés. Le prix Nobel de littérature Jean-Marie Gustave Le Clézio, qu'Emmanuel Macron se plaît à citer dans ses discours, fustige « un déni d'humanité insupportable ». La mesure qui permet de recenser les migrants en hébergement d'urgence secoue aussi les élus. Dans l'Hémicycle, un député MoDem voit des Marcheurs, dont beaucoup ont eu par le passé un engagement associatif, accourir vers lui, perdus : « On ne peut pas laisser faire ça ! Tu te rends compte ? » Mais Collomb n'en démord pas. « Qu'est-ce que nous disons ? Vous avez aujourd'hui des gens qui ont un statut de réfugiés. Ceux-là ont vocation à aller dans un logement stable. Il y a aussi un certain nombre de gens qui n'ont pas entamé les démarches de demande d'asile. Ceux-là, nous allons leur permettre de le faire. Enfin, il y a les déboutés. Ceux-là, on va leur demander de repasser au guichet de manière à pouvoir suivre la procédure normale. Il n'y a là rien que le respect des règles de la République. L'accueil inconditionnel, oui. Mais pas indifférencié », justifie-t-il dans *Le Parisien.*

Cette circulaire, il n'entend pas y renoncer. Et puisqu'il le faut, le ministre d'État met tout son poids dans la balance. Au point de remettre sa démission, lettre écrite et déposée à l'Élysée. La première d'une série. Car son collègue en charge du Logement, Jacques Mézard, refuse de cosigner. Trop dur, estime-t-il. À Beauvau, on le soupçonne de vouloir laisser l'Intérieur porter seul cette circulaire bien impopulaire, pour mieux se préserver. Alors, Collomb emploie les grands moyens : si Mézard ne signe pas, le Lyonnais partira du gouvernement ! « Je porte la politique du président, c'était une commande du président », fait-il valoir, selon un proche. Et c'est ainsi qu'un jour de décembre son chef de cabinet, Jean-Marie Girier, débarque rue de Varenne, au ministère de la Cohésion des territoires, parapheur à la main. Surpris, on le serait à moins, et toujours rétif à admettre que cela s'est passé comme ça, à savoir qu'on lui a tordu le bras ce jour-là, Jacques Mézard finit par apposer sa signature.

Arnaud Leroy conserve, pour longtemps, une autre scène en mémoire. Celle-là aussi se joue sous les lambris d'un ministère. À Beauvau, cette fois. À l'été 2017, ce Marcheur de la première heure, qui codirige alors le parti dans un drôle de triumvirat, interpelle le premier flic de France sur l'accès à l'eau potable des migrants de Calais. « Je lui dis : “Ça, moi, je ne peux pas tolérer”, nous raconte-t-il. Et lui, il me dit : “Je reviens de Saint-Étienne-du-Rouvray, j'ai vu la famille du père égorgé, ils ne pensent pas comme toi.” C'est ça, Collomb. » Ils sont nombreux, de cette période à l'hiver 2017, à alerter le nouveau pouvoir. Depuis leurs bureaux, les ministres tentent de rassurer leurs interlocuteurs. L'un d'eux : « Ça se passe bien, il ne faut pas caricaturer… » Place Beauvau, le cabinet de Gérard Collomb tient sa ligne, sans ciller. « Oui, il a demandé aux forces de l'ordre d'évacuer les camps, de bien tenir la frontière, mais jamais dans la violence, c'est certain. Dès qu'il y avait le moindre dérapage, il y avait des sanctions », certifie un collaborateur du ministre. Un familier du pouvoir s'en étouffe : « Ils choisissent de croire la police, les préfectures, alors qu'ils ont sur leur bureau un rapport ! » Celui de l'IGA, l'IGPN et l'IGGN sur l'évaluation de l'action des forces de l'ordre à Calais et dans le Dunkerquois, remis le 23 octobre 2017. Une commande du ministre, après deux signaux d'alarme.

En juin 2017, le Défenseur des droits, Jacques Toubon, évoque des « atteintes aux droits fondamentaux les plus élémentaires des exilés » dans une décision rendue publique. Un mois plus tard, l'ONG Human Rights Watch commet elle aussi une publication, sous le titre « C'est comme vivre en enfer ». La mission menée par les trois corps d'inspection « conduit à considérer comme plausibles des manquements à la doctrine d'emploi de la force et à la déontologie policière, principalement à Calais ». Mais chacun, accusation comme défense, peut y trouver de quoi argumenter. Car le rapport relève aussi que « la grande majorité des interlocuteurs rencontrés juge indispensable la présence des forces de l'ordre et reconnaît la qualité de leur travail ». « On en tire des conséquences », jure Beauvau. Un très fin connaisseur de ces sujets, lui, ne décolère toujours pas : « Le seul moyen pour Collomb de se rendre légitime, c'est de se faire le porte-voix de son administration. Et quelle est la doctrine du ministère de l'Intérieur en matière d'asile ? Cela consiste à dire que si on leur rend la vie impossible ici, ils n'auront plus envie de venir chez nous. »

C'est sur cette toile de fond que se prépare le projet de loi asile et immigration. Nouvelle agitation, dès que circulent les brouillons. Petits déjeuners, déjeuners, dîners... pour s'assurer une majorité à l'Assemblée, Gérard Collomb met les petits plats dans les grands. Il reçoit les parlementaires de la majorité à tour de bras. Frédérique Dumas, qui a depuis quitté le groupe En Marche ! avec fracas, en conserve un souvenir cuisant : « Il démarrait les dîners en disant : "Si vous n'êtes pas contents, c'est comme ça et pas autrement. Vous pouvez aller voir Emmanuel Macron. Mais ce sera pire que moi." Il nous prévenait d'entrée que si jamais on lui faisait changer des dispositions, il démissionnerait. Et il nous montrait des sondages pour se justifier. C'était : "Circulez, y a rien à voir." » Lors de ces repas, les dernières enquêtes d'opinion ne sont jamais posées bien loin des menus. « Gérard était sûr que son texte était bon, confie le député Sacha Houlié, qui l'accompagne tout au long du processus législatif. Il a déminé incroyablement, il a vu les parlementaires un nombre incalculable de fois. »

Il arrive aussi, plus souvent qu'à d'autres, à ce grand colérique de donner de la voix, de s'emporter. Comme ce 19 février 2018, quand le député LREM, Aurélien Taché, classé à l'aile gauche, fait fuiter dans *Le Monde* son rapport sur l'intégration avant même de le remettre au Premier ministre, Édouard Philippe. Parmi ses propositions, une hausse des heures de français et une réduction de l'interdiction de travailler de neuf à six mois. Combien de fois Gérard Collomb a décroché son téléphone pour se plaindre du jeune député du Val-d'Oise auprès de Jean-Marc Borello, son ancien patron au groupe SOS. « Ton Aurélien », « ton Taché »… « Sur le sujet des migrants, je savais à quoi m'attendre avec Collomb, nous confie l'intéressé. Quand je m'occupais de l'hébergement [au cabinet de l'ancienne ministre du Logement Sylvia Pinel], on n'a jamais pu ouvrir un centre à Lyon. » Ce jour de février, ce n'est pas Borello que Collomb appelle. Taché et lui sont sur le tarmac de l'aéroport, prêts à décoller pour Lyon. Collomb attrape Taché par le cou, sort son portable et lui lance : « Tu vois le message que je viens de faire à Emmanuel ? Je lui dis que si ce n'était pas par amitié pour lui, je te mettrais un coup de pied au cul comme tu n'as jamais vu. » Édouard Philippe, lui, ne semble pas en prendre ombrage. Dans l'avion, raconte Taché, le Premier ministre se marre, met du rock, et multiplie les clins d'œil au député sur le mode « ne t'inquiète pas ».

Fin avril 2018, lorsque le texte est soumis à l'Assemblée, Aurélien Taché ne va pas voter. Comme lui, ils sont quatre-vingt-onze, au sein du groupe, à ne pas se déplacer. Désapprobation silencieuse. « C'est vrai que Macron avait une approche plus généreuse, plus ouverte, beaucoup plus accueillante, pendant la campagne, mais il ne s'engageait pas sur tel ou tel dispositif, relève le député LREM Hugues Renson. La différence de teinte, elle est dans l'approche, le discours. C'est pour moi un problème, car cela fait aussi partie des éléments que j'ai trouvé courageux, audacieux dans le projet présidentiel de Macron. »

★

Centre d'accueil et d'orientation de Croisilles. La délégation présidentielle croise des Soudanais « dublinés ». « Dubliné » ? Une procédure visant à renvoyer les demandeurs d'asile dans le pays où leurs empreintes ont été enregistrées pour la première fois et qui conduit à d'absurdes et incessants allers-retours avec le pays de leur choix. Aurélien Taché explique leur cas au président. Même s'ils sont expulsés, ils reviendront dans trois semaines. Le député se souvient de l'agacement d'Emmanuel Macron : « Gérard, on ne va pas passer notre temps à renvoyer ces gens, de toute façon ils reviennent. » Preuve, à ses yeux, « de ce que pense Macron au fond de lui ». Comme beaucoup, il estime que c'est à cause de Collomb et de la machine administrative que la ligne se durcit. « Quand vous êtes François Mitterrand, avec Pierre Joxe à l'Intérieur, vous pouvez vous permettre de dire aux syndicats de police : "Ce n'est pas vous qui faites la loi." Mais quand vous êtes Macron, avec Collomb qui a une heure de lucidité par jour, vous ne pouvez pas faire ça. Vous êtes obligé de suivre les syndicats de police », observe un familier du pouvoir.

Les regards se tournent aussi vers le directeur de cabinet du ministre, Stéphane Fratacci. Ex-secrétaire général du ministère de l'Immigration, de l'Intégration, de l'Identité nationale et du Développement solidaire d'Éric Besson, il a aussi travaillé avec Brice Hortefeux, lorsque celui-ci était Place Beauvau. Et pourtant, corrige un membre du cabinet de Collomb, « il freinait le ministre sur l'immigration, sur les délais de rétention, la capacité à renvoyer »... S'ensuit un portrait de Collomb en action, mettant « la pression à tous les préfets pour qu'on soit toujours dans le plus, avec des objectifs quantitatifs en évolution permanente ».

Un macroniste de la première heure résume : « Tout le monde tapait comme un sourd sur Collomb, en disant : "Gérard, mais tu te rends compte de ce que tu racontes ?" Les formules "l'invasion", "la submersion"... Il était nuisible en termes de communication. Et le président ne s'est jamais désolidarisé. » En ce temps, l'Élysée le martèle en effet : la ligne Collomb est celle du président. Et inversement. « Dans l'environnement, l'entourage d'Emmanuel Macron, une voix différente a été portée. Il était soumis à ces visions contradictoires. Mais la ligne qui a prévalu est celle dont il est le plus proche. Il n'a pas eu à se forcer et ce n'est pas une posture politique. Il y a là un vrai raisonnement de sa part. Ce qu'il dit à Calais, c'est sa pensée, après avoir pesé sa conviction personnelle », témoigne l'un de ceux qui connaissent bien le président. Surprenant ? Invariablement, son entourage rappelle qu'Emmanuel Macron n'a jamais été naïf ni laxiste. Seulement, ce ne fut pas le point focal durant la campagne. L'époque est alors à jouer le contraste avec le raide Manuel Valls. Le président de la Fondation Jean-Jaurès Gilles Finchelstein mesure cependant un vrai virage intellectuel d'Emmanuel Macron. « Sur l'immigration, il y a un sentiment de tromperie sur la marchandise. Quand je lui dis qu'il n'est pas prêt pour se présenter à la présidentielle [en juillet 2016], l'un des sujets sur lesquels il n'a jamais vraiment travaillé – et c'est normal – est la question migratoire. Sa position intuitive était très libérale, et sans doute même excessivement libérale. C'est moi qui me retrouvait paradoxalement à le freiner ! De cette position, on est arrivé par étapes au durcissement actuel. Donc il y a évidemment une déception ».

Un an a passé, depuis la tribune du 16 janvier 2018. Et Ismaël Emelien n'en démord pas : « Nous, on a délivré exactement ce sur quoi on s'était engagés. Ce n'est pas parce que la deuxième gauche est la deuxième gauche qu'elle a préséance sur la réalité du pays. Il y a un peu des pudeurs de gazelle, sur ces sujets. Tout cela implique d'accepter de regarder la réalité en face et de mettre les mains dedans. C'est très facile d'être dans la dénonciation, les bons sentiments. Moi, je n'ai pas le sentiment qu'on ait renié nos convictions, nos valeurs. J'ai l'impression d'être totalement aligné avec le type que j'étais il y a quinze ans, quand je suis entré rue de La Planche. »

*

Le 10 juin 2018, Sandro Gozzi, ancien ministre des Affaires européennes italien, prévient l'Élysée. Rome vient de refuser à un navire transportant des migrants d'accoster : attention, le sujet va devenir européen. « C'est comme ça qu'on le découvre, confie un conseiller élyséen. En France, on n'en parle pas au début. On choisit de ne pas faire de réaction à chaud, parce qu'on ne veut pas que ce soit un sujet bilatéral ou un sujet français. Mais en quelques heures, on nous dit : "Pourquoi la France ne le prend pas ?" » Pourtant Emmanuel Macron campe, comme chaque fois que le cas se présente, sur ses positions : respect du droit maritime international, débarquement dans l'endroit le plus proche, solidarité européenne dans la prise en charge des passagers. Pedro Sánchez, le nouveau Premier ministre espagnol, fait un choix différent. Et voilà que l'*Aquarius* passe devant les côtes françaises, avant d'enfin accoster à Valence, après une semaine d'une éprouvante odyssée. « Il y a un piège salvinien qui consiste à ne faire aucun effort et à dire que ce sont nous les gros méchants », se désole-t-on à l'Élysée.

Au détour d'un couloir, au Palais, un conseiller questionne le président de la République. Mais pourquoi donc refuser d'accueillir l'*Aquarius* ? Qu'en coûterait-il de permettre à ce navire, transportant six cent vingt-neuf migrants secourus par SOS Méditerranée et Médecins sans frontières, d'accoster en France ? De mémoire et en substance, Emmanuel Macron lui répond : « On pourrait accueillir le bateau. On flatte les bons sentiments, la grande conscience d'accueil française. Mais si on fait cela, c'en est terminé de l'idée que les États, même s'ils ne sont pas d'accord, arrivent à coopérer. C'est un coup de canif dans le contrat européen. » Et puis, à quelques mois des élections européennes, il s'agit aussi de ne pas apporter d'eau au moulin populiste. L'opinion est braquée, sur ces questions. À ses interlocuteurs, il est arrivé que le chef de l'État montre ces « sondages quali », comme on dit, qui témoignent de ceci : une large majorité des Français trouvent qu'il y a trop d'étrangers en France.

Nouvelle poussée de tension au sein de la Macronie. D'un côté, Gérard Collomb, qui plaide pour que la France n'accueille aucun des passagers. Soupir d'un collaborateur du président. Décidément, le ministre de l'Intérieur « n'aide pas dans la communication ». De l'autre, des proches du président, comme Daniel Cohn-Bendit et Romain Goupil, tirent en sens inverse à grand renfort d'interventions médias, de textos, de coups de téléphone. « On lui a dit qu'il devait recevoir l'*Aquarius*. Il nous répond : "Non, c'est une erreur. Si on ne dit pas que le bateau doit aller dans le port le plus proche, on rentre dans un truc ingérable" », se souvient Cohn-Bendit. Goupil : « Je pense qu'il a fini par couper son portable, pour pas qu'on l'emmerde. » Des mois plus tard, affairé à la préparation des élections européennes, le duo tente de voir le verre à moitié plein. « C'est lui qui a imposé qu'on arrête Dublin et qu'on fasse une répartition. En même temps, il a en tête que 80 % des Français disent qu'il y a trop d'étrangers en France. Il est pris au piège des problèmes de la société. Nous aussi, on s'interroge. Sánchez a ouvert en Espagne, et l'extrême droite est entrée en force en Andalousie. C'est facile de jouer les malins », observe Daniel Cohn-Bendit.

Il reste que, pour certains, la pilule ne passe toujours pas. Entre amertume et acidité, un pilier de la campagne note : « Rocard, sur des sujets humanistes comme celui-ci, il serait allé à rebrousse-poil de l'opinion. » La référence n'est pas neutre. Emmanuel Macron fut proche de l'ancien Premier ministre, rencontré par l'entremise de l'homme d'affaires Henry Hermand. Il n'est qu'à voir, aussi, ce pilier du groupe à l'Assemblée remâcher son dépit, par une belle journée de l'automne 2018 : « Ce que fait Macron, au débotté, après le retrait de Trump de l'accord de Paris, ce contre-pied permanent, c'était un acte politique fort. L'acte politique sur l'*Aquarius*, c'était quoi ? Il fallait descendre à Marseille accueillir les migrants sur le port ! » Mais l'histoire ne s'est pas déroulée ainsi. Le député Hugues Renson y voit « la première illustration dans le mandat de quelque chose qui n'avait pas été prévu et qui déstabilise la majorité par rapport à une décision qui est prise ». Dit autrement, un point de bascule.

13

Le rendez-vous manqué avec la CFDT

Siège de la CFDT, boulevard de la Villette, dans le quartier de Belleville à Paris. Quelque deux cents cadres de la centrale syndicale sont enfermés pour l'après-midi dans un amphithéâtre bondé. La campagne présidentielle bat son plein. Ce 16 mars 2017, cette course folle fait étape chez eux. Le syndicat, qui présente les résultats d'une vaste enquête « Parlons travail », a décidé de coupler cette restitution à une audition des principaux candidats, Marine Le Pen exclue. C'est leur moment. François Fillon et Benoît Hamon ont fait le déplacement. Jean-Luc Mélenchon a envoyé son fidèle Alexis Corbière, et Emmanuel Macron... une simple vidéo. Le candidat d'En Marche ! est à Berlin, où il a rendez-vous avec Angela Merkel. « Je me suis adapté aux contraintes de la chancelière », s'excuse-t-il dans une interview enregistrée la veille, depuis son QG de campagne. Boulevard de la Villette, c'est donc un « Emmanuel Macron version vidéo » que l'animateur annonce.

« Je n'achète pas le discours qui consiste à dire que le travail, c'est forcément pénible. » D'emblée, il livre des clés. « Il y a des moments où il faut faire des efforts, se surpasser. » Le terme « pénibilité » ? Il ne l'aime pas. « Un vocable qui met dans un esprit doloriste, qui n'est pas le mien. » Président, il n'a pas varié. Le point d'orgue vient à la fin, lorsqu'il déroule le cœur de sa philosophie, distille « le sel », pour reprendre une expression dont il est coutumier, de sa pensée. « Pour moi, le cœur de métier des syndicats, c'est la négociation au sein de l'entreprise et de la branche, et beaucoup moins la gestion des grands risques nationaux. » Ce point, il le formule, le reformule, le martèle, pour finir par délivrer en ces termes le fond de sa vision : « Le fonctionnement pervers qu'on a installé, c'est qu'on a demandé aux représentants des salariés et des employeurs de participer à la fabrique de la loi de manière très officielle et on leur a dit : "Faites de la politique." Ce n'est pas leur rôle. » Il l'assume, ce fut même l'un de ses désaccords, profond, avec François Hollande. Il le dit, ce président, dont il fut le conseiller, en a trop demandé à la CFDT, l'a trop associée à l'élaboration des réformes. Son constat tombe comme un couperet : « Ce n'est pas son rôle. » Ce sel-là serait versé sur des plaies, que l'effet ne serait pas différent. Boulevard de la Villette, il pique.

Emmanuel Macron n'est pas là pour le voir. Mais, dans l'amphithéâtre, son propos produit son petit effet. « On était sidérés, estomaqués, stupéfaits », se souvient Véronique Descacq, ex-bras droit de Laurent Berger. « Ce n'est pas possible… », murmurent les militants, à la sortie. Le lendemain, lors d'une nouvelle réunion, les couloirs de la CFDT en bruissent toujours. « Il va y avoir un problème. » Une douche froide. Même la posture du candidat, assis dans un fauteuil sombre, jambes écartées, coudes sur les genoux, en toute décontraction, est sujette à interprétation. « Dans le non-verbal, c'est énorme, s'étouffe un participant. Il a l'air de s'emmerder. Dans une vidéo ! Donc, un truc où l'on peut dire : ça ne va pas, on recommence. »

La couleur avait pourtant été annoncée. Et elle n'a jamais varié depuis ce meeting de Montpellier, l'un de ses tout premiers. C'était le 18 octobre 2016. Pas encore candidat, il y expliquait vouloir confier la gestion de l'assurance-chômage à l'État ; mais aussi, cela viendra, la formation professionnelle, fromage des centrales. À vrai dire, et Berger le sait, tout cela lui trottait déjà dans la tête lorsqu'il était secrétaire général adjoint de l'Élysée. À cette époque, dans son bureau de conseiller élyséen, Macron parlait déjà de nationaliser le pilotage de l'Unedic. Et pourtant, le 16 mars 2017, les cadres de la CFDT prennent une claque. « On n'avait pas vraiment d'illusion. Mais on a su, à ce moment-là, qu'on aurait de grosses difficultés sur le rôle des organisations syndicales le jour où il accéderait au pouvoir », nous explique le patron du syndicat, Laurent Berger.

Pourtant, et ce n'est pas le moindre des paradoxes, la majorité des membres de la CFDT compte alors voter pour Emmanuel Macron. Et, dans cette campagne, le candidat d'En Marche ! est certainement celui qui compte le plus d'anciens responsables de la centrale auprès de lui, dont son ancienne patronne Nicole Notat, « toujours fan » de Macron aujourd'hui selon l'un de ses amis ; mais surtout l'ex-bras droit de cette dernière, Philippe Grangeon. Il est, depuis le début, l'un des hommes les plus influents auprès d'Emmanuel Macron.

*

Laurent Berger rit jaune. Voilà que la presse le dit ami avec le ministre de l'Économie. Au siège de la centrale, cela devient l'objet d'une blague.

Le secrétaire général se fait chambrer. « Alors, t'es ami avec Macron ? Qu'est-ce que vous allez faire ce week-end ? » Certes, lorsqu'ils se croisent, c'est toujours très sympa. Trop ? « Il nous recevait en plaisantant, en blaguant, en faisant des vannes. On avait l'impression qu'on était ses potes », raconte aujourd'hui Véronique Descacq, pas dupe pour autant. Berger s'agace de ces bruits de presse qui, jure-t-il, ne viennent pas de chez lui. Ce n'est pas son rôle, ce n'est pas le moment. « J'ai des amitiés de là où je le choisis, et je suis super compartimenté pour ne pas avoir d'amis dans mes interlocuteurs patronaux ou politiques », tient-il à mettre de nouveau au point, des années plus tard. Ces indiscrétions font d'autant plus mauvais genre qu'en coulisses, à cette période-là, la tendance est plutôt au bras de fer permanent.

Cela fait un moment que les deux hommes se côtoient de loin. Depuis que François Chérèque, l'ancien patron de la CFDT dont le portrait trône toujours dans le bureau de son successeur, a envoyé Laurent Berger rencontrer les équipes des candidats à la présidentielle de 2012. Dans celle de François Hollande, il y a Emmanuel Macron. « Le type frappait par le fait qu'il était brillant, ça, c'est vrai. Il était sympa, il avait du charisme. Il frappait aussi par le fait qu'il n'avait pas forcément conscience de toute l'épaisseur de la société », se souvient Berger. Ils se revoient lorsque le jeune inspecteur des finances lâche la banque d'affaires pour prendre un bureau à l'Élysée. L'influence comme les idées bien arrêtées du secrétaire général adjoint n'échappent pas au syndicaliste. Macron apparaît, aussi, comme « le plus libéral de la bande », *dixit* Descacq, lorsqu'il s'agit de discuter des modalités du pacte de responsabilité.

Le voilà ministre de l'Économie. Bien décidé à porter ses idées. Et à marquer le quinquennat d'une loi à son nom. Début des discussions sur le travail du dimanche. La CFDT exige qu'il soit conditionné à des négociations préalables, dans les entreprises. Le locataire de Bercy veut, par crainte des blocages, inscrire les contreparties dans la loi. Premier bras de fer, donc. Quand Véronique Descacq le raconte, on dirait presque du théâtre de boulevard : « On allait voir Hollande qui nous donnait raison. Mais Macron repassait derrière, allait voir Hollande qui lui donnait raison. On est revenus au moins quinze fois sur l'arbitrage ! C'était incroyable. À ce moment-là, il a montré sa méfiance envers le dialogue social, mais aussi son incroyable ténacité. » La CFDT finit par emporter le morceau. Il se murmure que Macron n'a pas apprécié.

Août 2015. François Rebsamen, hollandais s'il en est, quitte le ministère du Travail pour regagner sa mairie de Dijon. Une idée circule : et si l'on regroupait ce portefeuille avec celui de l'économie ? Laurent Berger est consulté. On se doute de ce que fut sa réponse. « Vous imaginez ce que ça veut dire ? Et en plus, confié à Macron ! », lâche un témoin de l'époque. Même bagarre en coulisses, lorsque se prépare la loi Noé, pour « nouvelles opportunités économiques ». Le texte a pour objectif de booster la croissance et l'emploi grâce aux nouvelles technologies, mais certains points, estime la CFDT, relèvent du ministère du Travail. Et la centrale fait tout pour qu'ils y restent. La loi Macron 2 ne voit finalement pas le jour. Enterrée, au grand dam du ministre, qui doit se contenter de voir prospérer ses idées chez une autre. C'est la loi El Khomri.

Février 2016. Les ultimes réunions d'arbitrage se tiennent à l'Élysée. La ministre du Travail, Myriam El Khomri, présente les risques de blocage avec la CFDT, partenaire privilégiée du président. L'assemblée est prévenue. Le risque est grand de se mettre Laurent Berger à dos. Emmanuel Macron milite pour passer outre. « Il disait qu'il fallait créer un choc de confiance dans l'opinion, montrer que ça bouge, et que ça passait par un désaccord assumé », relate un participant. Au siège de la centrale, l'histoire racontée est devenue celle-ci : « Il disait : "On n'en a rien à foutre de la CFDT, depuis le début ils nous emmerdent." Et Valls pensait à peu près la même chose. » Comme attendu, Laurent Berger décide de se bagarrer, comme « ça vous arrive trois fois dans une vie de syndicaliste ». Ce sont ses mots.

Aujourd'hui encore, le syndicaliste tient à se justifier : « C'est la désertion des autres qui a fait que la CFDT a été présente à ce point. Je ne suis pas du tout ami avec François Hollande, même si j'ai de l'estime pour lui, comme je peux en avoir avec beaucoup de mes interlocuteurs. Mais, je ne suis ami avec aucun d'entre eux. Mais si, à un moment donné, on a réussi à faire pousser nos idées, tant mieux. Je n'avais pas de ligne ouverte, ce n'est pas toujours moi qui appelais. » Il ne va pas tarder à découvrir que la méthode d'Emmanuel Macron diffère en tout point.

★

Depuis l'Élysée, le secrétaire général Alexis Kohler veille au grain. Sur son bureau, un *paperboard :* « Le tableau des engagements ». Soit, pour chaque grande réforme, chaque grand discours, le détail des mesures à mettre en œuvre, leur calendrier, la personne en charge, l'état de l'avancement et, le cas échéant, l'excuse justifiant un retard. Il est assez convaincu, en fait persuadé, qu'il faut faire les réformes sans tarder. Emmanuel Macron a minutieusement observé François Hollande. Il en a tiré bien des leçons. Notamment celle-ci : c'est en début de quinquennat, lorsque l'on est encore porté par le souffle de l'élection, qu'il faut pousser les feux. Ou celle-là : les réformes mettent du temps à produire leurs effets ; si l'on veut bénéficier de leurs résultats, il convient de les mettre en chantier sans tarder. L'Élysée est, sur ce point, au diapason de la petite équipe qui entoure le Premier ministre. « Dans le cadre de la candidature de Juppé, on s'était dit qu'il y avait cette fenêtre de six mois, voire d'une petite année, pour passer un maximum de textes », confie un rallié. Le train est lancé. À grande vitesse. « Ce dont il faut se rendre compte, c'est qu'un mois c'est long pour Macron », s'amuse alors la ministre centriste Jacqueline Gourault, depuis ses appartements de la Place Beauvau.

Oppositions, syndicats, élus locaux – bref tout ce que le pays compte de corps intermédiaires – se prennent le bulldozer de face. Dans cette France de 2017, ils sont si mal en point qu'un député PS y verrait « presque un abus de faiblesse ». Là, on serait tenté d'appliquer le constat à la majorité, encore en plein noviciat. Les questions, elles, restent aux portes de l'Élysée. « Est-ce qu'il est pertinent de faire beaucoup de réformes en même temps ? De ce point de vue-là, il n'y a pas beaucoup de doutes sur la réponse. Il n'y a pas tellement de raisons d'attendre. Le constat de besoins est assez bien établi », nous explique Alexis Kohler, en mars 2018. Des mois plus tard, Véronique Descacq se souvient avoir été avertie, ce jour de printemps 2017, où elle a accueilli Marc Ferracci au siège de la CFDT. « Il employait une expression : "On va vous mettre en tension, pour que vous bougiez" », raconte-t-elle. Il y avait alors toutes les raisons de le croire. En Macronie, Ferracci n'est pas n'importe qui.

★

Longtemps, Emmanuel Macron et lui ont eu une tradition. Les deux hommes sont nés la même année, à deux jours d'intervalle. L'un le 19 décembre, l'autre le 21. Alors ils se voyaient le 20 et s'échangeaient des bouquins. De la poésie. Souvent, Yves Bonnefoy, René Char et Robert Desnos ont eu les honneurs de ce rituel. Actuel conseiller spécial de la ministre du Travail, Muriel Pénicaud, concepteur des réformes du travail et de la formation professionnelle pendant la campagne, « Marco » pour les intimes est un vieil ami du président. Un vrai. L'un des rares.

Leur rencontre remonte aux jeunes années, celles des fiches de lecture et du bachotage. Elle s'est faite par l'entremise d'Aurélien Lechevallier. Le conseiller diplomatique adjoint à l'Élysée est lui aussi un ami de longue date du président. Il fait Sciences Po avec Macron, était à HEC avec Ferracci. Autour du trio s'agrège une petite bande qui, ensemble, prépare l'ENA entre la bibliothèque de la rue Saint-Guillaume, Le Basile, café-repaire des étudiants du coin, et l'appartement des Ferracci, dans le 5e arrondissement. En fin de journée, il leur arrive de s'offrir une bière et de refaire le monde dans les bars de la rue Mouffetard. « On avait des angles, des positionnements politiques, assez proches, fait valoir Marc Ferracci. Une ligne républicaine, réformiste avec des discussions assez récurrentes sur les inégalités, les enjeux de dialogue social. » Petit-fils d'un grand résistant et militant communiste corse, fils d'un ponte du dialogue social qui a, lui, rendu sa carte du PCF, Pierre Ferracci, « Marco » est un social-libéral, tourné vers le modèle scandinave. Peut-être « plus à gauche » que son ami Macron, dont l'épouse, Brigitte, « qui a une orientation, un positionnement politique plus centriste, voire plus à droite, l'a peut-être amené à se recentrer par rapport à son curriculum de départ ». « La gauche de Marc, ce n'est pas la gauche idéaliste, irréaliste, décrypte Lechevallier, mais une gauche pragmatique, opérationnelle qui ausculte la réalité sans filtre idéologique. » La deuxième, donc.

En 2002, Emmanuel Macron et Aurélien Lechevallier intègrent l'ENA. Direction Strasbourg. Marc Ferracci, lui, est recalé. Il emprunte la voie académique : thèse sur le droit du travail, agrégation de sciences éco. Mais le lien est solide. Il tient. Quand Ferracci épouse Sophie Gagnant, brillante avocate rencontrée sur les bancs d'HEC, Emmanuel est son témoin de mariage. Et inversement, le jour où Macron épouse Brigitte Trogneux, cette professeure de français dont il est tombé amoureux sur les bancs du lycée La Providence à Amiens. Quand leur vieil ami se lance dans la conquête présidentielle, les Ferracci suivent, naturellement. « C'est toute la famille qui s'engage, même les enfants allaient aux meetings », s'amuse Lechevallier, qui prend lui-même en charge le volet diplomatique de la campagne. Sophie Ferracci hérite du rôle central de cheffe de cabinet. Elle organise les déplacements, distille idées et conseils sur les messages à faire passer, les personnes à rencontrer, toujours dans le sillage du candidat. Son mari, lui, on l'a vu, se concentre sur l'élaboration du programme. L'élection gagnée, elle rejoint le cabinet d'Agnès Buzyn, avant d'hériter d'un poste en vue à la Caisse des dépôts.

Grincements de dents. Lui est nommé conseiller spécial de Muriel Pénicaud. La haute main, donc, sur les importantes réformes du début de mandat.

Et pourtant, ce n'est pas une évidence. Certains l'attendent plutôt à l'Élysée comme conseiller, voire au gouvernement. Des discussions ont lieu avec le président. Période de flottement, avant de prendre le chemin de la rue de Grenelle. Rien n'est figé. « Il reste dans l'ombre volontiers, s'il pense que c'est plus efficace, mais il ne rechignerait pas à être plus exposé politiquement, publiquement. C'est quelqu'un qui a une ambition politique, dit un proche. Si un jour le président lui propose d'être ministre ou secrétaire d'État, il s'y verra bien. Il s'y prépare aussi. »

*

Depuis sa place forte de Belleville, Laurent Berger voit « beaucoup de ressentiment monter ». Après l'adoption éclair de la réforme du code du travail, les discussions se tendent sur la formation et l'assurance-chômage. Et voilà que le gouvernement fait savoir que, s'il le faut, il passera aussi la réforme de la SNCF par ordonnances. C'en est trop. Le secrétaire général de la CFDT décide de frapper un grand coup. « Je pense qu'il est de mon rôle d'alerter sur l'état du pays et la façon dont je perçois le pouvoir », décrypte-t-il, un an plus tard. Le clairon se fait canon. « La méthode Macron, c'est : "Vous discutez et je tranche", et personne ne sait de quel côté ça va tomber. On a des interlocuteurs suspendus à la décision du président de la République. Cela pose un problème de fonctionnement démocratique et d'efficacité », envoie-t-il dans *Les Échos*, le 26 février 2018. Ce qui se murmurait jusqu'ici dans les couloirs de la centrale est désormais étalé sur la place publique. La coupe est pleine. « Si on affiche le nombre d'heures, OK, il y a des réunions, témoigne un cadre du syndicat. Mais chaque fois qu'on amène une proposition, on nous répond : ce n'est pas ce qui a été dit pendant la campagne. Et puis, nos interlocuteurs ne sont pas en mesure de trancher. C'est sûr qu'ils passent des heures à nous écouter, mais à la fin vous ne savez pas ce que le ministre pense, ni ce qu'il va faire, parce que ce sont Macron et Kohler qui tranchent. » Un autre : « On voit dans leurs yeux, ils le disent même : "Il faut qu'on en réfère au Château." »

Certes, tous deux sont réformistes. Mais parlent-ils seulement le même langage ? Emploient-ils seulement la même grammaire, le président et le syndicaliste ? À les écouter, on se permet d'en douter. Marc Ferracci : « L'idée n'est pas de maltraiter qui que ce soit. Il y a un respect mutuel entre Emmanuel Macron et Laurent Berger, mais c'est une vision dans laquelle la responsabilité politique incombe d'abord à ceux qui sont élus. Fondamentalement, Macron est convaincu que la responsabilité politique, à un moment, impose de trancher. On peut et on doit écouter, mais ceux qui sont responsables, des chiffres du chômage par exemple, ce sont les politiques. Ce n'est pas une vision *intuitu personae*. Mais, dans notre fonctionnement collectif, le curseur a besoin d'être plus du côté de la démocratie politique que de la démocratie sociale. » Autrement dit par Jean-Marc Borello, « il y a ce côté : ils n'ont pas à avoir le portable du président ». « Lui, il considère que ce n'est pas son job. Il n'y a plus un syndicat qui est l'interlocuteur privilégié. Il y a une volonté qu'ils soient traités correctement, mais à leur place. Pour que le jeu institutionnel se passe normalement, il faut que les gens interviennent au bon niveau et pas dans le désordre », conclut le président du groupe SOS. Lui aussi est l'un des plus influents conseillers (officieux) du chef de l'État. Lui aussi le connaît depuis ses jeunes années. À Sciences Po, Borello enseigne les questions sociales. Macron est de ces élèves que l'on remarque, qui sortent du lot, avec lesquels on finit par aller boire un pot. Ou faire visiter, avec Aurélien Lechevallier, une entreprise d'insertion du groupe SOS en Seine-Saint-Denis, pour montrer à ces jeunes « comment ça marche ».

L'instant est saisi dans une salle de réunion du 101, rue de l'Université, le 22 mars 2018. Et aussitôt diffusé sur les réseaux sociaux. Où l'on voit Laurent Berger, encadré de quatre jeunes députés de la majorité. À sa gauche, Pierre Person et Guillaume Chiche. À sa droite, Sacha Houlié et Pieyre-Alexandre Anglade. Tout sourires. Recevoir le syndicaliste, en froid avec le nouveau pouvoir, un jour de grève qui plus est. La bande de Poitiers a encore frappé. « Il y avait un véritable besoin de tisser des liens. Cela nous paraissait important. On a essayé de le connecter au groupe », justifie Person. En réalité, ils ne sont pas les seuls, en coulisses, à œuvrer pour que les ponts ne soient pas coupés avec la CFDT. Richard Ferrand convie Berger devant le groupe. Au gouvernement, le ministre des Affaires étrangères, Jean-Yves Le Drian, réputé pour sa « méthode très social-démocrate », *dixit* un proche, entretient le lien. Il y a aussi les VAM – pour les « Vieux avec Macron », comme ils en plaisantent eux-mêmes – du mouvement : Borello donc, Philippe Grangeon… Ce syndicalisme réformiste, c'est leur famille de pensée, leur culture. « Philippe et moi, nous insistons sur la nécessité d'utiliser les corps intermédiaires, souligne Borello. On est assez d'accord sur le diagnostic qui est que les corps intermédiaires ne sont pas en grande forme. Mais ce que nous disons depuis le début, avec

Catherine Barbaroux [cofondatrice d'En Marche !, l'un des piliers de la campagne], c'est que même si ces structures paient leurs propres difficultés, il faut les aider à rejouer leur rôle. Si on fait une analyse brutale, on peut se dire qu'il vaut mieux by-passer tout le monde et s'adresser directement aux Français, ce qui a été fait pendant la campagne. Mais, en réalité, socialement on en a besoin, ils ont un rôle à jouer. On a besoin des syndicats, des journalistes, des politiques, et il va bien falloir qu'on trouve un moyen de revivifier tout ça. »

Mai 2018. Un autre rendez-vous est organisé, dans la plus grande discrétion cette fois. Emmanuel Macron reçoit Laurent Berger, sans photo et à l'Élysée. Un tête-à-tête en privé, à la demande du chef de l'État. Un homme a joué les médiateurs : Philippe Grangeon. L'occasion d'un tour d'horizon sur les dossiers en cours, les difficultés qui se présentent. Un petit événement, aussi, pour tout un pan de la Macronie qui l'accueille avec soulagement. Le moment serait-il venu d'enfin éclaircir la liaison, après des mois de friture sur la ligne ? Dans les rangs de la majorité, certains phosphorent : comment faire plus de place à la CFDT, sans retomber dans la « cogestion » ? Des mois plus tard, ce commentaire du député LREM Hugues Renson offre un drôle d'écho : « Les corps intermédiaires, ça ralentit quand ça va bien. Quand vous venez d'arriver au pouvoir et que vous êtes dans l'euphorie de la victoire, c'est désagréable d'avoir des types qui vous ralentissent et qui vous disent : "Il faut passer par ces chemins de l'ancien monde." Mais les corps intermédiaires, ça amortit quand ça va mal. » L'année 2018 touche alors à sa fin. Et le feu couve.

*

17 novembre 2018. Les « gilets jaunes » tiennent leur première journée de manifestation. Laurent Berger est à sept mille kilomètres de Paris, au congrès de la CFDT Martinique. Mais ni la distance ni le décalage horaire ne l'empêchent de suivre la situation minute par minute. Ou de tweeter. « J'appelle Emmanuel Macron et Édouard Philippe à réunir très rapidement les syndicats, les organisations patronales, les associations pour construire un pacte social de la conversion écologique. Justice sociale et écologie sont compatibles ! Il y a urgence », écrit-il. Le syndicaliste passe son samedi en congrès, une partie de la nuit et de la matinée de dimanche au téléphone avec des conseillers élyséens, Matignon. Philippe Grangeon pousse pour accepter la main tendue. Avec Alexis Kohler et les équipes de Matignon, ils se mettent d'accord. L'affaire est entendue. Ce soir-là, sur le plateau du 20 heures de France 2, interview qu'il prépare dans son bureau avec Gérald Darmanin, Benjamin Griveaux et Marc Fesneau, Édouard Philippe fera un geste envers Berger, tout en soulignant que ce ne peut être la seule réponse à apporter. Oui, mais voilà, à la surprise de tous, cela ne se passe pas tout à fait comme prévu. Le moment venu, le Premier ministre claque la porte au nez de la CFDT. Depuis la Martinique, Laurent Berger tombe des nues. Puisque c'est ainsi, autant prendre un masque, un tuba et aller nager. Lundi soir, son téléphone sonne. Au bout du fil, un Édouard Philippe, un peu contrit, lui fait savoir qu'il a été mal compris. « Ce n'était vraiment pas du tout l'intention, confirme Kohler. Il a eu une expression qui ne correspondait pas du tout au fond de sa pensée. » Pour le secrétaire général, la conférence sociale proposée par Berger ne convient « plus totalement aux attentes des Français qui ont besoin d'être davantage associés à l'élaboration

des grandes réformes ». « Les Français en ont assez d'être assis dans la salle à manger et d'attendre l'heure du repas, estime-t-il, s'offrant le secours d'une métaphore. Si vous trouvez un moyen de les emmener dans la cuisine, de les faire participer, de leur faire goûter les choses, je pense que cela répond en partie à la demande qui s'est exprimée ces derniers mois. » Pour la CFDT, la pilule est néanmoins dure à avaler.

« Ils ont théorisé le fait qu'il fallait profiter de cette crise des "gilets jaunes" pour sortir encore plus les syndicats du jeu », s'étrangle-t-on des semaines plus tard boulevard de la Villette. En réalité, le débat fait rage au sein de la majorité. « À ce moment-là, Berger est le centre de gravité de cet écosystème », assure un proche du président. Pour ou contre la main tendue ? « Cela devient un signe de reconnaissance », abonde Romain Goupil, du côté des « pour ». « Cela aurait tout changé », estime le réalisateur. En coulisses, les esprits s'échauffent. Un soutien de longue date du président va jusqu'à y voir un reniement de la promesse originelle du quinquennat : « Ce qui change, ce n'est pas le programme. C'est sa capacité à faire les dépassements qu'il avait promis. Une gouvernance plus horizontale, le nouveau personnel politique. Tous ces échecs-là sont patents. Ils en sont à dire : les corps intermédiaires, ils sont morts, il faut qu'on profite des "gilets jaunes" pour les détruire définitivement ! C'est terrible. Ils vont finir par mettre Laurent Berger dans les bras de Xavier Bertrand. » Visée par ces propos, une note rédigée par Stéphane Séjourné, conseiller parlementaire à l'Élysée, parti diriger la campagne pour les élections européennes.

« C'est plus fin que ça, se défend l'auteur. On nous accuse souvent à tort d'avoir laminé les corps intermédiaires. Mais il n'y aurait jamais eu l'élection d'Emmanuel Macron si les partis politiques et les syndicats n'avaient pas été dans un état de déliquescence avancé. Les syndicats ont toujours verrouillé leurs parts de marché, sans permettre l'émergence de nouveaux corps intermédiaires. Ce que je dis, c'est que, si on va très loin dans leur disparition, il faut en relégitimer d'autres. C'est-à-dire permettre l'émergence de nouveaux syndicats, ce qui suppose une réforme profonde des barrières à l'entrée, revoir les règles de représentativité… Je dis aussi qu'autour d'En marche ! pas mal d'associations se sont créées et gravitent. Par exemple, je pense qu'il y a la place pour un nouveau syndicat réformiste et progressiste dans le domaine de l'éducation. Est-ce que cela ne passe pas par favoriser financièrement certaines associations, quitte ensuite à faire un pas de côté ? Enfin, il faut prendre aussi en compte les causes du XXIe siècle, comme la cause animale, le véganisme. Pourquoi ne pas créer une fédération de jeunes agriculteurs, qui veulent bouger sur le glyphosate ? Je suis très favorable à une forte disruption. »

Des semaines durant, les « actes » des « gilets jaunes » se suivent et se ressemblent. Insaisissable, incontrôlable mouvement qui n'obéit à aucune règle établie. On se souvient alors de ces mots de Raymond Soubie, ex-conseiller social de Nicolas Sarkozy, en mars 2018 : « Sans opposition solide ni corps intermédiaires en mesure d'encadrer la contestation sociale, la situation devient difficilement maîtrisable. C'est cela, le risque. » Prémonitoire. Pour sortir de la crise, Emmanuel Macron privilégie une forme de démocratie directe, le « grand débat national ». Même méthode pour le lancement de la campagne européenne. Le président choisit l'adresse directe aux électeurs. Mais à l'échelle continentale, cette fois. Sa tribune est publiée dans toute la presse européenne, dans vingt-quatre langues, et est finalement mise en ligne sur Internet avec la possibilité pour chacun d'apporter son soutien. « On reprend la désintermédiation que l'on avait avec En Marche ! », applaudit un proche. Dès son lancement, un ministre, issu du PS, réfléchit toutefois déjà en ces termes : « Il faudra remettre les corps intermédiaires dans le processus d'une manière ou d'une autre. » Laurent Berger, lui, se tourne vers l'ex-ministre de la Transition écologique Nicolas Hulot. Avec dix-sept autres organisations, en mars 2019, ils lancent « un appel pour un pacte social et écologique ». Un véritable programme politique.

IV

ACCORDS ET DÉSACCORDS

14

Des bougies et des « gilets jaunes »

À peine le temps de boire une Corona, de saluer quelques invités. Une bise à l'un, une accolade à l'autre. Et Édouard Philippe claque la porte de chez lui. Les invités se pressent dans le salon de son appartement parisien, au cœur du 9e arrondissement. Mais il n'est passé qu'une heure. Cette année, son anniversaire se fêtera en son absence. Un convive raconte : « C'étaient des potes qui ont discuté entre eux, mais sans Édouard. » Le conseiller politique Gilles Boyer avait prévenu. « Dédé » – M. le Premier ministre – ne passerait peut-être même pas. La cinquantaine de proches, parmi lesquels les ministres Gérald Darmanin et Sébastien Lecornu, le député Thierry Solère ou encore le patron de Carrefour Alexandre Bompard, comprendront. Il est des moments où la fonction rattrape l'homme. Ce 1er décembre 2018, l'acte III du mouvement des « gilets jaunes » secoue Paris : 133 blessés dont 24 parmi les forces de l'ordre, 412 interpellations, 378 gardes à vue. Vitrines brisées, traces de brûlé. Les rues de la capitale portent les stigmates d'un samedi noir. L'Arc de triomphe est vandalisé. Faire la fête, souffler ses quarante-huit bougies paraît déplacé. La soirée est un peu plombée. Comme deux ans auparavant, lorsqu'il avait fallu trinquer au lendemain de la déroute du mentor Alain Juppé à la primaire de la droite.

Depuis le matin, la tension est allée crescendo. La journée démarre au Pavillon Baltard. Par crainte des manifestations, le lieu a été tenu secret jusqu'à la toute dernière minute ; ce quartier de Nogent-sur-Marne (Val-de-Marne) est bouclé, en état de siège. Dans une salle sans fenêtre, abrités de la pluie et privés de vue sur le monde extérieur, les Marcheurs se choisissent un nouveau chef de file. Une bonne partie de l'état-major élyséen est là. Stéphane Séjourné, en poste d'observation depuis le fond de la salle. Le conseiller politique du président en est encore à s'interroger. « Il faut savoir à quoi on a affaire. C'est un mouvement politique ou c'est un mouvement social ? Il faudra répondre assez rapidement au sentiment d'injustice. Les émeutes pour des pots de Nutella, ça m'avait choqué. Ce sont des petits événements d'alerte qui se sont multipliés. Faut-il accélérer sur certaines mesures, apporter de nouvelles réponses ? » Ismaël Emelien et Cédric O sont en coulisses pour soutenir leur ami Stanislas Guerini qui s'apprête à prendre la tête du parti. Des petites mains, pour aider dans la salle. Édouard Philippe, lui, ne passera pas. La nouvelle tombe en milieu de matinée. Certains députés sont si loin d'imaginer quel feu est en train de couver qu'ils trouvent là une nouvelle raison de pester. Non content de ne pas adhérer à En Marche !, le Premier ministre ne daigne même pas se déplacer. Décidément, il est grand temps qu'il lève l'ambiguïté. Oui, mais voilà. À quelques kilomètres de là, l'étincelle prend. Et se propage vite, très vite.

De l'Opéra à la prestigieuse avenue Foch, de Rivoli à la Madeleine, des véhicules et restaurants sont incendiés, des magasins saccagés et pillés. Les forces de l'ordre et de secours sont prises à partie. Déjà, et avant que la scène ne se répète violemment le 5 janvier avec les coups de boutoir d'un Fenwick contre la porte du 101, rue de Grenelle, le ministère que partagent Benjamin Griveaux et Marc Fesneau subit une première intrusion de « gilets jaunes », passée sous silence. Emmanuel Macron est en Argentine pour le G20. Édouard Philippe se retrouve en première ligne. Il faut des images, montrer que l'État est là. Le matin à la préfecture de police de Paris, le soir à la caserne Bessières (17e). Inimaginable, alors, d'aller s'enfermer dans l'entre-soi du Pavillon Baltard. Ce raout LREM paraît si déconnecté de l'instant. « C'était terrible pour moi », se souvient Philippe Grangeon, qui passe le flambeau à Guerini. À la tribune, cet intime du président délivre son message. Les « gilets jaunes », « c'est aussi l'expression d'un appel à l'aide et nous devons y répondre, pas par de la compassion, mais par de la considération ». De la considération… Et si l'exécutif en avait manqué ? Ce week-end est un tournant. « Je ne sais pas comment ils vont s'en sortir », souffle le communicant Robert Zarader, venu en ami.

Lorsqu'il rentre de Buenos Aires, le dimanche matin, le président ne peut que constater les dégâts. Et le degré de haine à son endroit. Le tag « Macron démission » a promptement été effacé de la façade de l'Arc de triomphe, juste avant son arrivée. Mais les sifflets sur son passage sont là pour le lui signifier. Il convoque une réunion de crise à la mi-journée, à l'Élysée. Comment la situation a-t-elle pu à ce point déraper ? Le ministre de l'Intérieur, Christophe Castaner, propose sa démission. « Si tu penses qu'il y a une utilité à ce que je saute, je saute. » Rejeté.

Un refrain, en revanche, continue de prospérer. Cela fait un moment qu'il est fredonné. Il faut être moins rigoriste, moins inflexible, moins droit dans ses bottes. Moins « juppéiste », en somme. Et puis, il faut cesser de « se planquer ». Depuis que le président a passé une semaine à portée de baffes – et il en a reçu ! – sur les routes de l'est et du nord de la France lors de son itinérance mémorielle, du Palais-Bourbon au siège du parti, la défiance envers Édouard Philippe se fait entendre à bas bruit. Le mardi matin, les réunions de groupe qui se tiennent au 101, rue de l'Université, sont plus souvent qu'avant le théâtre d'accès de tension. Un député, exaspéré : « Est-ce que vous avez vu en quinze mois le Premier ministre à un péage ? Se faire chahuter sur le terrain ? Jamais, jamais ! Quand vous êtes Premier ministre, en France, vous êtes un exécutant et un fusible. Alors, c'est une mission sacrificielle, mais il faut l'endosser ! » En cette fin d'année 2018, Philippe, nommé à la surprise générale et par la grâce de Macron à Matignon en mai 2017, est dans le viseur de certains Marcheurs. Lorsqu'on est invité à une fête, on se fond dans le thème de la soirée. Et on prend soin de la vaisselle.

*

Lorsqu'ils arrivent au 22, rue des Volontaires, Édouard Philippe et Thierry Solère éclatent de rire. Ils pensaient transiter incognito, dans l'anonymat du résidentiel 15e arrondissement de Paris. Les voilà devant le siège de l'UDI ! Solère avait donné l'adresse au hasard. On dirait du *OSS 117*. Quel flair ! Par chance, le véhicule envoyé par En Marche ! est à l'heure. Les deux compères s'engouffrent à l'arrière. Il s'agit de se faire discret, très discret. Au volant,

Alexandre Benalla, déjà lui. On imagine le plaisir qu'il doit prendre à mener à bien cette délicate mission, entourée du plus grand secret, lorsqu'il emprunte la rue de Vaugirard pour rejoindre en quelques minutes le 99, rue de l'Abbé-Groult. Il avait un temps été envisagé d'organiser la rencontre à l'abri d'un cabinet d'avocats. Mais Macron est poursuivi par les caméras. Les journalistes font le pied de grue devant le QG.

Le véhicule s'engouffre dans le bâtiment par la rampe du parking. De là, un ascenseur – « l'ascenseur secret », plaisantent les équipes – conduit directement, et sans s'arrêter, au 6e étage du QG. À quelques mètres seulement du bureau d'Emmanuel Macron. Idéal, pour ne pas être vu. C'est par là que Dominique Strauss-Kahn est passé, il y a plusieurs semaines de cela, lorsqu'il est venu s'entretenir avec le candidat. Comme en mission, Alexandre Benalla prend d'infinies précautions. Il sort le premier de l'ascenseur. « Ne bougez pas ! » Il ferme les portes. Voilà, personne ne les verra.

En réalité, il s'agit là de la deuxième étape du parcours initiatique d'Édouard Philippe en Macronie. Comme chaque fois qu'il recrute, Emmanuel Macron confie à ses proches le soin de se charger du premier entretien. Un dîner, secret, s'est tenu trois semaines plus tôt, sans Macron, chez un particulier dont les invités refusent toujours de dévoiler le nom. Alexis Kohler, Philippe Grangeon et Stéphane Séjourné d'un côté ; Édouard Philippe, Thierry Solère et Bruno Le Maire de l'autre. Un rendez-vous pour « essayer de se comprendre », *dixit* Solère. Kohler et Philippe, eux, se connaissent depuis un moment. Ils ont sympathisé vingt-sept ans plus tôt, lorsque Philippe, un an plus âgé, officiait comme assistant d'un maître de conférences à Sciences Po. Ils se sont ensuite fréquentés au sein d'un club rocardien. Ce club amical, dont les membres ne sont guère nombreux, est un lieu de réflexion plus que de militantisme. On « produit de l'idée », on ne distribue pas des tracts. Puis, ils se sont croisés épisodiquement au cours de leur carrière, que ce soit furtivement au conseil d'administration du port du Havre ou à l'Assemblée. Ce lien n'est pas rien. Il permet d'amortir « le choc culturel de compréhension », comme dit un participant. Des mois plus tard, un pilier de la majorité va plus loin encore : « En réalité, c'est Alexis Kohler qui l'a nommé. Alexis Kohler a inventé Édouard Philippe. Macron ne l'avait jamais rencontré. Et dans Paris, personne n'a jamais pensé qu'il pouvait être nommé à Matignon, même si son candidat était élu. » On n'y est pas encore. Pour l'heure, les macronistes prennent la température. Après avoir fait son nid à gauche, le coucou Macron cherche à gagner de l'espace sur sa droite dans la perspective des élections législatives.

Le 24 avril 2017, au lendemain du premier tour de l'élection présidentielle, lorsqu'il reçoit Édouard Philippe dans son vaste bureau du QG, Macron fait vibrer la corde du sens de l'État. Ce qui donne, en substance : « Venez m'aider, vous avez vu l'état du pays ? 43 % des gens ont voté pour Le Pen et Mélenchon. On est criblés de dette. Il y a une forme de fracture morale, aussi. Venez mettre votre énergie dans la reconstruction du pays plutôt que dans celle de partis usés jusqu'à la corde. » Le message fait mouche. Mais le maire du Havre n'est pas au bout de ses auditions. Le voilà qui se retrouve à dîner, seul, face aux grognards. Autour de la table, Richard Ferrand, Gérard Collomb, Alexis Kohler, entre autres. Et il doit attendre le jour de sa nomination, à l'heure du déjeuner, qu'il prend avec le président, pour que soit clairement évoquée, et proposée donc, son installation à Matignon. Un mois plus tôt, Édouard Philippe se voyait partir dans le privé, tantôt en imaginant créer sa boîte, tantôt en s'associant dans un cabinet d'avocats. Il n'arrive pas seul. Trois autres ralliés de la droite intègrent le gouvernement : Gérald Darmanin, Sébastien Lecornu et Bruno Le Maire. Pas Thierry Solère. Une enquête préliminaire vise l'élu des Hauts-de-Seine. Il rejoint toutefois le groupe LREM à l'Assemblée. La famille macronienne s'agrandit.

Mais où donc caser ces cousins de droite dans le plan de table ? « Il y a l'expression "pièces rapportées" qui pourrait s'appliquer si elle n'était pas connotée négativement », tente Gilles Boyer. « Dans une famille, Édouard, c'est un peu le gendre. » Un gendre idéal ? « C'est à la mariée d'en juger... » En tout cas, on ne le prendra pas en flagrant délit d'infidélité. Philippe le martèle à qui veut l'entendre : « Personne, jamais, ne mettra le début du commencement d'une feuille de papier à cigarette entre le président de la République et le Premier ministre. » « Après, est-ce qu'ils sont d'accord sur tout ? Non, affirme un proche. Mais est-ce qu'il y a une règle du jeu claire ? Oui. La légitimité, il n'y a que Macron qui l'a. Édouard n'était même plus député quand Macron est venu le chercher. » Très clair, en effet.

Depuis sa nomination à Matignon, pas un mot de travers envers Macron. Pas même une expression de visage, malgré la gouvernance parfois vexatoire du Palais. Car c'est cela aussi être « juppéiste ». « Droit dans ses bottes », mais pas que. « On se reconnaît sur la rectitude et la loyauté, c'est ça qui nous anime », vante la députée Marie Guévenoux. Un familier de ce cercle ajoute : « Il faut voir ce qui lui est arrivé avant. Dans la bande à Édouard, après le Trocadéro, ils se sont dit que la politique, c'était fini pour eux. Ils étaient de droite, jeunes, ils se sont dit qu'ils allaient faire autre chose. Et là, Emmanuel Macron les sort de l'eau et les fait monter au paradis. Ils ont établi une doctrine selon laquelle ils ne doivent leur survie qu'à Macron. Ils ont mis les deux genoux à terre face à lui. »

Des bonbons ou barres chocolatées, son sabre d'officier d'artillerie posé sur le bureau de Léon Blum, des photos de boxeurs et autres souvenirs du Havre, et quelquefois des airs de rock. À Matignon, Philippe a posé son empreinte singulière. Avec sa garde rapprochée, il fonctionne en carré, jamais à plus d'une porte d'écart : Édouard Philippe, entouré de son directeur de cabinet Benoît Ribadeau-Dumas, de Gilles Boyer et du conseiller communication Charles Hufnagel. Entre eux, dix à vingt ans d'amitié. Ribadeau-Dumas était le major de la promotion de Philippe à l'ENA – Marc-Bloch, un historien qu'il cite à tout-va. Avec Boyer, Philippe a coécrit deux romans. Même amour des mots, même humour corrosif. Quant à Hufnagel, il a fait sa connaissance chez Areva en 2007. Leur devise : « Être sérieux, sans se prendre au sérieux. » Avec le poids écrasant de la fonction en plus pour Philippe. Lui qui a si longtemps dégagé cette impression de facilité, voire de dilettantisme chic, amateur de paintball, musicien contrarié observant le monde avec une forme de distance et de fausse décontraction du haut de son mètre quatre-vingt-dix. « On le voyait arriver en réunion de campagne de Juppé, généralement un peu en retard, faisant une blague, disant :

"Chef, j'ai une idée." C'était limpide, le truc faisait mouche, Juppé était content, se souvient un témoin de l'époque. Quand il a été nommé Premier ministre, ceux qui le connaissent se demandaient comment il allait imprimer, gérer le truc, se mettre dans le costume. À mon avis, devenir Premier ministre, ça lui a fait produire des efforts qu'il n'aurait pas produits autrement. » Il est désormais attendu au front par tous temps. Dans le dur.

Une fois par mois, parfois au débotté, Solère, Lecornu, Darmanin poussent la porte de Matignon pour un dîner convivial. Ou après un dîner en ville, une longue journée de parapheurs, on se retrouve aussi chez Solère, pour un dernier verre. L'occasion de passer en revue une énième fois les histoires de la primaire, quand chacun défendait « son loustic » : Bruno Le Maire pour Lecornu, Nicolas Sarkozy pour Darmanin, Alain Juppé pour Philippe, et Solère en juge de paix, comme grand organisateur. « Cette primaire qui a été longue et rude ne nous a jamais séparés. Elle nous a même aidés à apaiser des choses qui auraient pu s'envenimer entre les candidats », souligne Boyer. Désormais ensemble au pouvoir, ils s'échangent des messages sur WhatsApp *via* une petite boucle qui permet « de garder contact sur l'essentiel ». « On passe moins de temps ensemble, mais c'est toujours du temps de qualité. Et dans les moments de choix ou de questionnements, on sait toujours se retrouver », insiste Boyer. Un truc de vieux copains.

3 septembre 2005, université d'été de l'UMP à La Baule. Dominique de Villepin sort torse ruisselant de l'eau. Sur la terrasse, Nicolas Sarkozy et les caméras s'impatientent. Leur petit déjeuner a déjà

pris une demi-heure de retard. Leur rivalité est à son apogée. La grande histoire retient que, ce même jour, le président Chirac est hospitalisé pour un AVC. Et la petite histoire dit que deux militants, Gérald Darmanin et Sébastien Lecornu, à peine 20 ans, font connaissance alors que dans la salle la juppéiste Marie Guévenoux est débarquée de la présidence des Jeunes Populaires. Qui auraient dit que, douze ans plus tard, ils échangeraient des clins d'œil en Conseil des ministres ? Et seraient devenus inséparables, y compris sur les temps de vacances, passés en Corse ou en Italie ? Quand Lecornu cherche un appartement de fonction, il prend naturellement ses quartiers à Bercy, près de Darmanin. Tout le temps ensemble, on vous dit.

Darmanin séduit par son côté « chien fou », « à canaliser ». Par sa repartie, y compris envers ses anciens collègues de la droite. Sa cote s'envole en Macronie. « Ici, il y a une prime à la blague. Celui qui va raconter la meilleure blague a une surprime. Or Darmanin est un clown, comme vous ne l'imaginez peut-être pas », sourit un membre du cercle. Lecornu, lui, c'est le « sénateur », qui assume de faire de la politique à l'ancienne, soigne ses réseaux, a ingurgité toute la carte électorale, spécialisation DOM-TOM. Début 2019, il est bombardé « Monsieur Loyal » du « grand débat ». Une sacrée promotion. « On dirait qu'il a quarante-cinq ans de mandats », s'amuse Solère. Avec Philippe, c'est concours d'imitations entre la poire et le fromage…

De l'extérieur, la solidité des liens impressionne. « Darmanin, Lecornu, Philippe, ils mettent tout sur le tapis l'un pour les autres… Aux questions au gouvernement, quand l'un parle, les deux autres sont dans un profond rapport d'amitié. C'est beau », souffle un ministre. « Il n'y a jamais d'histoires, c'est très franc, très simple », résume Solère. Le Maire, lui, est plus en retrait. Solitaire, égocentré, diront certains. « Bruno, il a un côté très "ma gueule". Il joue pour lui. C'est un mec bien, il a des valeurs. Après, il a un melon énorme », ironise, avec une forme de tendresse, un membre de la bande.

Chef du gouvernement, Philippe veille à ne pas donner l'impression d'entretenir un seul clan. Il a bien conscience que cela lui serait reproché. « On n'est pas un cercle fermé. Ce n'est pas un État dans l'État », démine un proche, avec grand soin. Dès le début du quinquennat, il apprécie l'accueil chaleureux de Christophe Castaner, avec lequel il s'échappe parfois boire un verre. Mais il ne trouve pas la bonne fréquence avec Gérard Collomb. Il faut dire que, rétif à son autorité, le baron lyonnais estime ne pas avoir à s'en laisser conter. Il essuie aussi régulièrement les tirs de barrage d'une minorité remuante de députés. Ou de François Bayrou qui, depuis le Béarn ou la rue de l'Université, fait volontiers valoir ses divergences avec les orientations prises à Matignon. Non sans arrière-pensée. C'est que le maire de Pau s'y serait lui-même bien vu, à Matignon. Et n'oublie pas qu'un jour la place d'Édouard Philippe se libérera.

Il en va des crises politiques comme des dîners de famille qui tournent mal. Même à l'ère du grand dépassement. Dans les turbulences de la crise des « gilets jaunes », une partie de la Macronie historique, issue de la gauche, trouve bien vite ses coupables. L'axe (on n'ose écrire du mal) Matignon-Bercy. La droite en somme, obsédée par les déficits. Technos froids et hors-sol, sourds à la souffrance du peuple, incapables de reculer par peur de se dédire. Ainsi les dépeint-on. Les frontières ressurgissent. Les rancœurs aussi. Comme cette baisse de 5 euros d'APL imaginée par Gérald Darmanin au cœur de l'été 2017. Ou, au même moment, ce coup de rabot de 300 millions d'euros dans les dotations qui douche les collectivités à quelques jours de la rentrée. Et à l'approche des élections sénatoriales s'étrangle un ministre ! Sans parler de la limitation de la vitesse à 80 km/h, mesure portée par Édouard Philippe seul, contre laquelle les campagnes n'ont toujours pas fini de gronder. « Ce n'est pas la méthode En Marche ! », peste un ministre. Les cousins de droite n'ont pas tous les codes. Et on le leur fait sentir. « Je pense que depuis le début, il y a parmi les députés de la majorité une méfiance qui s'explique par le fait qu'Édouard vient des Républicains, n'a pas fait la campagne et n'a pas adhéré à En Marche !, souligne le maire de Toulouse, Jean-Luc Moudenc. Ils pensent : "Au fond, il n'est pas des nôtres. S'il est là, c'est un peu grâce à nous." Il entend, ça ne lui fait pas plaisir, mais ce n'est pas un type à commentaires, il est très pudique, très dans la retenue. Il veut que ça marche et à partir de là il sait que son intérêt, ce n'est pas d'attiser les rancunes. » En boxeur, Philippe encaisse. Mais sans pouvoir rendre les coups.

*

4 décembre, fin de journée. Assemblée nationale, Le Puy-en-Velay, Sarthe. L'exécutif cherche sa porte de sortie. Partie de colin-maillard dans un labyrinthe.

16 h 15. Édouard Philippe quitte le Palais-Bourbon. En remontant la rue de Bourgogne dans son van noir aux vitres teintées, il espère avoir éteint l'incendie. Après plusieurs jours de bras de fer, le Premier

ministre a cédé. Devant les députés LREM le matin, dans une allocution télévisée à midi, puis lors de la séance de questions au gouvernement, il a dessiné une sortie de crise : un gel du tarif du gaz et de l'électricité, mais surtout un moratoire de six mois sur la hausse de la taxe sur les carburants, le détonateur de la crise. Des mesures censées « ramener l'apaisement et la sérénité dans le pays ». Sur le trottoir de la rue de l'Université, à la sortie de la réunion de groupe, plusieurs députés tendance aile gauche ne cachent pas leur soulagement. L'un d'eux : « Ça a dû lui demander un effort... »

Le Premier ministre a tout fait pour repousser l'échéance de cette reculade. Une semaine auparavant, Macron, conseillé par Grangeon et Bayrou notamment, s'apprêtait à décréter lui-même la suspension de la hausse des taxes. Mais le passage en question a mystérieusement disparu à la dernière minute. Rayé du discours au dernier moment ! Un coup de crayon passé sous l'influence de Matignon (d'Alexis Kohler aussi, râlent certains), souffle la Macronie, qui se désespère du temps perdu. « C'est une immense défaite des socio-démocrates contre Bercy. C'est biffé le matin. C'est une erreur politique », tempête le réalisateur Romain Goupil. Parmi les soutiens historiques du président, le vent de fronde contre les technos, Matignon, Bercy, souffle de plus belle. Depuis son bureau au ministère du Travail, le délégué interministériel Patrick Toulmet soupire : « On a oublié une catégorie de Français, les plus pauvres. On ne s'est pas occupés d'eux, et ce n'est pas que dû à Macron. Parler et dialoguer, ça marche toujours. C'est l'inverse de ce qu'on a fait avec les "gilets jaunes". À un moment on les a méprisés ces gens-là, cette base. »

« Démission ! » « Ça va vous coûter cher, les gars ! » « Il est venu en plus, ce fils de p... ! » Nuit tombée, le cortège du président est pourchassé par une poignée de manifestants au Puy-en-Velay. Ils s'approchent de la voiture du chef de l'État, vocifèrent. Certains insultent son épouse, Brigitte, devenue une cible sur les réseaux sociaux. D'autres crachent sur le cortège. La tension est maximale. Les services de sécurité auraient même pensé à dégainer, murmure un proche du président. En remontant sa vitre, le chef de l'État saisit un « Crève ! » qui le glace. Trois jours avant, la préfecture du fief de Laurent Wauquiez a été incendiée par des « gilets jaunes ». Des agents pris au piège à l'intérieur ont cru leur dernière heure arrivée. « Vous allez griller comme des poulets », crie-t-on. Le chef de l'État venu constater les dégâts, apporter son soutien, repart marqué, choqué. Un intime en parle comme d'un « moment de douleur ». « Il était haï car les gens ont cru qu'il les avait manipulés », analyse le même. Il n'y a plus le choix, il faut mettre davantage sur la table. Le lendemain, devant un Richard Ferrand inquiet de ce déferlement, il tente de philosopher : « Quand il y a de la haine, c'est qu'il y a de l'amour. C'est la même énergie. Le pire, c'est l'indifférence. »

Au même moment, Marlène Schiappa est aussi sur la route, direction « un hangar non chauffé dans la Sarthe », sa terre d'élection. La médiatique secrétaire d'État à l'Égalité femmes-hommes, coutumière des coups d'éclat et expressions iconoclastes, le rôle dans lequel cette féministe de gauche s'est fait remarquer depuis la campagne, s'apprête à participer à un débat sur France 3 face à des « gilets jaunes ». Les défections de ses collègues du gouvernement tombent les unes après les autres. Elle s'agace de voir la Macronie

« statufiée ». Et décide de se faire entendre. À l'arrière de la voiture, elle décroche son téléphone. Au bout du fil, Sylvain Fort, le conseiller communication du président, qu'elle tient à prévenir : « Je pense que je vais aller un peu loin dans la disruption. » Et cela concerne l'un des totems du quinquennat. Elle se fend aussi d'un petit texto au chef de l'État. « OK, vu. »

Devant les caméras, elle assume : « Le gouvernement a été trop techno et trop long à répondre à la crise. » Vous avez dit « disruption » ? Elle propose de rétablir l'impôt sur la fortune (ISF), dont la suppression a cristallisé les rancœurs des « gilets jaunes », si la mesure ne porte pas ses fruits. Dans la nuit, elle multiplie les échanges sur Telegram, notamment avec le porte-parole du gouvernement, Benjamin Griveaux. Le voilà qui rappelle, à son tour, dans une matinale que la suppression de l'ISF sera évaluée. Mais ce n'est pas tout. Clou de cette opération éclair, Schiappa diffuse dans la foulée un communiqué de presse lunaire dans lequel elle se félicite d'avoir été entendue. Illusion d'une inflexion. « On envoie ainsi un signal aux gens pour leur dire qu'il y a un débat au sein du gouvernement », se félicite la secrétaire d'État, *a posteriori*. Quand bien même, à l'heure où nous écrivons ces lignes, le président campe toujours sur sa réforme. Démontrer que la ligne du Premier ministre n'est pas forcément la seule à s'exprimer publiquement vaut bien de sortir de son champ.

5 décembre. Le gouvernement recule encore. Mais dans la cacophonie. Il est 15 heures. Édouard Philippe fait savoir, devant les députés, que la hausse de la taxe sur les carburants n'est pas simplement suspendue pour six mois. Elle ne figurera pas dans le budget

2019. Mais il ouvre, dans le même temps, la porte à un possible retour de cette hausse au printemps, en cas d'accord à l'issue du « grand débat national » promis par Macron. Pas clair, pas tranchant, estime-t-on au sommet. Alambiqué, pourrait-on ajouter. Alors, sans ménagement, l'Élysée reprend la main. Il y a urgence. Au diable les usages. Les conseillers du président décrochent leurs téléphones. De l'autre côté du combiné, des journalistes. « Vous avez bien compris que la hausse de la taxe est “annulée” ? » Point.

Il est 20 heures. Édouard Philippe revient dans l'hémicycle de l'Assemblée. À la tribune, il ne fait plus mention d'un quelconque rectificatif au printemps. Sur BFMTV, le ministre François de Rugy fait aussi passer le message : « Comme ça, il n'y a pas d'entourloupe », dit-il. Pour le Premier ministre, c'est un camouflet. « Tout le monde se prend la violence du truc en pleine poire, tout le monde est crevé. Et ça donne forcément des conneries. Matignon est sous l'eau en ce moment », s'inquiète un conseiller de l'exécutif. Et l'on songe à ce commentaire d'Édouard Philippe, goguenard, capté dans le documentaire *Édouard, mon pote de droite*, à la vue de Manuel Valls, dix-huit mois après sa prise de fonctions à Matignon : « Manolo, il est de plus en plus marqué. Cela doit être dur d'être Premier ministre. Regarde ici, sa peau. Il est crevé. Il est cuit. »

*

Dimanche 9 décembre à l'Élysée. Cette fois, le président fait sonner sa garde rapprochée. Dans vingt-quatre heures, il doit s'exprimer, frapper fort et juste pour sortir de la crise. Les réunions s'enchaînent, avec Richard Ferrand, Philippe Grangeon, Jean-Marc

Borello, Jean-Paul Delevoye ou encore François Bayrou, par téléphone depuis Pau. Soit quelques années d'expérience réunies autour de la table. Et que des conciliateurs. Alexis Kohler et Ismaël Emelien complètent le tableau. La décision va se former autour de ce noyau dur. Pas ailleurs.

Pour certains d'entre eux, la tentation du « Je vous l'avais bien dit » serait aussi facile que déplacée, au vu de la situation. Richard Ferrand n'avait-il pas prévenu, trois jours après le premier samedi de manifestations, que ces « gilets jaunes » ressemblaient fortement aux « bonnets rouges » bretons de l'automne 2013, qui avaient fini par obtenir la suspension de l'écotaxe ? Un autre Breton, l'expérimenté ministre des Affaires étrangères Jean-Yves Le Drian, d'ordinaire si discret en Macronie, n'avait-il pas exhorté, dès le 19 novembre, à prendre en compte « la souffrance qu'il faut entendre, comprendre et respecter » ? Un avertissement précoce de ce vieux routier de la politique, que Macron a ultracourtisé pendant la campagne. Et auquel il accorde depuis toutes les exceptions, y compris celle de rester président de sa région, sans pour autant partager tant d'intimité que cela. S'il avait été entendu… Alors, ce 9 décembre, à la radio, Le Drian sort cette fois plus fort pour demander au président « un nouveau contrat social ». Et cela vaut alerte. Car il en faut, pour que le menhir sorte de son habituelle réserve. Comme chaque fois qu'une crise éclate ils ont tant traîné. Trop traîné. Et pourtant… Un mois plus tôt, le 8 novembre 2018, un signe, parmi de nombreux autres, aurait dû alerter tout le monde, et au premier chef le président. Emmanuel Macron, en pleine « itinérance mémorielle » sur les routes de l'est et du nord de la France, visite l'usine Renault près de Maubeuge

(Nord), lorsqu'un syndicaliste, Samuel Beauvois, l'alpague : « M. Macron, vous n'êtes pas le bienvenu. » Le président et l'ouvrier échangent ensuite en aparté. Beauvois prévient : le 17 novembre 2018, les salariés pourraient bien vouloir grogner. Et repart avec cette sensation : « Il avait l'air de prendre ça à la légère. » C'est le premier acte programmé de la mobilisation des « gilets jaunes », dont il était question. « Il y a toujours un temps de suspension pour analyser les choses. Vingt-quatre heures, quarante-huit heures... Il y a toujours un petit effet de sidération. Pour toutes les crises, au début, vous n'avez jamais de sons, jamais d'images de l'Élysée, parce que le président ne donne pas de ligne à tenir. Et après, les choses repartent. C'est un diesel. On les paie très cher ces moments-là », se désole un très proche d'Emmanuel Macron. Alors, ce 9 décembre, Jean-Yves Le Drian juge qu'il est temps de les secouer.

« C'est l'histoire de l'incendie dans la savane : première minute, un seau d'eau suffit. Deuxième minute, deux seaux d'eau. Troisième minute, un Canadair », théorise un grognard. « Il y avait ceux qui disaient : "On ne cède rien" ; et ceux qui disaient : "Il y a un conflit, il faut faire un chèque et ensuite on ouvre les négos, c'est comme ça la vie", résume un autre. « Les "gilets jaunes", ça n'a pas été vu pendant trois semaines. C'est comme si survenait une révolte de l'ancien monde au sein du nouveau monde, que l'on avait intellectuellement ordonné. Et ça, ce n'était pas prévu. C'est bien la preuve qu'il n'y avait ni ancien ni nouveau monde. Il y a le monde, c'est tout », tranche l'avocat Jean-Pierre Mignard, un autre proche du président.

À l'approche de sa prise de parole, l'allocution la plus attendue de son quinquennat, Emmanuel Macron ferme les écoutilles. Alors que lui-même consulte à tout-va, des textos par centaines lui parviennent, un vrai concours Lépine de la mesure à prendre. « Franchement, je pense que ça a été un enfer. Même moi, j'ai eu quinze copains qui m'ont envoyé des textos pour me dire ce qu'il fallait faire », s'amuse Adrien Taquet. « C'était une immense bataille, avance le réalisateur Romain Goupil, qui a lui-même, avec son ami Daniel Cohn-Bendit, envoyé ses recommandations. Macron, en ayant marre de tout ce bordel, n'a plus répondu pendant deux jours avant son discours. » Comme toujours, l'accouchement du texte est douloureux. « On aurait pu écrire un roman, tellement c'était nourri », souffle l'un des happy few. Des éléments apparaissent, disparaissent et reviennent, au gré des versions. Et des inspirations du président.

Mains posées à plat sur son bureau bien rangé, regard rivé au prompteur qui défile. Emmanuel Macron a treize minutes pour convaincre. Solennel. Vingt-trois millions de Français l'écoutent. Une audience rare pour une situation exceptionnelle. En ce lundi 10 décembre, à 20 heures, Macron a enfilé le costume de Red Adair, un pompier américain que Richard Ferrand aime invoquer, capable d'éteindre des incendies dans les puits de pétrole avec le souffle d'une bombe.

Jusqu'à la toute dernière minute, quasiment personne n'est au courant de ce qui a fini par trouver sa place dans la version finale. Le Premier ministre est averti dans les grandes lignes. Même les éminences doivent attendre le prononcé. Deux ministres l'apprennent à leurs dépens. Plus tôt, Bruno Le Maire (Économie) a écarté publiquement toute possibilité de revenir sur l'augmentation de la CSG pour les retraités. Quant à la ministre du Travail, Muriel Pénicaud, elle a balayé tout coup de pouce au smic. Ils ne savaient pas qu'au même moment Emmanuel Macron inscrivait ces deux mesures dans son discours. Cette fois, le président veut être très clair, compris de tous. Que l'on cesse avec le langage techno. Quitte à mettre ses ministres au pied du mur. « Il a fait ses annonces à l'intuition. Il fallait qu'on comprenne ce qu'il allait dire. Il a donné les orientations, et c'est au gouvernement de mettre en musique. On ne s'est pas basés sur des notes de ministères. C'est une intervention très politique », décrypte un de ses conseillers. Enfin, l'exécutif lâche du lest. Un député, aile gauche, jubile : « C'est notre ligne politique qui gagne, celle qui a conduit Macron au pouvoir. » Et tant pis pour les cousins de Matignon et Bercy.

★

22 janvier 2019. Nuit tombée. Dans les salons de la Place Beauvau, le dessert est servi dans une atmosphère électrique. Douceur dans l'assiette, acidité et amertume dans l'air. Depuis le début du dîner, Christophe Castaner s'efforce de convaincre les députés LREM de la Commission des lois du bien-fondé de la proposition de loi anticasseurs, annoncée le 7 janvier par Édouard Philippe. Oui, c'est une réponse efficace aux débordements constatés en marge des manifestations des « gilets jaunes », répète-t-il. Les parlementaires doivent commencer à en débattre le lendemain en Commission et le moins que l'on puisse dire, c'est qu'ils ne sont guère convaincus. Ils taillent en pièces l'article 1er, qui vise à instaurer des périmètres de sécurité autour des lieux de manifestation. Liberticide, inapplicable et, au fond, sans intérêt, à

leurs yeux. Castaner insiste : « C'est une volonté du Premier ministre. » Coup d'intox ? Il embraye, en substance : « Si vous revoyez la copie, vous l'affaiblirez. C'est le seul apport qu'il ait proposé dans la séquence. Le Premier ministre a soutenu cela parce qu'il y a une question d'union nationale, de dépasser les clivages, il l'a annoncé à la télé, on ne va pas le mettre en difficulté là-dessus. » Ou encore : « Il faut qu'on dise aux forces de l'ordre qui sont en train de craquer sur le terrain : "On est derrière vous." » L'ambiance se tend encore. La présidente de la Commission des lois, Yaël Braun-Pivet, s'emporte, quitte la table, puis revient. Un préfet débarque en cours de discussions avec une proposition de rédaction de l'article 1er qui ne satisfait personne. Le lendemain, et malgré la pression « soviétique » du président du groupe, Gilles Le Gendre, l'article 1er est supprimé par les députés. Aurélien Taché fait toutefois publiquement savoir qu'il ne la votera pas. L'avocat et écrivain François Sureau sort, lui, le canon : « Véritable contrôle administratif du droit de manifester » ; « fort courant hostile aux libertés » ; « les digues ont sauté » ; « tout est désormais possible », tonne-t-il dans *Le Monde*. Est-il entendu ? Certains murmurent que ses propos réveillent la majorité.

5 février 2019. Pour la première fois, un pan significatif du groupe LREM se désolidarise de la ligne du gouvernement. Cinquante abstentions, du jamais-vu ! Même cinquante et une si l'on prend en compte la mise au point après le vote de Cédric Villani qui assure avoir voulu « s'abstenir volontairement ». Sans compter ceux qui ont dit « oui » à reculons. « J'ai voté "pour" pour ne pas mettre en difficulté le gouvernement. Mais sur le fond j'ai toutes les réserves du monde », nous confie un député LREM. Certes, pas

de quoi remettre en cause l'adoption de la proposition de loi anticasseurs, qui a en plus fait le plein à droite. Mais flotte un air d'émancipation dans la majorité. Et un petit parfum de revanche pour l'aile gauche qui a bravé ce texte « dramatiquement bête », *dixit* Daniel Cohn-Bendit. Un autre proche du chef de l'État, estomaqué : « Le manque de sang-froid et de réflexion m'effare. Tout ça parce que Benjamin Griveaux a dû fuir par le jardin. » Mi-mars 2019, Emmanuel Macron finit par annoncer son intention de saisir le Conseil constitutionnel, façon de cajoler sa majorité à la veille de l'adoption définitive du texte. « La gauche est maltraitée au sein de la majorité, assure l'avocat Jean-Pierre Mignard. Elle a été oubliée, négligée. C'est une vraie question. Soit on dit que la gauche est un archaïsme, c'était utile pour être élu, mais on n'en a plus besoin après. Bonne chance à ceux qui tiendront un raisonnement pareil ! Soit on tient compte de ce qu'elle apporte. » Comme un avertissement.

15

La nuit des investitures

Les invités arrivent au compte-gouttes, un à un ou par petites grappes, prennent place derrière les cordons de velours rouge, sous les lustres de la salle des fêtes de l'Élysée. D'un côté, les vénérables et importants de la République, officiels, corps constitués. De l'autre, famille, amis, collaborateurs, élus, un camp, soudé par la victoire, euphorique, venu assister au sacre de son champion. Ce matin du 14 mai 2017, Emmanuel Macron est officiellement investi président de la République. En l'attendant, on plaisante, on papote. On parle des caprices du ciel. On s'offre une photo-souvenir, on réajuste les nœuds de cravate. Si ce n'est ce cadre solennel, le palais des palais de la Ve République, on pourrait se croire à un mariage. Dans le carré des invités personnels (une soixantaine), la famille du nouveau président se mêle aux cadres d'En Marche !. « C'est un grand jour », sourit la maman d'Emmanuel Macron, très émue. François Bayrou et Marielle de Sarnez arrivent d'un même pas, s'installent à quelques mètres du pupitre où le nouveau chef de l'État doit s'exprimer. Richard Ferrand fait son entrée une demi-heure plus tard. « Tout est réglé, après les humeurs des uns et des autres », jure-t-il aux journalistes présents. C'est ce que l'on appelle « sauver les apparences ». Car vient de se jouer une scène aussi fugace que violente. Surréaliste.

Dans un coin de la salle des fêtes, angle mort seulement visible d'un tout petit nombre, Richard Ferrand et François Bayrou sont à deux doigts de se « foutre sur la gueule ». Deux « mâles alpha », se marre un témoin. Ferrand, offensif : « Personne ne m'a jamais parlé comme tu m'as parlé. » Réplique de Bayrou : « Bah, mon coco, il va falloir que tu t'habitues. » Et voilà qu'en pleine cérémonie ces deux poids lourds de la Macronie se « chopent au collet ». « C'était chaud, très chaud. On était plusieurs et on a dû les séparer », raconte l'un des « Casques bleus ». L'épouse de Richard Ferrand appelle du renfort, le député Arnaud Leroy notamment, pour éviter que la scène dégénère. La tension retombe aussi vite qu'elle a grimpé. « Des querelles de boutiquiers », ironise un observateur. De holdings plutôt, compte tenu des sommes en jeu.

Épilogue d'une semaine de tensions, allant crescendo. Enjeu des crispations : les investitures des candidats En Marche ! et MoDem aux élections législatives. Les alliés ont un gros gâteau de cinq cent soixante-dix-sept circonscriptions à se partager. Et le vent de la victoire a aiguisé les appétits. Deux jours plus tôt, François Bayrou a décroché son téléphone pour agonir comme jamais le secrétaire général d'En Marche ! de reproches. Il l'accuse d'avoir trahi leur partenariat. Une conversation houleuse, virile, et pour tout dire à la limite du correct, entre ces deux amateurs de rugby, qui avaient pourtant apprécié regarder quelques bouts de matchs du Tournoi des six nations ensemble pendant la campagne. Selon le récit d'un témoin, encore hilare, on peut alors entendre, entre autres amabilités : « Vous êtes des connards ! Vous nous avez enculés ! »

⋆

10 mai 2017. Dans une petite salle de l'aéroport de Lannion, Stéphane Séjourné et Pierre Person s'affairent, les yeux rivés sur leurs écrans d'ordinateurs. À travers les baies vitrées, ils peuvent apercevoir sur le Tarmac le petit avion Falcon, à l'empennage bleu-blanc-rouge, siglé « République française », qui les a déposés là quelques minutes auparavant. Pour le tandem, qui épluche et sélectionne depuis plusieurs mois les dossiers de candidats aux législatives, le voyage se résume à un aller-retour express. Sans même voir la mer sous un franc soleil de printemps, eux qui vivent « comme des rats de laboratoire » au QG de campagne.

Le cœur et la tête n'y sont, de toute façon, pas. Vraiment pas. Il y a cinq jours, la députée des Côtes-d'Armor Corinne Erhel s'est effondrée en plein meeting, à Plouisy. Malaise cardiaque, au milieu d'un discours, le dernier de la campagne qui s'achève ce soir-là. Âgée de 50 ans, celle qui avait été l'une des premières parlementaires à rejoindre Emmanuel Macron décède dans la nuit, peu après son transfert à l'hôpital de Saint-Brieuc. Elle ne verra pas, deux jours plus tard, la consécration d'Emmanuel Macron. « Une morsure du destin », souffle le président élu, prenant la parole, ému, lors des obsèques. Plusieurs piliers de l'aventure ont pris place sur les bancs de l'église Saint-Jean-du-Bal : Jean-Paul Delevoye, Arnaud Leroy, Christophe Castaner, Richard Ferrand…

Séjourné et Person sont, eux, excusés. Il n'y a plus une minute à perdre. Ils doivent avancer, passer des coups de fil. Le lendemain, le parti doit dévoiler plus de quatre cents noms de candidats. Pour la plupart, d'illustres inconnus qui n'ont jamais posé un pied à l'Assemblée nationale. Le chantier du renouvellement promis est colossal. Et il y a encore du gros œuvre. À l'aller comme au retour, dans le carré de l'avion, l'ex-conseiller parlementaire de Macron à Bercy et le cofondateur des Jeunes avec Macron présentent leurs choix, demandent des arbitrages, balaient l'Hexagone et l'Outre-mer, face au président élu.

À l'atterrissage à Paris, direction le quatrième étage du QG. Sous les néons blafards, un buffet de fromages et quelques bouteilles de bordeaux rouge les attendent. Séjourné et Person s'installent en bout de table. Emmanuel Macron est au milieu, en bras de chemise, encadré par Richard Ferrand et le président de la commission d'investiture, Jean-Paul Delevoye. Les grognards Gérard Collomb, Jacques Mézard, François Patriat, vieux routiers du Sénat, sont là aussi. Tout comme l'incontournable Philippe Grangeon. L'heure est à passer en revue des mois de tri, d'auditions, avec un objectif stratégique majeur : bâtir une majorité solide à l'Assemblée, afin de faire voter le programme de réformes, et se mettre en position d'engranger le maximum de suffrages et d'élus. Leur nombre conditionne la part des 60 millions d'euros distribués aux partis politiques chaque année… Il s'agit aussi, et cette visée-là est moins avouable, on le murmure seulement sous couvert d'anonymat, d'être *in fine* en mesure de gouverner seul, sans dépendre de personne. En clair : d'avoir la majorité absolue sans le MoDem. Cela vaut bien une nuit blanche.

En guise de hors-d'œuvre, Séjourné et Person distribuent à chacun des feuilles de tableaux Excel. La France y est découpée en cinq cent soixante-dix-sept portions alléchantes : Ain 1, Ain 2… Débute une longue litanie. « On égrène, département par département, circonscription par circonscription, en disant : "Untel sera contre Untel de LR, du PS, du FN"… En justifiant pourquoi la commission a choisi ce profil, sa profession, sa particularité, le contexte politique local. Et on essaye d'y passer le moins de temps possible », explique Séjourné.

Les petites mains du QG, dans des conditions parfois précaires, ont reçu et décortiqué dix-neuf mille dossiers, parfois loufoques. Un matin, à 8 heures, deux compères ont ainsi débarqué de Douai (Nord). Ils tenaient mordicus à remettre leurs candidatures à Emmanuel Macron en personne ! Il y eut aussi cette candidate, qui demandait l'investiture mais… ne voulait pas déplacer ses vacances pour faire campagne. Il faut aussi débusquer les faux nez de tel ou tel parti ennemi, les escrocs, les extrémistes, les recyclés-masqués. Une gageure. Jusqu'au bout du processus, En Marche ! retient son souffle. Le jour même de la fin du dépôt des candidatures, le 19 mai, plusieurs dossiers sont encore en suspens. Des permanents du QG se tiennent prêts, avec chacun des options sur des billets de train. Au cas où, ils sauteront dans un TGV ou un Corail en direction des préfectures et postuleront eux-mêmes. Il ne faut laisser champ libre à personne, engranger des voix partout. À tout prix. « Des gars auraient pu être élus dans des départements où ils n'ont jamais mis les pieds », rit encore un témoin de l'époque. On nous jure aujourd'hui que pareil cas ne s'est pas présenté.

Circo par circo, Emmanuel Macron découvre, et retouche, les visages de ses futurs députés. Jamais élu lui-même avant le 7 mai dernier, il bluffe l'assistance par sa connaissance de la carte électorale, apanage, d'ordinaire, réservé aux plus madrés au sein des appareils. D'où cela lui vient-il, lui, le novice en tout, qui a toujours pris grand soin de se démarquer de l'ancien monde, raillant les vieux partis devenus « amicales de boulistes » ? « Il m'avait répondu un truc du genre : quand on aime l'histoire, la géographie, la politique, c'est naturel », se souvient Delevoye. Quand il fouille sa mémoire, peu après l'élection présidentielle, Aurélien Lechevallier, camarade d'études de Macron, exhume ce souvenir de leurs années Sciences Po : « Un jour, on a visité ensemble l'Assemblée nationale. J'ai été surpris. Alors qu'il ne parlait pas de politique toute la journée et ne semblait pas obsédé par ça, je me rends compte qu'il connaît tous les députés, toutes les circonscriptions. C'était un peu par imprégnation. Il était toujours en train de discuter avec quelqu'un, de lire un journal, de regarder la télévision… » Au cours de la réunion du 10 mai, admiratif du patron, Jean-Paul Delevoye ne peut s'empêcher de glisser à l'oreille de François Patriat : « J'ai cru voir Mitterrand. » Dans l'Eure, Macron pousse ainsi pour la candidature de la truculente Claire O'Petit, dont son épouse est proche, figure de l'émission « Les Grandes Gueules » sur RMC, quand le duo Séjourné-Person avait retenu un jeune énarque. « Il nous a beaucoup "détechnoïsé" la liste. C'est plutôt nous qui avions les jetons sur un procès en incompétences et on avait eu la main lourde sur les CSP + », confie Séjourné. Le président élu demande : comment éviter l'élection de Florian Philippot en Moselle ? Qui mettre face à François Ruffin dans la Somme ? En revanche, on ne touche pas au Rhône, chasse gardée de Gérard Collomb. Sur ses terres, le baron a carte blanche. Il y fait sa tambouille personnelle.

Équilibres, intérêts et calculs politiques compliquent la tâche. En Bretagne, il faut prendre en compte l'influence de Jean-Yves Le Drian. Dans le Cantal, Jacques Mézard écarte son ennemi local, l'ancien maire PS d'Aurillac Alain Calmette, et impose ses candidats. De savants coups de billard, qui facilitent sa réélection au Sénat en septembre 2017. Ces petites manœuvres lui valent un accrochage avec François Bayrou, une semaine plus tard, en plein Conseil des ministres. Paramètre supplémentaire à l'équation, il s'agit aussi de ménager certains candidats de droite ou de gauche, potentiellement favorables à Macron, en ne présentant personne en face. Vers 1 heure du matin, Sébastien Lecornu est au bout du fil. Pas encore membre du gouvernement, toujours encarté chez Les Républicains, il déroule la liste des possibles compatibilités. Côté PS, on épargne les ministres Marisol Touraine, Stéphane Le Foll et surtout Manuel Valls, avec lesquels la relation a été si tendue au gouvernement. Les macronistes ont pourtant la rancune tenace. Quelques jours plus tôt, le QG bruissait encore de cette certitude : il y aura bien un candidat face à lui dans l'Essonne. « Ce sera quelqu'un de chouette », promettait-on, en roulant des mécaniques. Façon policée de signifier qu'on entendait lui faire la peau. Explication *a posteriori* d'un cadre influent de la campagne : « Valls ne doit sa survie qu'à Gérard Collomb et François Bayrou qui tous deux ont plaidé, contre beaucoup, non pas pour sauver sa peau, mais pour ne pas l'humilier. » Pour le reste, pas d'accord d'appareils. En Marche ! a envoyé le signal dès avril, en dévoilant quatorze premiers candidats. Parmi ceux-là, l'un est envoyé en Haute-Garonne défier le « M. Élections du PS », Christophe Borgel, un autre dans l'Eure-et-Loir contre le président de la commission d'investiture LR Olivier Marleix. Une déclaration de guerre. Sur le téléphone de Séjourné, ce texto : « Message reçu 5/5. »

3 heures du matin, Emmanuel Macron se retire. « J'ai confiance, ça va le faire », glisse-t-il à Person et Séjourné. Tous deux restent dans la salle pour boucler. Plus qu'une douzaine d'heures avant la conférence de presse lors de laquelle Richard Ferrand doit dévoiler la liste. Il y a encore tant de retouches à apporter. À 7 heures du matin, les téléphones commencent à sonner. Les candidats retenus ou rejetés sont appelés un à un. « On propose des trucs aussi. C'est comme ça que Gaspard Gantzer se retrouve en Ille-et-Vilaine », se souvient Séjourné. Le conseiller communication de François Hollande, qui vise désormais la mairie de Paris, accepte, puis se rétracte quelques heures plus tard. Ce parachutage n'est décidément pas une bonne idée. Chacun tremble, les coups de fil s'enchaînent. Incroyable bourdonnement. Atmosphère de ruche. Le vacarme des sonneries est incessant. Un seul appel ne vient pas. Celui de François Bayrou, à qui les travaux de la nuit ont été envoyés. Sans son sceau, impossible d'avancer.

*

Qu'est-il passé par la tête de Richard Ferrand pour qu'il se lie les mains ainsi ? Lundi 8 mai, le voilà qui annonce : tous les candidats aux législatives de LREM seront investis avant jeudi 11 mai, à midi. Tous. Déjà, il manque cent cinquante noms à l'appel. Pire, les douze coups de midi ont sonné depuis un moment, la conférence de presse convoquée a déjà été décalée à

16 heures. Et toujours rien. Pas un retour du MoDem. Ça coince. Ferrand bout de colère. Et les journalistes s'impatientent, à l'entrée du 99, rue de l'Abbé-Groult. La pression est telle, la situation si inextricable qu'une petite main du QG a cette idée absurde : et si l'on déclenchait l'alarme à incendie pour gagner encore un peu de temps ? Écartée, évidemment.

Dans leur bureau, Séjourné et Person s'interrogent : que fait-on ? Ils interprètent le silence du MoDem comme une volonté de faire monter les enchères. Alors ils répliquent, provoquent. Les deux compères rayent des noms, beaucoup d'hommes, ajoutent quelques femmes. *In fine*, ils n'allouent qu'une trentaine de circonscriptions à leur partenaire. Dont une quinzaine de gagnables seulement. Loin, très loin de l'accord revendiqué par le parti centriste.

L'affaire semblait pourtant entendue la veille. Lors d'un déjeuner en tête à tête au QG, autour des habituels plateaux-repas, Emmanuel Macron est apparu devant François Bayrou avec, sous la main, un dossier bleu contenant 113 investitures MoDem, sur fiches. Il en restait une trentaine à trouver pour parvenir à l'étiage (144) demandé par le Béarnais. Aux yeux des centristes, c'était presque réglé. Mais, quand Richard Ferrand prend la parole aux environs de 17 heures et dévoile le nom des 428 candidats retenus, les caciques du MoDem sont estomaqués. « Ils ont tenté de nous baiser », lâche l'un d'eux. Côté Marcheurs, on ironise sur la qualité des noms avancés. « Eux aussi ont été grossiers, on avait les *fils* et *les filles de* pour être députés. » « De toute évidence, il y a eu la volonté de quelques-uns de veiller à ce que le MoDem ne puisse en aucune manière faire ou défaire la majorité, analyse *a posteriori* un ténor du parti centriste. Alliance oui, dépendance non. C'est de bonne politique, mais c'est d'une exceptionnelle violence. »

Sidérés, Marc Fesneau et Marielle de Sarnez appellent François Bayrou sans attendre. Au bout du fil, ils lui présentent l'ampleur des dégâts. Dans l'urgence, le patron convoque un bureau exécutif du parti pour le lendemain. L'alliance serait-elle menacée ? Macron plaide l'ignorance, assure que le coup s'est fait sans lui. Outré, scandalisé, Bayrou appelle Ferrand. Il lui hurle littéralement dessus. Mais il n'est pas dupe. « Si vous croyez que Bayrou n'a pas les yeux en face des trous, vous vous trompez. Évidemment que Macron a dit oui. Ce n'est pas un sous-fifre qui a décidé de faire ça », susurre un proche du maire de Pau. Si c'est ainsi, claironne le patron du MoDem, il présentera des candidats partout. « Il serait allé jusqu'au bout, certifie l'un de ses amis. Borloo l'avait appelé en disant : "Si tu présentes des candidats, je viens avec toi." »

Il y a le feu. Un terrain neutre est trouvé pour la résolution du conflit : Lyon. Depuis la capitale des Gaules, les patriciens Gérard Collomb et Michel Mercier, qui avaient déjà œuvré au rapprochement de Macron et Bayrou, prennent les commandes. Ils se connaissent par cœur et depuis tant d'années. Tantôt rivaux, tantôt alliés… Deux « vieux loups de mer » devenus amis, qui règlent ça à leur façon. Théâtrale. « C'était un film, glousse encore un témoin. On aurait dit du Pagnol ! On scénarise les désaccords. On faisait des interruptions de séance, on sortait. Mercier allait téléphoner à Bayrou. Collomb sortait pour faire semblant d'aller téléphoner à Macron. C'était à mourir de rire. Des négociations, des vraies ! » Dans le bureau de Collomb à la mairie, ils mettent les choses à plat. Pierre Person a fait le déplacement. François Bayrou et Marielle de Sarnez sont au bout du fil.

On bataille pied à pied des deux côtés. Et l'on finit par s'entendre, autour d'une petite centaine de circonscriptions. Ce n'est pas l'accord initial, déplore Bayrou. Le MoDem, moribond un an plus tôt, s'en sort tout de même avec un groupe de quarante-six députés. Ils n'étaient que deux en 2012...

Dans la nuit du vendredi 12 au samedi 13 mai, après quatre heures de réunion du bureau exécutif, Bayrou enterre la hache de guerre. Mais les cicatrices ne se referment pas si facilement. Un an et demi plus tard, aux dernières universités d'été du MoDem dans le Morbihan, mi-blagueur, mi-outré, Mercier interpelle publiquement Person pour lui réclamer ses circonscriptions manquantes : « Où sont mes trois millions ? » Quant à François Bayrou et Richard Ferrand, ils se gardent à l'œil. Tous deux murmurent à l'oreille du président. Souvent sur la même fréquence, mais sans accord parfait.

*

Une mallette, dans laquelle est glissé un règlement intérieur. Un badge d'accès. La photo officielle sur fond bleu. Une autre, plus décontractée, dans l'hémicycle avec le perchoir en arrière-plan. Ce 19 juin 2017, une vague de nouveaux députés fait ses premiers pas à l'Assemblée, sous un soleil écrasant. Des huissiers tentent tant bien que mal d'aiguiller les bizuths dans les dédales du Palais-Bourbon, les confondant parfois avec des collaborateurs. En costume cravate, allure juvénile, Pierre Person revendique crânement devant les caméras de France 2 ses 28 ans, signe que la promesse de renouvellement du président Macron a été tenue. Avec lui, près de 420 parlementaires, dont 290 Marcheurs, vont découvrir la fabrique de la loi. Une majorité godillot, taillée sur mesure à la main du président par ses lieutenants ? Une majorité seulement vouée à voter rapidement et docilement les réformes du président Macron, à qui elle doit tout ? L'image de ces députés invités à grimper, valises à la main, dans des cars, façon sortie scolaire, pour se rendre à un pot au QG après avoir été maternés, toute cette journée du 24 juin 2017, lors d'un séminaire d'arrivée n'a pas aidé. Infantilisant.

Près de deux ans plus tard, les voix discordantes sont encore rares. Une poignée – les doigts des deux mains sont nécessaires pour les compter – de députés LREM a claqué la porte du groupe. En interne, la colère gronde parfois, souvent contre le Premier ministre, rarement en revanche, pour ne pas dire jamais, à l'endroit du président. Une prise d'assurance en demi-teinte. Certains ne trouvent toujours pas leur place. Un casting réalisé si vite comporte nécessairement des erreurs. Pendant la crise des « gilets jaunes », de nombreux parlementaires laissent éclater leur frustration. Pourquoi leurs avertissements n'ont-ils pas été entendus ? Pourquoi ne les associe-t-on pas plus aux solutions ? Surtout, le patchwork idéologique de cette majorité menace de se déchirer sur les grandes questions de société. On l'a vu sur l'immigration, la loi anticasseurs. Le verra-t-on sur la laïcité, la fin de vie, la procréation médicalement assistée pour toutes, la gestation pour autrui, la bioéthique ? Autant de sujets sur lesquels Emmanuel Macron temporise, malgré les coups de boutoir de certains, qui demeurent épisodiques et émis avec parcimonie. L'heure n'est pas encore tout à fait à l'émancipation.

16

Le ralliement de François Bayrou

Plus qu'une poignée de jours avant Noël. Le mois de décembre 2016 touche à sa fin. Et pourtant, un franc soleil irradie Paris. François Bayrou profite de l'instant, en terrasse, à l'angle du boulevard de La Tour-Maubourg et de la rue de Grenelle, à deux pas du siège parisien du MoDem, quand le déclic se fait. Il prend son téléphone, compose le numéro de Marielle de Sarnez. Comme chaque fois qu'il a une décision importante à prendre. « Tu sais, il y a un moyen de renverser le plan de tous les autres, c'est que je m'allie avec Macron. » Ils en conviennent tous deux, ce serait inattendu. Et, juge son inséparable bras droit, « cela a beaucoup de sens ». Cette discussion, l'inséparable (infernal, diront certains) duo centriste choisit de la garder secrète encore plusieurs semaines.

Un mois plus tôt. Les rêves d'Alain Juppé, et les leurs avec, se fracassent sur la primaire de la droite. François Fillon l'emporte à la surprise générale. Dans la foulée, François Bayrou lui fait publiquement savoir qu'une inflexion de son programme est nécessaire. En coulisses, il rencontre le candidat. Marielle de Sarnez voit son directeur de campagne, Patrick Stefanini. Le choix est le suivant : c'est à prendre ou à laisser.

« Et nous, on laisse », conclut Sarnez. D'autant qu'en parallèle des ponts ont été lancés entre le MoDem et l'équipe d'Emmanuel Macron. Depuis la rentrée 2017, les deux sénateurs, vieux compères-adversaires du Rhône, Gérard Collomb et Michel Mercier, se retrouvent régulièrement dans le bureau de Jacqueline Gourault au Sénat. François Bayrou est là, aussi. À l'abri des indiscrétions, dans l'atmosphère feutrée et hors du temps du Palais du Luxembourg, ces vieux routiers réfléchissent à la façon de se rapprocher.

Et pourtant. Jusqu'à présent, les échanges publics sont plutôt âcres. Point de mouche sur les fleurets. Ainsi, le 7 septembre 2016, sur BFMTV : François Bayrou, qui soutient alors Alain Juppé à la primaire de la droite, sonne la charge. « Posez-vous la question du pourquoi de ces heures et ces heures de télévision en direct. Pourquoi ces couvertures de magazines ? Pourquoi ces pages et ces pages autour de photographies ou d'histoires assez vides ? », interroge le président du MoDem, qui renchérit : « Il y a là une tentative qui a déjà été faite plusieurs fois par plusieurs grands intérêts financiers et autres, qui ne se contentent pas d'avoir le pouvoir économique, mais qui veulent avoir le pouvoir politique. » En clair, Emmanuel Macron est le candidat des « puissances de l'argent ». Pour celui qui a forgé une grande partie de son réseau au sein de la commission Attali, et qui peine à se défaire de son étiquette d'ex-banquier de chez Rothschild, l'attaque fait mal. D'autres – l'ancien ministre socialiste Matthias Fekl, entre autres – se sont attiré les rancœurs tenaces de certains membres de l'équipe de campagne pour moins que cela. La puissance de frappe médiatique du jeune ovni politique suscite la méfiance de Bayrou. Le Béarnais est aussi fâché, très fâché, que leur rencontre du mois de juillet précédent, en marge du passage du Tour de France à Pau, ait fuité dans la presse. Enfin, et ce n'est pas la moindre raison de son acrimonie, Macron vient chasser sur ses terres. En somme, il se dit : « J'ai défriché, labouré, préparé la terre, semé le grain, protégé la plante et c'est lui qui vient faire les vendanges… » Ce qui n'empêche pas Bayrou d'observer de loin l'évolution de son cadet. « Je retrouvais ce que j'avais développé en 2007 et en 2012. Les thèmes étaient proches, ou sur la même harmonique », nous confie-t-il.

Comme leurs lieutenants-sénateurs, les deux intéressés peuvent, eux aussi, aisément se voir sans être vus. Ils sont voisins. Lorsqu'ils ont quitté Bercy, les Macron ont emménagé rue Cler, dans le 7e arrondissement de Paris. Juste en face de chez François Bayrou. C'est ainsi que les deux hommes peuvent, en toute quiétude et sans un objectif à l'horizon, petit-déjeuner ensemble (au domicile du candidat d'En Marche !) quelques jours avant le ralliement de François Bayrou. Mais on n'en est pas encore là. Certaines discussions demeurent nécessaires.

Gérard Collomb s'y colle. Lui et le centriste se connaissent de longue date. Ils s'apprécient, se respectent. Alors, dans la dernière ligne droite, ils s'appellent, se rencontrent. Beaucoup. Quasiment toutes les semaines. « On a des liens politico-personnels », dit drôlement le patron du MoDem. Suffisamment ténus pour soumettre ceci au baron de Lyon : « Si jamais on faisait une alliance, on répartirait les circonscriptions au prorata des points des sondages le jour où on nouerait l'alliance. » Bayrou est à 6 %, Macron à 17,5 %. Il est convenu d'arrondir le score de ce dernier à 18 %. Cela tombe bien, puisque six et dix-huit ont un dénominateur commun. Le hasard des intentions de vote et des lois de l'arithmétique font parfois bien les choses : un quart des sièges pour le MoDem, trois quarts des sièges pour En Marche !. 144 investitures contre 433, donc. Un contrat oral, rien d'écrit. Ce n'est finalement pas ainsi que cela s'est passé. Cela vous a été raconté. François Bayrou ne l'a jamais oublié. Cette affaire entendue en amont, voilà qui exempte, le moment venu, d'avoir à discuter boutique. Et permet de dire que l'alliance est scellée « sans marchandage ».

Mais on n'en est pas encore là. Toujours pas. Car le président du MoDem continue de souffler le chaud et le froid auprès des macronistes, dont certains le pressent de céder au nom de l'intérêt du pays. Quinze jours avant d'annoncer sa décision, il assure même qu'il va y aller. « Il nous fait un coup de bluff. C'est un joueur de poker, Bayrou. Il connaît bien le rapport de force », observe un lieutenant de Macron. Mais rue de l'Abbé-Groult, les Marcheurs ont un atout dans leur manche. Ils savent que le centriste n'a pas lancé de recherche de parrainages auprès des maires.

*

L'atmosphère a perdu quelques degrés. L'heure n'est plus à boire son café en terrasse. En cette fin de matinée du 22 février 2017, François Bayrou se chauffe au radiateur de son bureau, regard tourné vers la courette de ses locaux de la rue de l'Université, son immense bibliothèque garnie d'ouvrages derrière lui. Il prend son téléphone, compose cette fois le numéro d'Emmanuel Macron. « Si vous prenez en compte quatre objectifs que je vais fixer et qui sont une politique à orientation sociale, un vrai changement et pas le recyclage du PS, une loi de moralisation de la vie publique et le pluralisme, je vais proposer une alliance avec vous. » Voilà, en substance, ce que Macron entend au bout du fil. Tel un amoureux intrépide, ou bien un agent en mission, le patron du MoDem ajoute une pointe de piment à l'affaire. « Ne me répondez pas, je vais voir ce que va être votre réponse publique, ça suffira. » Le chef des Marcheurs joue le jeu. Une poignée d'heures plus tard, c'est l'affluence des grands jours au siège du MoDem. Les envoyés spéciaux des chaînes d'information en continu font monter la sauce et la pression. François Bayrou va-t-il annoncer sa candidature ? La plupart le croient. Devant un fond orange, sa couleur, dans une salle pleine et surchauffée, le centriste aux trois présidentielles déjoue les pronostics. On le comprend dès lors qu'il prononce ces mots : « Nous sommes dans une situation d'extrême risque. Et à cette situation exceptionnelle, je pense qu'il faut une réponse exceptionnelle et à la hauteur des périls qui menacent notre pays. » Quelle réponse ? Il y vient sans tarder. « Parce que le risque est immense, parce que les Français sont désorientés et souvent désespérés, j'ai décidé de faire à Emmanuel Macron une offre d'alliance. » Du gagnant-gagnant.

Le candidat d'En Marche ! connaît alors un méchant trou d'air. Sa campagne patine. On attend son programme qui ne vient pas. Ses déclarations sur la colonisation en Algérie, « crime contre l'humanité », et sur les partisans de la Manif pour tous, « humiliés », ont tout à la fois troublé et provoqué un tollé. Pourtant, accepter cette main tendue ne va pas de soi. Rue de l'Abbé-Groult, au QG, les discussions sont serrées. En témoigne ce texto d'une macroniste : « Laisse tomber, qu'il y aille tout seul. On s'en fout. » Un message originellement destiné à Stéphane

Séjourné, mais envoyé par mégarde à… François Bayrou. « On a vraiment hésité à un moment donné à y aller sans lui. On pouvait se dire : “Quelque part, on le tuera comme les autres.” Ismaël Emelien était archicontre un accord politique, parce que c'est le vieux monde. Des gens comme Gérard Collomb, Jacques Mézard ont beaucoup poussé en disant : “On est à 17 %, on a besoin de se prendre une respiration de cinq points. Ça fait trois semaines qu'on stagne dans les sondages, il faut qu'on se remette en dynamique”, se souvient un cadre de la campagne. Pour Emmanuel, ce n'était pas spontané. On ne doit pas la victoire à Bayrou, mais on lui doit une partie de la dynamique. Ce jour-là, on a passé les 20 % et on n'est plus jamais passés dessous. » Mêmes hésitations au MoDem, lorsque le 7 février la question se pose lors du bureau exécutif du parti. Selon un participant, « une faible majorité est pour soutenir Macron et une forte minorité souhaite une candidature de Bayrou ».

Lorsqu'il arrive pour sa conférence de presse le 22 février, le président du MoDem a une mine réjouie. Où l'on devine à la fois la satisfaction de se trouver ainsi au centre de l'attention et la gourmandise de celui qui s'apprête à prendre tout le monde de court. Bien vite, elle prend un aspect plus grave. « C'était pour moi un sacrifice, bien sûr », nous confie-t-il à l'orée de l'année 2019. Mais a-t-il vraiment une autre option ? Entre sondages timides et difficultés financières, le plan Juppé déjoué par les électeurs de la primaire, lui non plus ne traverse pas une passe de rêve. « Il s'est rendu compte que son espace était occupé par quelqu'un de plus jeune, qui était en dynamique, observe un lieutenant de Macron. Là, il a une chance de voir gagner ce qu'il a toujours poussé. »

★

La journée touche à sa fin. Cela fait trois semaines que François Bayrou est installé Place Vendôme. Garde des Sceaux, ce n'est pas ce dont il rêvait. Pour lui, c'était Matignon ou rien. Le président du MoDem se voyait être à Macron ce que Jacques Chirac fut à Valéry Giscard d'Estaing, un Premier ministre nommé pour apport décisif pendant la campagne. Las. Le président de la République a choisi le juppéiste Édouard Philippe, sans même l'associer au processus de recrutement. Puis l'a coincé – c'est en tout cas comme cela qu'il le vit – en lui demandant de prendre la Justice, pour y porter la loi de moralisation de la vie publique qu'il avait lui-même exigée. Bayrou n'a pas su le contredire. Avait-il seulement le choix ? Le voilà Place Vendôme, donc. « Il s'emmerde », croit savoir un proche. En cette fin de journée, son téléphone sonne. C'est Marielle de Sarnez. À sa voix, il sent tout de suite que quelque chose ne va pas. « Un journaliste du *Parisien* vient de m'appeler, en disant qu'il y avait une enquête préliminaire contre moi. » Premier réflexe, François Bayrou s'étonne que nul n'ait jugé bon d'en informer le nouveau ministre de la Justice, c'est-à-dire lui, lors de la passation de pouvoirs. « C'est incroyable… » Renseignements pris, l'enquête ne porte pas seulement sur son fidèle bras droit, mais sur vingt parlementaires centristes européens. L'affaire est grave. Et contredit absolument la promesse de renouvellement des pratiques. Le MoDem est soupçonné d'avoir rémunéré des collaborateurs parlementaires sur des fonds publics du Parlement européen, alors qu'ils étaient en réalité affectés à d'autres tâches pour le parti. En somme, d'avoir tout bonnement pratiqué l'emploi fictif à grande échelle. Pis, selon les témoignages recueillis, les pratiques dénoncées pourraient être anciennes. « J'ai compris très vite que ce n'était pas jouable. Dès qu'il y a eu ouverture de l'enquête préliminaire, je suis allé voir Emmanuel Macron pour lui dire : "Je ne pourrai pas rester." Il m'a dit : "Non, restez." Dès que ça s'est confirmé dans mon esprit, j'ai décidé de m'en aller », raconte François Bayrou, près de deux ans plus tard.

Les choses ne sont pas allées aussi simplement. Du 9 juin, jour de l'ouverture de l'enquête préliminaire, au 21 juin, jour de la démission des ministres centristes, se joue en coulisses un rocambolesque feuilleton. Polémiques, lorsque le garde des Sceaux se permet un coup de fil rageur à la cellule investigation de Radio France, ou relaie (*via* son « compte personnel » argue-t-il) un tweet de Marielle de Sarnez. Recadrage public du Premier ministre : « Quand on est ministre, on ne peut plus réagir comme quand on est un simple citoyen. » Les jours passent, et rien. Jusqu'à ce coup de théâtre, le matin du 20 juin. La ministre de la Défense, Sylvie Goulard, centriste mais « pas MoDem », croit-elle nécessaire de préciser à tout-va, démissionne par voie de communiqué. « Dans l'hypothèse où l'enquête préliminaire visant le MoDem conduirait à vérifier les conditions d'emplois de mes assistants au Parlement européen, je souhaite être en mesure de démontrer librement ma bonne foi », écrit Sylvie Goulard. En Macronie, Goulard n'est pas n'importe qui. Aux côtés d'Emmanuel Macron depuis la première heure, elle a mis à son service sa connaissance pointue des institutions européennes et lui a ouvert son important carnet d'adresses. Début 2019, elle participe encore aux réunions de préparation des cruciales élections européennes, coutume de mettre son expérience au service du président. Entre-temps, elle a été nommée sous-gouverneure de la Banque de France, « un fauteuil très doré », grince-t-on au MoDem où certains demeurent persuadés que sa démission visait à accroître la pression sur François Bayrou et Marielle de Sarnez. Car, quoi qu'il en dise, il donne à ses interlocuteurs le sentiment de s'accrocher. « Si on n'est pas capable de supporter la pression, on ne fait pas ce métier », confie-t-il d'ailleurs au *Parisien*, quelques heures après l'annonce du départ de Goulard.

En ce temps-là, Bayrou agace les lieutenants du président. Fortement. Florilège : « Il explique à chaque interview que c'est lui qui a semé et que c'est Emmanuel qui vendange. Il devrait cesser cela » ; « Il s'est quasiment autoproclamé vice-président, comme s'il était l'alter ego d'Emmanuel Macron » ; « Que peut-on contre l'*hubris* de François Bayrou ? ». La nuit porte conseil, dit l'adage. Les revues de presse aussi. Comme dit alors un centriste, « une vrille se met en route, avec l'impression que cela ne peut pas s'arrêter là ».

Le lendemain, au petit matin, juste avant que ne sonnent 8 heures, François Bayrou quitte ses fonctions par un communiqué. Au siège du MoDem, la salle des conférences de presse est de nouveau pleine et surchauffée. Le fond orange n'a pas bougé. Il se défend, se dit victime de « dénonciations anonymes », visant à faire tomber le ministre qui portait la loi sur la moralisation de la vie publique. Et prend soin de souligner que sa relation avec le président de la République n'en sort pas entamée. Ce faisant, il reprend la route du purgatoire. Il ne suffit parfois que de quelques semaines pour qu'un rêve se réalise, puis s'effondre en un même mouvement. « Une rafale terrible », dit aujourd'hui encore le président du groupe MoDem, Patrick Mignola.

★

Témoin de proximité, une photo. Celle d'un dîner à l'Élysée. Où l'on voit, réunis dans le Salon vert, autour d'un plateau de fruits de mer, Emmanuel Macron, en col roulé, son épouse, Brigitte, Alexis Kohler, Philippe Grangeon, Gérard Collomb, encore là, Bruno Le Maire, Gérald Darmanin, Benjamin Griveaux, les papys ennemis François Patriat et Jacques Mézard, mais aussi Marielle de Sarnez et François Bayrou. La rafale a peut-être soufflé fort, mais la tempête du début du quinquennat ne les a pas emportés. Les turbulences du début n'ont pas eu raison de « l'alliance ». Pas plus que les demandes répétées et publiques de virage social.

Cela ne manque pas de sel que ce soit lui, venu du centre droit, qui réclame que la balance s'équilibre. « Ce n'est pas parce qu'il veut être à gauche, mais parce qu'il perçoit, avec beaucoup de justesse, les difficultés dans lesquelles est le pays, les territoires, tout une partie de la population qui ne se sent pas concernée par l'action publique en général et par la nôtre en particulier, et qui considère, à tort, que nous ne gouvernons que pour une catégorie de la population », observe l'ancien chiraquien Hugues Renson. Tôt, Bayrou tonne contre la hausse de la CSG pour les retraités, donne de la voix sur la question de l'ISF. Réformer l'imposition sur la grande fortune, oui. Mais pas comme ça. Des discussions de la campagne, il avait retenu que l'investissement productif serait exonéré, pas qu'il ne resterait que l'immobilier. Combien de fois remet-il le sujet sur la table ? Si bien que dans les coulisses du pouvoir, une plaisanterie circule. Un surnom, plutôt : « OSS 117, l'obsédé du social stratégique. » François Bayrou, lui, ne varie pas. « J'étais sûr de ce que je disais. Si on ne prenait pas en compte l'attente sociale du pays, on courait à la catastrophe », nous confie-t-il, début 2019.

Son influence ? Variable. « Plus que certains ne le souhaitent, moins que lui ne le souhaiterait », résume un éminent macroniste à l'automne 2018. Maigre en début de quinquennat. Hésitante à la rentrée 2018, lorsqu'à une amie qui lui demande s'il compte s'impliquer dans la campagne européenne il répond un édifiant : « J'espère… » La liste des vacheries est longue. Illustration dans la bouche d'un ami du président : « Il veut donner son avis sur tout. Mais il faut toujours écouter ses monologues pendant une heure et demie, parce qu'il peut avoir une idée lumineuse, une fulgurance. » Son ego fait tousser. Il est moqué. « Il est gonflé comme une grenouille », rouspète un député de la majorité. Il y a aussi ces banderilles qu'on lui reproche de lancer en direction du Premier ministre. Édouard Philippe fait le dos rond, la joue au-dessus de tout cela – « il ne veut pas croiser le fer avec lui, ce n'est pas son combat », dit son entourage. « Il peut y avoir des désaccords, mais tout va bien. *We agree to disagree* », tempère de son côté Sarnez. Une paix des braves ? Armée, plutôt. Leurs amis parlent pour eux. « Bayrou déteste la morgue des énarques et donc il le [Édouard Philippe] caricature. Il considère qu'il a fait Macron. C'est une boule d'amertume », lâche un ami du Premier ministre. « Si vous lui filez les clefs du camion, il le met dans le ravin », renchérit un autre, quand un proche de Bayrou se plaît à évoquer « la contradiction de ligne politique absolue entre le Premier ministre et le président de la République ».

En creux affleure la rivalité pour Matignon. Car pour Bayrou, maire de Pau et président du MoDem, cela reste ça ou rien. « Si ce n'est rien, il sera probablement déçu. Moins qu'en 2017, témoigne un cadre du MoDem. Au fond, il est heureux dans son truc, car il revient du diable Vauvert. Il y a quelques années, il n'était plus rien dans le pays qu'un motif de blagues. Et un, l'histoire lui donne raison. Deux, il se retrouve avec un président de la République qui ne lui a jamais autant ressemblé en termes de convictions. »

Le mouvement des « gilets jaunes » – qui demandent le scalp de l'ISF, ont eu raison de la hausse de la taxe carbone et ont fait bouger le seuil de compensation de la hausse de la CSG pour les retraités – est passé par là. Et lui a redonné des couleurs. En Macronie, Bayrou est de ceux qui peuvent dire en pleine crise que « si vous construisez une digue pour faire barrage, il faut aussi prévoir un écoulement continu des charges », fait valoir Marielle de Sarnez. Entendre : il a, au même titre qu'un Richard Ferrand ou un François Patriat, une expérience politique qui n'est pas de trop dans la jeune Macronie. « C'est un politique, un intuitif, un littéraire, un historien. Il est nourri à une matrice qui n'est pas technocratique, loue en écho le maire de Toulouse, Jean-Luc Moudenc. C'est un élu local, enraciné. Dans la Macronie, il tranche. »

Et continue d'occuper une place particulière qu'il prend soin d'entretenir. « Je me suis tout de suite très bien entendu avec Emmanuel Macron, humainement, personnellement », se plaît à confier François Bayrou, qui bichonne sa relation directe avec le président de la République, avec lequel il assure parler quotidiennement au téléphone. Dans le regard qu'il porte sur le chef de l'État, il y a l'affection de l'aîné. Et dans celui d'Emmanuel Macron ? Un très proche du président assure : « C'est le second, avec Richard Ferrand, à qui Emmanuel Macron pense devoir quelque chose. François Bayrou, qui nous énerve, qui l'énerve de temps en temps, il a comme immense qualité d'avoir été là. » Un jour de février 2017. Le bon moment, le bon endroit.

17

L'ingérable Gégé

La journée touche à sa fin, lorsque Gérard Collomb retrouve Georges Képénékian dans le vaste bureau du maire de Lyon. Voilà un an et demi qu'il en a laissé les clefs à ce fidèle fondé de pouvoir, pour devenir ministre de l'Intérieur. Mais pour tout dire, il continue de le considérer comme le sien. L'incroyable scène qui suit en témoigne. Il est chez lui, dans ce décor de soieries rouges et or, agrémenté des fresques XIXe de Louis Janmot. À une formalité près. Ce qu'il s'empresse de réparer. S'il a convoqué son successeur ce soir-là, c'est que Collomb entend lui faire rédiger et signer une lettre de démission préventive. Pure précaution. Un peu plus tôt dans la journée, il a senti le vent tourner. Sa réunion publique à Villeurbanne s'est mal passée. Salle froide, peu remplie. Le vieux loup de la politique a humé l'air de la contestation. Il craint un putsch. « Gérard est un homme de doutes qui peut vite être paranoïde et qui a besoin de se rassurer », confie l'un de ses vieux amis. Un autre l'a vu, ce jour-là, « très fébrile ». C'est vrai qu'il parle plus fort qu'à l'accoutumée, « Gégé ». En son for intérieur, Georges Képénékian est meurtri qu'il puisse douter de sa loyauté. Mais il obtempère. Il lui doit tout. Sous la pression, il rédige et signe. Ce samedi 29 septembre, avant de rentrer à Paris, Gérard Collomb revêt ceinture et bretelles.

Lundi après-midi. Lors d'une réunion à l'Élysée, Alexis Kohler et Stéphane Séjourné voient bien que le ministre est tourmenté, qu'il n'est pas dans son état normal. Un témoin de cette folle journée le dépeint en « état de quasi-dépression ». Voilà deux semaines qu'il est sous tension. Depuis qu'il a officialisé, dans *L'Express*, sa candidature à Lyon. Et annoncé, par la même occasion, avoir programmé son départ six mois plus tard. Sur le moment, il est content. « Alors, pas mal, mon annonce ? », lance-t-il à son cabinet, le jour de la publication. La veille de son entretien, Collomb dîne avec le couple Macron. Il prévient sur le mode « je fais *L'Express* et je vais dire que je m'occupe de Lyon ». L'interview est relue. À l'Élysée, à Matignon. Mais nul ne sent monter la vague. Rentrer ? Collomb en discute avec ses proches depuis la mi-juin, déjà. Mais l'annoncer comme cela… « C'est baroque de proposer au président de la République le moment où l'on s'en va », observe un ami lyonnais, qui le prévient : « Gérard, on ne va pas pouvoir longtemps tenir comme ça. Il faut qu'on trouve une solution, que tu reviennes plus vite. » Collomb entend, s'interroge. « Mais quand ? » On connaît la suite. Sa position est intenable. « On savait que ça allait tanguer. On ne peut pas conserver un ministre qui a fait le choix de s'affaiblir », soupire un cadre de la majorité.

Et pourtant si. En tout cas, essayer. En fin de journée, le lundi 1er octobre, Emmanuel Macron le reçoit en tête à tête. Lorsque Gérard Collomb quitte l'Élysée, le président pense avoir gagné quelques jours. Même si le moment fut éprouvant, même s'il perçoit la précarité de la situation, la fragilité de son ministre.

Il s'interroge. Que peut-il bien se passer à Lyon pour provoquer pareille agitation ?

À peine a-t-il quitté la rue du Faubourg-Saint-Honoré, que Collomb décroche son téléphone. Sans en toucher le moindre mot à son cabinet, il annonce au *Figaro* qu'il vient de présenter sa démission au chef de l'État et que celui-ci l'a refusée. Le plan est ainsi exposé : le voilà relégitimé, à l'abri des doutes sur sa capacité à continuer. « Il n'est plus le même », s'alarme un proche, inquiet de le voir craquer. Plus que quelques heures, et l'avenir lui donnera raison.

Lorsqu'il arrive dans son bureau de Beauvau, Collomb passe un nouveau coup de fil. À sa femme, cette fois. De sources concordantes, le premier flic de France essuie une soufflante mémorable. Tous l'assurent, Caroline Collomb a dans cette affaire eu « une influence déterminante », « un rôle majeur dans son départ ». « Elle lui a dit : "C'est lui ou moi" », résume un vieil ami de Collomb. Un autre : « C'était sur le thème : "Si tu n'es pas à Lyon demain, tu retrouves ta valise sur le palier." » Un troisième, très proche, souligne que cela ne date pas d'hier. « Caroline Collomb était très opposée à son départ de Lyon pour le gouvernement. La veille d'accepter le ministère de l'Intérieur, il ne lui avait toujours pas dit. »

Alors, le lendemain matin, Collomb soulève une nouvelle fois son combiné. Cette fois, c'est le numéro du maire de Lyon, Georges Képénékian, qu'il compose. « Est-ce que tu peux venir à Beauvau ? Il faut que je te parle. » Collomb n'en dit pas plus. Si ce n'est qu'il formule cette exigence, d'une rare violence. « Retape ta lettre proprement, car celle que tu m'as faite samedi n'est pas propre. » Quarante ans d'amitié politique les lient. Les deux hommes déjeunent ensemble. On commence par parler des dossiers locaux, ceux sur lesquels Képénékian a besoin de son arbitrage. Puis vient l'heure du café. Et cette notification du ministre : « J'ai convoqué des journalistes du *Figaro*. Puisque tu es là, le mieux, c'est que tu viennes avec moi. Je vais annoncer ma démission. » Une fois encore, son cabinet n'est pas prévenu. Sur la photo qui paraît le lendemain dans le journal, Georges Képénékian ne peut réprimer une grimace. Et pourtant... à ce moment, il prend sur lui pour rester le plus neutre possible. Mais à l'impossible, nul n'est tenu. Il n'y est pas parvenu.

Quand la nouvelle tombe sur le site du quotidien, le Premier ministre est au banc, dans l'hémicycle de l'Assemblée nationale. Il la découvre comme tout le monde. Édouard Philippe répond au feu roulant des questions, sans même avoir été prévenu. Humiliant. Pour Emmanuel Macron aussi, le coup est rude. Son autorité est bafouée. S'ajoutant à l'affaire Benalla, à la démission, surprise et subie elle aussi, du ministre de la Transition écologique Nicolas Hulot, une nouvelle crise vient l'ébranler. « Emmanuel Macron ne reste pas longtemps à disséquer un fait. Un fait se produit, il se produit. Sur le coup, il prend acte et il passe à autre chose », assure un intime. Voire. Un proche y voit la mise en échec de « sa capacité à penser pouvoir retourner les gens par son charme, à convaincre » : « Tout le monde n'est pas là pour servir Emmanuel Macron et il s'en est vraiment rendu compte avec Gérard Collomb. » Qui était, de surcroît, l'un de ses « premiers de cordée ».

*

Lorsque Emmanuel Macron s'approche pour le saluer, ce 14 mai 2017 dans la salle des fêtes de l'Élysée, Gérard Collomb écrase une larme. À quoi pense-t-il, le baron de Lyon, vieux routier des campagnes électorales et des congrès socialistes, en voyant son cadet, qu'il a tant couvé, parrainé, aidé, officiellement investi président de la République ? Que moins de deux ans après son coup de foudre de Pessac, survenu ce jour d'août 2015 en entendant le jeune ministre de l'Économie chanter une ode à la réforme au milieu des vignes, il voit ses idées prospérer à l'Élysée. « Collomb, il est vraiment moderniste, réformiste. Il est dans la Recomposition politique. Il est totalement sincère », dit l'ancien ministre Jean-Marie Le Guen, qui a cofondé avec lui le courant des Réformateurs, l'aile droite de la rue de Solférino. Sans doute, cette cérémonie a-t-elle également le parfum de la revanche. « Son émotion lors de l'investiture, c'est aussi d'avoir surmonté les obstacles. Il a appris l'affaire DSK en plein conseil municipal. Quand Lionel Jospin et François Hollande étaient au pouvoir, il n'était jamais entendu, c'était le provincial », poursuit Le Guen. Un côté Petit Chose.

Tous ses amis le disent, il a souffert de ne jamais être ministre, s'est senti traité avec condescendance, lui, le maire d'une grande ville de France qu'il a su entièrement transformer. « Vous savez ce qui a existé avant le Vélib' ? C'est le Vélo'v. Si vous voulez le rendre dingue, vous dites en vous baladant avec lui dans la rue à Lyon : "Tiens, un Vélib' comme à Paris !" » Tout est dit par ce vieux copain socialiste, qui poursuit : « Il traîne ce côté minoritaire. À la fédération PS du Rhône, on retient les interventions de Jean Poperen [maire de Meyzieu], Charles Hernu [député-maire de Villeurbanne], mais aucun souvenir de Gérard Collomb montant à la tribune. L'aventure avec Macron vient lui offrir tout ce qu'il n'avait pas eu. »

Il est allé chercher tout cela. Par les extérieurs, en doublant le président sortant François Hollande. Et « d'abord pour le faire chier », lâche un conseiller élyséen du précédent quinquennat. En Macronie, Gérard Collomb est celui qui y a cru dès le début, le parrain, le baron qui a mis tous ses moyens au service du candidat. Y compris le service d'ordre de la fédération PS du Rhône pour le premier meeting de la Mutualité le 12 juillet 2016. Il amène aussi avec lui son fidèle bras droit, Jean-Marie Girier, qui devient l'influent et indispensable directeur de la campagne.

*

Dix ans durant, Jean-Marie Girier a grandi dans l'ombre de Gérard Collomb. Lyonnais pur sucre, qui a grandi à Genas auprès de parents artisans, propriétaires d'un garage à Saint-Priest, il suit une double formation : Sciences Po, Normale Sup' d'un côté ; tractage, réunions politiques et animation de la section PS du 9e arrondissement de l'autre. Il a à peine 30 ans, mais est déjà incontournable dans la capitale des Gaules. « Quand on ne savait pas quelque chose, on disait : "Tu vois avec Girier" », se souvient un ancien collègue. S'il est l'homme de confiance du maire, nul ne sent entre eux de lien type « père-fils ». La relation est forte, mais professionnelle entre ces deux animaux politiques. « C'est un homme à tout faire, le bien comme le pas bien. Il est sans foi ni loi, une bête à sang froid. Je pense qu'il est prêt à tout pour la personne pour laquelle il travaille, confie un ancien camarade socialiste, de la même génération que lui, mais pas du même courant. Tous les sales coups qui viennent de la Fédération du Rhône, ce qui a été fait contre Najat Vallaud-Belkacem, lui mettre un “os” [Bruno Bonnell] aux législatives, c’est lui. »

Pour le compte de son patron, ce rocardien investit l’appareil socialiste au niveau local et national, mène une quinzaine de campagnes électorales, anime le pôle des Réformateurs (l’aile droite du parti) au quotidien. Comme lorsqu’il faut organiser les rencontres de Pessac, chez Gilles Savary. Ce jour de la fin août 2015, son destin bascule. Gérard Collomb se lance dans l’aventure Macron. Et l’emmène tout naturellement dans ses bagages.

L’histoire commence par les réunions secrètes, à quelques conjurés, en général entre 18 heures et 20 heures. Plus tard, Emmanuel Macron a bien souvent des dîners à honorer. Girier en est. Dès le début. Toujours dans l’ombre. Mais toujours là. Et de plus en plus. Trois à quatre jours par semaine à Paris, dès septembre 2016. À l’automne, Emmanuel Macron en fait son directeur de campagne, même si le candidat refuse de sanctuariser quoi que ce soit dans un organigramme. « Quand il démissionne, il a une équipe qui est bonne en politique, mais qui n’a jamais fait de campagne. Donc il vient le chercher parce qu’il a cette expérience-là », explique un membre du commando. Bien vite, le jeune Lyonnais s’intègre à la bande, « au club des sept » comme ils s’appellent eux-mêmes, où l’on retrouve Sibeth Ndiaye, Sylvain Fort, Benjamin Griveaux, Ismaël Emelien, Julien Denormandie et Stéphane Séjourné. Bien vite, il se rend indispensable. Jean-Louis Touraine conserve en mémoire ce déjeuner, en pleine campagne présidentielle, destiné à recenser les soutiens du candidat d’En Marche ! à l’Assemblée. En un seul repas, confie l’élu, « Emmanuel Macron l’a appelé deux fois, pendant vingt minutes ; il l’appelait pour tout ».

« Pendant la campagne présidentielle, il arrivait avec d'immenses tableurs, des feuilles A3, des déplacements du candidat et de l'agenda hebdomadaire. C'était une espèce de vigie. Quand on sortait de là, on savait tout ce que l'on devait savoir, ce qu'on avait à faire, se souvient une petite main. Il a une vision politique de tout, une connaissance très fine de la carte électorale. Quand on prévoyait un déplacement, c'est lui qui alertait sur les enjeux politiques en disant : "Attention, là il y a un symbole, là ça se passe mal avec tel élu local, ça vaut peut-être le coup de le traiter"... Et quand il y avait mille idées qui fusaient à la seconde, il savait faire le tri, dire ce qui était possible, impossible, légal, pas légal. » Regard et calculs acérés, caractère taiseux. Pendant la campagne, le directeur des opérations, Ludovic Chaker, le surnomme « Voldemort », en référence au sorcier doté d'immenses pouvoirs dans la saga *Harry Potter*. Le député LREM, Pierre Person, résume : « C'est une machine de guerre politique. Il est formé, il a une analyse brillante, hors pair, pas d'états d'âme. »

Le pouvoir gagné, il ne suit pas Emmanuel Macron à l'Élysée. « Il s'est très mal entendu avec Brigitte », susurrent certains. « Il n'a pas que des amis, mais c'est faux », certifie un proche. Quoi qu'il en soit il devient l'influent chef de cabinet du ministre de l'Intérieur, Gérard Collomb. « Tout-puissant, intouchable, avec un pouvoir de nomination », glisse un salarié de la Place Beauvau, pour qui « il y avait les Lyonnais et il y avait les autres ». Les Lyonnais ? Outre Girier, Collomb a emmené sa plume Jonathan Guémas, qui remplace désormais Sylvain Fort à l'Élysée, et son community manager Arthur Empereur, tous des enfants du PS de Lyon. Puis vient la rupture. « Ce n'est pas quelqu'un qui s'épanche, mais, oui, Jean-Marie est fâché contre Collomb », confie un ami. Depuis l'affaire Benalla, dit-on. Depuis que les critiques de l'ancien ministre se sont faites trop acides contre Emmanuel Macron. Sa loyauté envers le président de la République pour qui il a tout plaqué, quitté Lyon pour Paris, l'emporte. La porte de sortie, c'est le tout nouveau président de l'Assemblée, Richard Ferrand, qui la lui offre. Un jour de la mi-septembre 2018, il appelle Collomb alors en déplacement à Vienne (Autriche) pour une réunion des ministres de l'Intérieur européens. Première réaction, au bout du fil : « Tu veux me piquer quelqu'un ? » Le nom du quelqu'un en question est prononcé : « Je vais réfléchir. » Richard Ferrand : « Mais je ne te demande pas ton avis… » Deux jours plus tard, en marge de l'hommage national aux victimes du terrorisme, aux Invalides, à Paris, l'accord tombe. « Si Jean-Marie est toujours d'accord, vas-y. » Au moment de se dire adieu, Girier passe une tête dans le bureau de Gérard Collomb. Ils se parlent une demi-heure. Le chef de cabinet va prendre l'air, puis la plume pour écrire une lettre. Il la dépose sur le bureau de celui qui fut son patron pendant dix ans. Puis il fait ses cartons. Direction l'hôtel de Lassay. Alors que nous écrivons ces lignes, les deux hommes ne se sont toujours pas reparlé. « Il a coupé avec tous ses anciens collaborateurs de Beauvau », souffle un ancien du cabinet.

*

Libéral, réformateur, Gérard Collomb est pile sur la ligne Macron. On lui pardonne (pas toujours, tant s'en faut) d'être plus à droite que la moyenne des Marcheurs sur l'immigration ou le régalien. Sous l'influence de sa conservatrice épouse, murmurent ceux qui les connaissent bien. « Il a vidé le centre-ville de Lyon des punks à chien, des migrants et des prostituées. Il y avait déjà cette droitisation, cette idée que si on fait le boulot de l'extrême droite on n'aura pas l'extrême droite », persifle un socialiste qui le connaît bien. Il détonne aussi, au milieu des jeunes ambitieux à la tête bien pleine. Parfois il gaffe. Ou pousse les feux, selon son bon vouloir et sans demander la permission. Comme lorsqu'il évoque, à la veille du meeting de la Mutualité, la candidature du ministre de l'Économie à la présidentielle, devançant l'annonce officielle de... quatre mois. « Une sortie un peu rock and roll », jugent les jeunes loups, qui ne le mettent, de ce fait, pas dans la confidence de la programmation de la démission de Macron en août 2016.

Mais il apporte son savoir-faire, lorsqu'il faut ménager les alliés. Ou son regard de grand élu. Dès l'élaboration du programme, « il gueule en "copol" [le comité politique] » contre la suppression de la taxe d'habitation. Car il est connu pour ses colères, Gérard Collomb. À tout le moins, pour son côté ronchon. « Avec Gérard, les relations ne sont jamais mauvaises, mais elles ne sont jamais bonnes. Pour lui, quiconque est autour de la table est son adjoint à Lyon. C'est le tonton de province qui râle. Il est impétueux, volcanique, mais pas déloyal ni méchant », décrit un pilier de la campagne. Il est celui qui appelle Emelien Julien et Denormandie Ismaël. Ce caractère, les députés de la majorité en font l'expérience dès septembre 2017. Comme pour chacun de ses textes, le ministre organise un dîner avec les parlementaires de la commission des lois qui planchent sur la loi SILT (Sécurité intérieure et lutte contre le terrorisme). L'élue MoDem et ancienne magistrate Laurence Vichnievsky prend la parole et cingle : le texte est liberticide sur l'un de ses points. Bien mal lui en prend. Un participant raconte : « Et là, il lui passe une de ces roustes, sans la regarder, alors qu'elle est en face de lui. Il lui dit qu'il n'est là que sur la demande du président et du Premier ministre, qu'il n'a jamais voulu être ministre de l'Intérieur, qu'il serait bien mieux resté dans sa ville et que puisque c'est comme ça ils n'ont qu'à se démerder. Il s'énerve, dit qu'il n'en a rien à foutre, et ainsi de suite. »

Un jour d'octobre 2017, l'un des dirigeants d'En Marche !, Arnaud Leroy, prend son courage à deux mains et se rend Place Beauvau. Il faut bien que quelqu'un se dévoue pour dire à « Gérard » que ce serait une erreur de nommer sa femme référente LREM du Rhône. Mais le ministre de l'Intérieur menace de démissionner ! Comme ses proches le lui ont souvent entendu dire, Gérard Collomb confie : « J'ai 72 ans, j'en suis à ma troisième épouse, j'ai pas envie de finir tout seul… » Ministre, c'était son rêve. Mais plus d'une fois il met son portefeuille dans la balance. Souvent, il s'agit juste de menaces, de mots jetés en l'air. « Une fois sur deux, en réunion, il finissait par dire : "Si vous me faites chier, je rentre à Lyon !" » À trois reprises, il va jusqu'à rédiger sa lettre de démission. Pour peser sur l'adoption de la circulaire du 12 décembre 2017 sur le recensement des migrants en centres d'hébergement, on l'a vu. Mais aussi juste avant l'été 2018, estimant qu'il n'avait pas obtenu, pour son ministère, les deniers suffisants pour aborder sereinement l'année 2019. « Ce qui fait qu'on a un excellent budget, on le lui doit », applaudit-on Place Beauvau. La troisième, ce fut la bonne.

Un rêve n'est pas toujours l'idée que l'on s'en fait. Aux yeux de beaucoup, Gérard Collomb n'apparaît pas heureux à Paris. « Il était l'objet de beaucoup de critiques par des députés qui ont trouvé sa loi asile et immigration trop dure, par les journalistes qui ont été un peu méchants. Sa femme n'était pas emballée qu'il soit ministre… », égrène son ami, le député Jean-Louis Touraine. Il y a aussi Lyon, qu'il n'abandonne qu'à moitié (c'est déjà un regret). Il fallait le voir, tout juste installé dans son fauteuil de ministre, lâcher, sans même s'en rendre compte : « Quand j'organiserai la fête des Lumières en décembre… » Comme s'il était toujours maire.

Ses relations avec Édouard Philippe sont exécrables. « Matignon et les technos font la guerre à Gérard Collomb. Et ils réussissent à convaincre l'Élysée que Gérard Collomb est un mauvais », tranche un pilier de la majorité, agacé. Avec le chef du gouvernement, il multiplie les désaccords sur les « 80 km/h », la loi logement, l'*Aquarius*, le budget… Il vit mal aussi la façon dont Jean-Louis Borloo est renvoyé publiquement, et violemment, à ses études par Emmanuel Macron, après avoir remis son rapport sur les banlieues.

Peut-il seulement avoir un chef ? Ses amis en doutent. De toute sa vie, il n'a jamais eu de patron. « Et depuis 2001 [son accession à la mairie de Lyon], il avait perdu l'habitude de rendre des comptes. Quand vous êtes roi dans votre petit domaine, le baron dans son fief, c'est difficile d'accepter d'être troisième dans un plus grand ensemble, confie encore Touraine. Être en position subalterne par rapport au président de la République et au Premier ministre, il ne le vivait pas très bien. Il aime décider, être seul maître à bord. » Son entourage voit bien qu'il vit mal de se faire admonester par le président de la République, comme ce fut le cas au cours de l'un des tout derniers Conseils de défense auquel il a participé.

Un vieux copain qui a déjeuné avec lui en juillet 2018 se souvient de l'avoir entendu pester contre la « rigidité » d'Édouard Philippe, contre le côté jeunes prétentieux, techno, des troupes macronistes. Il reproche au président une pratique trop isolée du pouvoir. Deux mois passent. Le ministre met publiquement en garde, à la télévision, le chef de l'État contre « l'*hubris*, la malédiction des dieux ». Suit un dîner à trois, avec Brigitte et Emmanuel Macron, pour se dire les choses. « Brigitte faisait souvent le cocooning avec Gérard Collomb, comme elle le fait d'ailleurs avec beaucoup », glisse un proche. En réalité, entre les deux hommes, le lien s'est distendu. « Cela commence dès le début du quinquennat, parce que les activités d'un président font qu'il est occupé », relève un ami commun.

Et puis, il y a l'affaire Benalla, qui bouscule tout. Et pas seulement le plan que le locataire de Beauvau avait vendu ainsi à ses collaborateurs : faire adopter la loi asile et immigration le 31 juillet, puis partir tranquillement du gouvernement fin août, début septembre. « Collomb n'est quand même responsable de rien là-dedans. Et il se retrouve en première ligne à se prendre les balles. Ce n'est pas marrant pour lui. Il l'a totalement subie, le défend un proche. Cela délite sa relation de confiance avec le président. Il s'interroge sur sa capacité à trancher. » Un autre : « Gérard, c'est un homme extrêmement sensible aux critiques et aux attaques. L'affaire Benalla, où on l'a fait passer pour un con, ça l'a extrêmement marqué. » De son côté, le président estime au contraire ne pas avoir été assez bien défendu par le ministre.

Collomb et Macron s'en sont expliqués. Mais cela a laissé des traces.

Dix minutes. Voilà dix longues minutes que Gérard Collomb poireaute, debout, coup d'œil à sa montre, dans la cour du ministère de l'Intérieur, qu'Édouard Philippe daigne arriver pour la passation des pouvoirs. Ce mercredi 3 octobre, le chef du gouvernement déguste le plat froid de la vengeance, en imposant une interminable attente à celui qui lui a fait la mauvaise manière de partir sans prévenir. Avant de regagner Lyon, Collomb a un dernier message à délivrer. Une alerte, plutôt. « Je suis allé dans tous ces quartiers, des quartiers nord de Marseille, au Mirail à Toulouse, à la périphérie parisienne, Corbeil, Aulnay, Sevran. La situation est très dégradée. Et le terme de reconquête républicaine prend, dans ces quartiers, tout son sens. Parce que oui, aujourd'hui, c'est plutôt la loi du plus fort qui s'impose, des narcotrafiquants, des islamistes radicaux, qui a pris la place de la République. » Incroyable et gravissime constat. Quand on lui en reparle quinze jours plus tard, l'ex-ministre assume. « C'est l'un des problèmes les plus importants de notre pays aujourd'hui. Il faut qu'il soit au cœur de notre politique. On n'a pas assez mis l'accent jusqu'à présent sur le changement institutionnel, la politique de la ville. Ma démission était aussi une interrogation sur tous ces points. C'est une manière de tirer la sonnette d'alarme », nous confie-t-il alors. Mais lorsqu'on le sollicite à de multiples reprises, pour qu'il livre sa version de la conquête et l'exercice du pouvoir aux côtés d'Emmanuel Macron, il se fait muet. Ou presque. « Pour moi, c'est une page tournée. »

*

Début mars 2019. Cela fait cinq semaines que Georges Képénékian n'a pas eu Gérard Collomb au téléphone. Signe que cela ne va pas. En ville le bruit court : Collomb s'isole chaque jour un peu plus, après avoir lancé une chasse aux traîtres suicidaire et paranoïaque. Dans « la principauté lyonnaise », comme le dit en plaisantant un cadre parisien du parti, l'ambiance est délétère. Les critiques contre la gouvernance de la référente départementale, Caroline Collomb, vont crescendo. Adhérents, animateurs de comités locaux et parlementaires se rebiffent. « Elle tient le mouvement de façon autoritaire », peste le député LREM Thomas Rudigoz. L'un de ses collègues soupire : « Elle essaye de doubler tout le monde. Ça a suscité quelques jalousies. » À l'approche des élections municipales de 2020, les ambitions fratricides affleurent. Et avec elles, le spectre de listes dissidentes, le risque de défaite.

Le 3 octobre 2018, sitôt son pouvoir de ministre passé à Édouard Philippe, Gérard Collomb saute dans un TGV. Large sourire au moment de poser le pied à Lyon-Perrache. Heureux. « Le retour du fils prodigue », signe-t-il, le lendemain, en dédicaçant (une tradition) au marqueur le mur de la chaîne locale, Télé Lyon Métropole. « Gérard, c'est un jeune premier, là. Il est en train de préparer sa première cantonale. Il est en campagne », s'amuse, depuis Paris, le président de l'Assemblée, Richard Ferrand, après l'avoir eu au téléphone. Sauf que l'accueil n'est pas celui que Collomb imaginait. Il ne faut pas dix jours pour que des Marcheurs locaux adressent un courrier au siège du parti, pour se plaindre de son épouse. « Gérard Collomb gouverne à la mairie depuis 1977 et intègre désormais une dose de népotisme. Cela a heurté la base, qui était venue pour le renouvellement des usages et des visages », relève un ponte parisien. La tension est telle que le conseiller spécial du chef de l'État, Philippe Grangeon, est contraint de jouer les Casques bleus. « Il n'y a pas le feu au lac », tempère un fin connaisseur des arcanes lyonnais. Mais rien n'est gagné non plus. « Donc Gérard va se battre. Il adore l'ambiance des campagnes, ça sent la poudre et il aime ça, observe Georges Képénékian. Il ne passera pas la main avant d'avoir mené bataille. » D'aucuns murmurent qu'il préférerait « mourir sur scène » que de la quitter. Car si Gérard Collomb ne supporte pas d'avoir un patron, poursuit Képénékian, « il ne supporte pas non plus d'avoir des dauphins ». « Ni dauphin ni élève. » Foi de successeur.

V

UN TOUR DE VERROU

18

Un mariage et un remaniement

Une course contre la montre, dans laquelle les aiguilles défilent à mesure que le TGV avale les rails. Pour la plupart des passagers du Paris-Bordeaux, la fermeture des portes envoie le signal de la détente. On ouvre un livre, on lance un film. On s'accorde une petite sieste, prélude au week-end qui se profile. Nous sommes le vendredi 12 octobre 2018, et Stanislas Guerini, lui, n'a pas le temps de buller. Le député a deux heures. Deux heures, pour rédiger trois textes. Deux interventions pour le mariage de son ami Ismaël Emelien, dont il est le témoin. Une note pour le président de la République. « Il va falloir être bon ! », se dit-il. À quatre jours de l'annonce du remaniement, il est fort probable, pour ne pas dire acquis, que Christophe Castaner soit nommé Place Beauvau. Après deux semaines d'hésitations, d'intox et de bras de fer, tout laisse à penser qu'Emmanuel Macron est revenu à son idée initiale pour succéder à Gérard Collomb. Conséquence, le siège de délégué général de La République en marche sera sous peu remis en jeu.

Alors, tandis qu'il file vers Bordeaux à grande vitesse, Stanislas Guerini se dépêche de prévenir

Emmanuel Macron. « Moi, j'y vais ! » Dans son message Telegram, il expose à grands traits ses idées pour redresser le mouvement. Celles qu'il développera dans sa campagne. L'élu parisien est un Marcheur de la première heure. Le chef de l'État, il le connaît depuis l'automne 2015. Il sait que s'il veut le parti il va falloir aller le chercher. « Avec le président de la République, il faut savoir ce qu'on veut. Il a besoin de gens autour de lui qui sont décidés, qui prennent l'espace », nous confie-t-il. Guerini ne reçoit pas de *no go*. Il se sent donc autorisé à se lancer. Dans la voiture de location qui le conduit de la gare Saint-Jean au domaine du bordelais, où se presseront bientôt quelque deux cents invités, le député poursuit la réflexion avec le conseiller élyséen Emmanuel Miquel, qu'il connaît depuis leurs années HEC. Les deux copains parlent du mouvement, du remaniement, beaucoup. Qui est pressenti, qui ne l'est pas. Et puis, il faut préparer le discours du mariage. Miquel, le second témoin d'Emelien, ne veut vraiment pas se planter devant son chef. Car Alexis Kohler, le secrétaire général de l'Élysée, est lui aussi de la partie. Comme Philippe Grangeon et le commando de la campagne : Sibeth Ndiaye, Jean-Marie Girier, Sylvain Fort, Benjamin Griveaux, Stéphane Séjourné, Julien Denormandie…

Le microcosme parisien politique et médiatique bruisse des derniers échos de cet interminable remaniement. Mais tout un pan des influenceurs est délocalisé dans le Sud-Ouest. Et voilà comme un événement privé peut susciter l'intérêt public. Au grand dam du marié, qui se trouve être le plus attaché de tous à la confidentialité. Sans surprise, à l'esquisse de la première question, même amenée sur des œufs, Emelien se raidit. « Je ne préférerais pas en parler, effectivement. » La plupart de ses amis ont pris le pli. Ils le savent, « Isma » n'aimerait pas cela. On le comprend. Mais comment éviter que l'actualité du moment ne s'infiltre dans les discussions, au vin d'honneur ou bien à table ? Certes, ce n'est pas l'objet. Le moment est d'abord intime, familial et festif. Les collaborateurs du président sont plus d'humeur à tracer sur les nappes des dessins évocateurs, farceurs et grivois, qu'à esquisser « la compo du gouvernement ». Même Alexis Kohler, pourtant débarqué avec des parapheurs, aurait bien « déloggé » – comprendre « débranché », en langage macronien –, dit-on avec un sourire entendu. Difficile toutefois d'occulter les espoirs caressés par certains, en cet instant, de rejoindre le gouvernement. Adrien Taquet et Cédric O ? Le premier vise un secrétariat d'État à la Santé, le second à Bercy. Ces deux Marcheurs historiques nous assurent s'interdire d'évoquer le sujet, entre la poire et le fromage, auprès des DRH du président, Grangeon et Kohler, à la manœuvre depuis deux semaines. Une sage décision, puisque rien ne viendra. Un troisième invité vit dans l'attente. Dix jours plus tôt, Philippe Grangeon a prévenu Gabriel Attal. Le remaniement sera large, son nom circule. Mais pour quel poste ? Mystère. Depuis, « pas de son, pas d'image ». Juste de l'incertitude. Puis la délivrance. Pendant la fête, Alexis Kohler le prévient : « Écoute, il est très probable que tu rentres au gouvernement auprès de Jean-Michel Blanquer, sur la jeunesse, la vie associative et le service national universel. » De quoi embellir la soirée. Attal obtient confirmation le lundi matin, de la bouche du… président de l'Assemblée nationale Richard Ferrand. Quant à Guerini, il en profite pour s'ouvrir de ses ambitions pour le parti auprès de Grangeon, à l'heure de l'apéro. Pourquoi perdre du temps ?

*

Quand paraît *Le Journal du dimanche* le 6 octobre, un petit vent de panique souffle sur Matignon. Il n'est jamais agréable d'apprendre sa propre démission par voie de presse. Même s'il s'agit d'être renommé dans la foulée. L'affaire est d'autant plus prise au sérieux que les colonnes de l'hebdomadaire sont prisées de la Macronie. Combien sont-ils, ce matin-là, ceux que l'on interroge sur le big bang gouvernemental à venir, à nous recommander de lire « attentivement » l'interview de Richard Ferrand qui y figure en bonne place… Et pour cause. « C'était une commande du président le samedi, disant : "Il faut faire un papier pour montrer qu'on est là" », confie un très proche du chef de l'État. Gérard Collomb a fait ses valises depuis cinq jours déjà. Après une longue période de flottement, un scénario semble tenir la corde. Afin d'ouvrir une nouvelle séquence, Édouard Philippe devrait présenter sous peu la démission du gouvernement, avant d'être confirmé dans ses fonctions par Emmanuel Macron et de solliciter un vote de confiance de l'Assemblée. Les proches collaborateurs du Premier ministre tombent de leur chaise. Un vote de confiance, assorti d'une déclaration de politique générale, cela s'anticipe ! Ils décrochent leur téléphone. Au bout du fil, Édouard Philippe le leur assure, il n'a pas abordé la question avec le chef de l'État. Ce sera chose faite dans l'après-midi, à l'Élysée. « Une déclaration de politique générale, on la fait quand la politique change, ce qui n'était pas le cas. Donc cela nous semblait logique qu'il n'y ait pas de démission. Mais on ne l'aurait pas vécu comme une infamie », démine un proche du Premier ministre. Qui ne peut toutefois s'empêcher de pester contre « ceux qui n'étaient pas là et qui ont fait part de leurs petites idées ». Car la piste, finalement abandonnée, ne sort pas de nulle part, mais bien de soutiens historiques et influents du président. Et voilà qu'il se susurre désormais que le chef du gouvernement craignait d'avoir « moins de voix sur le vote de confiance » qu'en juillet 2017. « Ses collaborateurs ont pensé que cela allait ternir le truc, montrer que le niveau de confiance a baissé », souffle-t-on encore aujourd'hui. Sous-entendu : si le plan a échoué, ce n'est pas que certains se sont trop avancés, mais parce qu'Édouard Philippe a paniqué.

On a beau s'échiner à laisser la porte de la cuisine fermée, à l'heure du coup de feu, certains bruits ne peuvent que s'échapper. Comme celui-ci : non, l'alignement n'est pas toujours parfait, et c'est un euphémisme, entre Matignon et le noyau dur qui entoure le chef de l'État. « Les gens de LREM ont vu le moment où les choses allaient leur échapper. Ils ont dit qu'Édouard Philippe avait pris le pouvoir, qu'il allait faire basculer le gouvernement à droite. Le premier cercle a estimé que les derniers ne seraient pas les premiers », fulmine un ami du chef du gouvernement, qui ajoute : « Tous les gens de l'Élysée ont grandi à gauche, tous les gens de Matignon ont grandi à droite. Ils ont du mal à se parler entre eux, car ils n'ont pas la même culture. Ils ne parlent pas la même langue ». De là à reconnaître que le clivage gauche-droite ne s'est toujours pas estompé dix-huit mois après le ralliement d'Édouard Philippe, Gérald Darmanin et Bruno Le Maire… « Ce serait une erreur de penser qu'il y a un effacement de la droite et de la gauche. Il ne faut pas confondre dépassement et effacement. Il y a un équilibre global à respecter », observe Adrien Taquet, même si des deux côtés on s'empresse de récuser toute « tension » au sommet, entre Emmanuel Macron et Édouard Philippe. « Le Premier ministre a beau faire la roue dans le bureau, c'est le président de la République qui nomme à la fin. Alors, il n'enclenche pas un rapport de force avec le président, c'est comme ça », martèle un proche d'Édouard Philippe.

Une autre vérité transpire : même dans le nouveau monde, certaines lois intangibles régissent un remaniement. Une chorégraphie immuable de frictions entre entourages, de fuites orchestrées ou non, d'enfumages. Exemple avec ce jeune député, qui demande aux journalistes de faire circuler son nom. Il leur expliquera « plus tard » pourquoi. Las. Il n'apparaîtra pas dans le moindre papier. Mettre en valeur l'un, desservir l'autre, se pousser du col. Et toujours, ce secret espoir de profiter du jeu de chaises musicales. La politique à l'ancienne, en somme. Avec cette innovation, qui ne fait que démultiplier le nombre de coups de billard : un délai inhabituel, deux semaines. Rien que cela. « Ce remaniement a été long, mais ce sont peut-être tous les autres qui ont été courts, avance Gilles Boyer, le conseiller politique de Philippe. Ce n'est pas parce que ça dure qu'il y a des tensions. On s'est habitués à ce que ce soient des choix faits en vingt-quatre heures, mais dans n'importe quelle boîte recruter un cadre dirigeant, c'est fait en trois ou quatre mois et personne ne s'en étonne. Si on pouvait s'habituer à faire des remaniements qui prennent le temps qu'il faut, on y gagnerait tous. Et si la prochaine fois ça doit prendre trois semaines, ça prendra trois semaines. »

Deux semaines durant, donc, le Rubik's Cube ne cesse de tourner. Jusqu'à l'obtention d'une combinaison. À ce jeu, Christophe Castaner a cru voir sa chance passer, avant de décrocher son Graal, le ministère de l'Intérieur. Nous le verrons. Pour le reste, tout a été question de subtils dosages. Chacun avance ses pions. Côté Édouard Philippe, on pousse avec plus ou moins de succès les noms de Christophe Béchu, Dominique Bussereau, Emmanuelle Wargon ou Franck Riester. L'activisme de Sébastien Lecornu, qui se verrait bien prendre du galon, à l'Agriculture ou ailleurs, est remarqué. Il est propulsé ministre, puis organisateur du « grand débat ». L'aile gauche voit arriver un ancien socialiste, Didier Guillaume, au ministère de l'Agriculture. Teinter le gouvernement de rose ne fut pas chose aisée. D'autres sont recalés, ou déclinent, comme Juliette Méadel (« Elle a été tuée par les jeunes », dit un ami), Bruno Julliard (« Blanquer, quand on est de gauche, ce n'est pas possible », glisse une proche) ou Mathieu Klein (lui fait publiquement savoir qu'il dit non !). Et puis il faut servir le MoDem. Un ministère de plein exercice pour Marc Fesneau, un périmètre élargi à Jacqueline Gourault, dont un député LREM assure « qu'elle est aussi proche de François Bayrou que Marielle de Sarnez ». C'est dire. « Mamie Gourault, maintenant, c'est Rex imperator », rigole un macroniste. Des personnalités sont testées. La présidente de France Médias Monde Marie-Christine Saragosse à la Culture, la conseillère de l'Élysée Audrey Bourolleau pour un secrétariat d'État à l'Alimentation. On pense à reconfigurer des périmètres. Et si l'on associait Marlène Schiappa et Agnès Buzyn au sein d'un grand ministère social ? Certains sentent le souffle du couperet effleurer leur nuque, comme Benjamin Griveaux et Mounir

Mahjoubi. Les deux nourrissent des ambitions pour Paris ? Qu'ils concentrent leurs efforts sur leurs candidatures ! Ils sont finalement repêchés.

Dans les bureaux d'Alexis Kohler, Édouard Philippe ou Benoît Ribadeau-Dumas, cela défile. Les entretiens sont techniques, portés sur les thématiques, politiques. « Comment vois-tu... ? » D'autres, conseillers d'État et préfets, se chargent d'examiner le curriculum vitae et les propriétés des possibles entrants au peigne fin. L'un d'eux se souvient : « Ils passent en revue votre patrimoine, votre activité passée, votre femme, vos parents, vos frères, vos amis, vos enfants. C'est : "Qu'est-ce que vous avez à dire pour que le président de la République et le Premier ministre ne le découvrent pas dans la presse dans trois mois ? Est-ce que vous fréquentez régulièrement des puissances étrangères ? Est-ce que vous avez pour amis des célébrités avec lesquelles vous partez régulièrement en vacances ? Une femme de ménage employée au noir ?" » Certains sont nommés sans même avoir vu le président. C'est le cas, par exemple, de la secrétaire d'État Christelle Dubos.

Mais Emmanuel Macron, aussi, consulte à tout-va. Il en profite ainsi pour renouer avec Jean-Louis Borloo, dont le rapport banlieue a été brutalement recouvert de trois pelletées de terre, enterré sans façons quelques mois plus tôt. L'influence va et revient. Surtout lorsque l'ébullition est totale. Humilié en mai, l'ancien ministre de la Ville peut de nouveau, lors de conversations téléphoniques avec le président, donner sa vision des choses, son avis sur Franck Riester, tout le bien qu'il pense (en vain) du préfet Jean-François Carenco. Et François Bayrou dans tout ça ? « Dans ces cas-là, c'est François qui décroche son téléphone. C'est tout. Et tout le monde sait que François ne lâche rien », relève avec fierté celle qui le connaît certainement le mieux, Marielle de Sarnez. Côté Macron, on confie dans un sourire : « Pendant la campagne, Emmanuel Macron avait une grande spécialité quand il se fâchait avec Bayrou, c'est qu'il ne lui répondait plus pendant deux ou trois jours. L'autre était fou. » *In fine*, bien peu savent ce qui est vraiment acté dans le huis clos du bureau du chef de l'État. Ce type de décision a la réputation de se prendre à quatre, dans le secret de discussions réunissant le duo exécutif, donc, le secrétaire général de l'Élysée, Alexis Kohler, et son jumeau, l'influent directeur de cabinet du Premier ministre, Benoît Ribadeau-Dumas. « Quand ils ne veulent pas faire fuiter une conversation, ils savent le faire », observe un ministre. Dans le flou le plus total quand on le voit, le même, désemparé, note que « quasiment tous les cabinets sont à l'arrêt ». « Si vous avez des échos, faites-moi signe », nous lance-t-il ce jour-là.

⋆

Christophe Castaner franchit les grilles du 57, rue de Varenne. Le secrétaire d'État en charge des Relations avec le Parlement a rendez-vous avec le Premier ministre, dans son bureau. Il n'est pas rare que les deux hommes, qui ont sympathisé, se retrouvent en fin de journée pour boire une bière. Mais il n'est, ce jour-là, nullement question de prendre l'apéro. Nous sommes en plein maelström. Et Castaner ne sait toujours pas si le duo exécutif va faire de son désir une réalité. Et s'il atterrissait finalement à la Cohésion des territoires ? Hasard, selon le récit qu'il nous en fait *a posteriori* du calendrier, Frédéric Péchenard se trouve au même moment dans le bureau voisin. Le télescopage des agendas sait se montrer facétieux. Ou habile. Car, à ce moment-là, le nom de cet affidé de Nicolas Sarkozy revient bien trop souvent dans la liste des prétendants à la Place Beauvau pour qu'il s'agisse d'un mirage. Et voilà les deux candidats réunis dans le même bureau. Un haut gradé de la Macronie raconte : « Le Premier ministre les encourage à discuter pour voir s'ils peuvent se mettre d'accord. Et là, Péchenard dit à Casta : "Toute la sécurité, c'est moi. Toi, tu géreras les cultes, l'immigration." » Plusieurs semaines ont passé, lorsque l'on soumet cette version à Christophe Castaner. Moue pour signifier que tout cela est exagéré, romancé. « Il pose le cadre et il est exigeant. Mais il n'y a pas de brutalité, l'homme est très respectueux », nous jure-t-il. La scène n'en est pas moins édifiante. « Castaner a beau être plein de générosité, ça lui a quand même fait un petit choc », s'amuse un ponte de la majorité. La bataille de Beauvau… Pour beaucoup, elle explique à elle seule que deux semaines, et pas moins, aient été nécessaires pour accoucher du nouveau gouvernement.

Lorsqu'il quitte l'Hémicycle, le 2 octobre, après une séance perturbée par la confirmation de la démission de Gérard Collomb, Christophe Castaner a pourtant de bonnes, très bonnes raisons de penser qu'il va lui succéder. Car on lui demande de se tenir prêt. Le soir même. Mais rien ne vient. Surtout, d'autres noms se mettent à circuler. À commencer par celui du ministre des Comptes publics, poussé par le Premier ministre. « Gérald Darmanin, il a une thèse : le président doit mettre Bercy plus à gauche et le ministère de l'Intérieur plus à droite… », lâche un macroniste de la première heure, pour mieux signifier qu'il n'est pas dupe de ce petit jeu. Cette hypothèse écartée, d'autres surgissent. Toutes venues du même bord. On parle de Jean Castex. De Frédéric Péchenard, donc. Or cette perspective séduit Macron, persuadé que sur ces thématiques les Français attendent de l'autorité. Et, raison plus prosaïque, qu'il faut continuer à fracturer la droite. En somme, songe-t-il, l'ex-sarkozyste lui permettrait de trianguler.

Les Marcheurs historiques lèvent leurs boucliers à l'unisson. « Le poste de ministre de l'Intérieur ne peut revenir qu'à quelqu'un du cercle », plaide Stéphane Travert. « Un poste où vous avez de la dynamite entre les doigts, où vous remontent tous les procès-verbaux d'interrogatoires, tous les types qui se font choper au bois avec un travelo… » souffle l'un de ses compères. Ils sont si nombreux à s'étouffer à cette idée… « Tout le monde s'y met, collectivement, pour tuer la candidature », confie l'un de ceux-là. Que les transfuges de la droite se le tiennent pour dit, en face, il y a des gens qui veillent. Dans cette contre-offensive, la garde prétorienne de LREM trouve un allié de poids. « Il y a un tir de barrage majeur de François Bayrou, qui monte vraiment fort dans les tours », raconte l'un de ses membres. De quelle façon ? « Dans ces cas-là, il explique qu'il a un accord politique avec le président de la République et il rappelle qu'il peut retirer ses billes. » Une petite phrase, aussi méchante qu'imagée, s'échappe, en ce temps-là, du QG du MoDem. « Un chien ramène toujours la laisse à son maître. » Décidément, le président du MoDem ne comprend pas comment pareille folie peut être envisagée.

Emmanuel Macron chemine, il commence à comprendre qu'entre Casta et Péchenard cela ne le fera pas. Il ne veut pas partir sur un attelage bancal, lui qui dit toujours : « Il faut que ça vole ! » Pressé par son Premier ministre, la légende dit qu'il trouve cette porte de sortie : « Si tu convaincs Bayrou, je le prends. »

Reste toutefois un pépin : Castaner seul, cela ne tient pas. L'ancien secrétaire général adjoint de l'Élysée Nicolas Revel, qu'Emmanuel Macron a côtoyé durant le quinquennat de François Hollande, est contacté. Il décline. Puis vient l'option Laurent Nunez, un expert, nommé secrétaire d'État. « C'est le politique et le flic, résume l'entourage du président. Même si Nunez n'est pas flic. » Il est en effet préfet, spécialiste de la sécurité et directeur général de la Sécurité intérieure (DGSI), soit numéro un de la lutte antiterroriste. Lui aussi a la pleine confiance du chef de l'État, qui l'a côtoyé tous les mercredis matin autour de la table du Conseil de défense. Il a, ce qui ne gâche rien, la réputation d'être un excellent communicant.

Christophe Castaner a beau n'être qu'onzième dans l'ordre protocolaire, voir son portefeuille amputé des collectivités locales et être en quelque sorte sous escorte, l'essentiel est sauf : la place forte Beauvau n'est pas tombée dans l'escarcelle du camp d'en face. Et avec la promotion spectaculaire d'un macroniste de la première heure, l'honneur a le bon goût d'être sauf. Tout ça pour ça, nous direz-vous. Un familier de l'Élysée résume ainsi ce fol épisode : « Ils ont choisi Castaner très vite. Et puis, tout le monde leur a dit : “Vous êtes des malades, il ne faut pas faire ça.” Ils ont reculé. Et puis ils sont revenus à Castaner. C'est le propre d'une révolution. Vous faites un tour pour revenir au même point. »

*

Une bûche flambe dans la cheminée du grand salon de l'hôtel de Clermont. Christophe Castaner avoue : « Je n'étais pas pressé de quitter le porte-parolat. » Emmanuel Macron en a décidé autrement. Nous sommes le 14 novembre 2017. Dans quatre jours, le Marcheur de Forcalquier endossera un costume qui ne lui sied guère, délégué général de La République en marche. Nouvelle confidence détonante : « Je ne veux pas être le chef. » Une affirmation qu'il nous dit regretter quelques mois plus tard. La première fois que le président lui en parle, il balaye net la proposition. Lors d'un dîner, organisé sans lui, Gérard Collomb, Richard Ferrand, François Patriat et le président retournent le problème dans tous les sens. Et reviennent à son nom. L'un des convives du chef de l'État – Castaner ne sait même plus lequel – se dévoue pour revenir à la charge auprès du récalcitrant. Nouvelle fin de non-recevoir. Décidément, ce poste, Christophe Castaner n'en veut pas. La troisième fois fut la bonne. Avait-il réellement le choix ? « Il est arrivé à un point où il ne pouvait plus refuser. Il a essayé de vendre d'autres hypothèses. Julien Denormandie, Marlène Schiappa… Mais, à un moment, vous ne pouvez pas dire non trente-six fois au président », témoigne un proche.

Or, il y en a déjà eu un certain nombre. Lorsque Macron a pensé à lui pour être président du groupe LREM à l'Assemblée. Aucune envie de descendre dans la soute. Président de l'Assemblée ? Il ne s'y voit pas. *Idem* pour le poste de porte-parole de l'Élysée, qui lui fut également proposé. Chaque fois, c'est niet. Ce dont il a envie, lui, c'est être ministre. Il n'a pas de mal à le reconnaître. « J'avais envie de faire de la politique et pour ça il fallait que j'entre au gouvernement », explique-t-il. Un proche recontextualise : « Sous François Hollande, il en rêvait déjà. Mais ils n'ont jamais considéré Casta comme quelqu'un de sérieux, comme au niveau. » Le député des Hautes-Alpes joue alors « en deuxième division ». C'est lui qui le dit. « Cinquième division », grince un familier de Matignon. Fidèle du président nouvellement élu, il peut désormais prétendre à la Ligue 1. À l'aube du quinquennat, il jette son dévolu sur les Relations avec le Parlement et surtout le porte-parolat du gouvernement. Le secteur l'amuse, lui donne la visibilité des projecteurs. Qu'importe les bourdes, qu'il multiplie, il opte pour la stratégie du bulldozer. Il aime tant cela. Et puis il a un déficit de notoriété à combler. Alors, quitter les plateaux pour le parti… Il faut pourtant s'y résigner. « Il a mis six mois pour l'accepter », confie un permanent du mouvement.

Son entourage se souvient : « Il est passé du statut de ministre influent à presque collaborateur, en devenant, dans l'esprit d'Emmanuel Macron, le directeur général et non pas le délégué général. C'était beaucoup plus : "Vas-y, fais ça !" Et embauche Untel, reçois Untel. Deux ou trois fois, il s'est engueulé avec lui. » Il lui faut non seulement assurer un poste dont il ne voulait pas, s'imposer, mais aussi mettre un peu d'ordre dans un parti qui s'apparente à un canard sans tête. Et encore, la comparaison ne convient pas. L'encéphalogramme est si plat ! Supplice supplémentaire pour celui qui nous avoua un jour avoir, des années durant, téléchargé *La Provence* tous les matins dès 5 heures, afin de voir si sa photo apparaissait dans ses pages, il est médiatiquement bien moins présent. Car celui qui porte la parole, désormais, c'est son vieux rival de la campagne, celui avec lequel il se disputait les interventions en plateau, Benjamin Griveaux. Pis, les revues de presse sont mauvaises. Ce grand affectif est touché par les articles qui dépeignent les carences du mouvement, relaient les mécontentements de ceux qui lui reprochent de n'être là qu'à mi-temps. Parfois, il ne les pardonne pas. Pour se consoler, il scrute le nombre de vues de lui enregistrées par les vidéos, mises en ligne par le parti.

Ou savoure « la folie des selfies », lors de ses sorties auprès des militants, qu'il multiplie pour le compte du mouvement. Tel est le lot de bien des autodidactes. Avoir toujours quelque chose à prouver. À se prouver.

Christophe Castaner n'a pas le parcours lisse, ascendance exponentielle, toujours en ligne droite, des « Macron boys ». Lui a commencé par apprendre, très tôt, à se débrouiller. Il le revendique, en novembre 2017 : « Toutes les choses que j'ai eues, je les ai arrachées. J'ai eu mon bac en candidat libre, après avoir déconné pendant trois ans. Mes mandats, je les ai arrachés. Mes métiers, on ne me les a pas donnés. Mon autonomie, même avec mes parents, je l'ai prise. Ma réussite scolaire, à l'université, je l'ai arrachée. C'étaient pas papa et maman qui étaient derrière pour financer quoi que ce soit. Je sais aussi ce que je dois à ma propre énergie. » Jeunesse se passe aux côtés de fréquentations « interlopes » (le terme est de lui). « On peut dire qu'il connaît l'ensemble des enjeux », s'esclaffe un haut gradé de la Macronie, le jour où il est nommé à Beauvau. « De 17 à 20 ans, je zone », admet l'intéressé, qui enchaîne aussi les petits boulots – magasinier, serveur de bar, maçon, joueur de poker, aussi. Un gagne-pain qui requiert de savoir « observer les gens », retient-il. Mais qui donne, aussi, une capacité à repérer « les mains gagnantes ». Il n'a plus joué depuis ses 20 ans, mais on ne peut pas dire qu'il ait oublié toute notion de la martingale. Il finit par rompre avec cette vie. Sa femme, Hélène, rencontrée tout jeune, n'y est pas pour rien. Ne l'a-t-elle pas tancé lorsque, frimeur, il s'était fait prêter une Ferrari par un ami pour se rendre au mariage d'un cousin ? Ce jour-là, elle l'a menacé de faire le trajet toute seule, à pied. Son caractère « besogneux » (de lui, encore) fait le reste.

18 octobre 2018. Les salariés d'En Marche ! sont réunis dans la grande salle de réunion. En vitesse, ils sont descendus acheter des gâteaux et du jus d'orange au supermarché du coin. Ils ont aussi monté un petit film souvenir, où ils se moquent (gentiment) du patron. Christophe Castaner fait son pot de départ. Les militants commençaient à râler. Il avait filé à Beauvau sans même repasser par le QG. Sans un mot, si ce n'est un e-mail d'adieu. « Une fois nommé, on ne l'a plus vu du tout », témoigne un salarié. Pressé de partir ? Lui assure au contraire s'être attaché à ce mouvement. Il verse même une petite larme – « Il pleure sur commande », tempère un proche, qui le dit « extrêmement sensible » – avant de repartir.

À côté du bureau de l'archichancelier Cambacérès, style empire, un Playmobil pirate géant arbore un air menaçant. Les filles de Christophe Castaner le lui ont offert pour son anniversaire. Elles savent que leur père aime les objets décalés. En témoigne la girafe Smarties de deux mètres cinquante de haut, qui trône dans son jardin à Forcalquier. Se doutaient-elles, aussi, que cela lui permettrait de plaisanter, fanfaron, en se présentant en ministre de l'Intérieur pirate ? Les poches sous ses yeux le rappellent. Cela fait trois mois que Castaner vit là. Premier flic de France, jour et nuit. Parfois, en privé, il parle de ce ministère comme d'une « prison totale ». « Vous pouvez plus sortir, plus aller boire un coup, ou alors il faut que la caravane du Tour vous accompagne… » Un poste aussi, quasiment le seul, « où vous ne savez pas si vous serez encore là la semaine prochaine ». Il n'a jamais oublié cet article du *Monde*, titré sur « les dix plaies de Beauvau ». Lorsqu'il est publié, le 7 décembre 2018, il en a connu neuf. Le 11 décembre au soir vient la dixième. Il est à l'Élysée, où le président reçoit les parlementaires de la majorité. Première alerte, par textos. Les remontées commencent par se contredire. En réalité, Cherif Chekatt vient d'attaquer le marché de Noël de Strasbourg. Direction la cellule de crise, puis la capitale du Bas-Rhin. Première confrontation avec les corps des victimes, traque. Et cette décision, lourde, rouvrir le marché de Noël. « Vous vous dites : si le mec sort et qu'il tue quelqu'un… » Chekatt est retrouvé. « Ce qui m'a surpris, c'est que je n'ai eu aucune émotion. J'ai eu l'étonnement de me dire que je n'étais pas heureux qu'on l'ait arrêté, et je n'étais pas triste qu'il soit mort alors que c'est un être humain. Ce ministère peut vous enlever cette humanité. »

On ne l'imaginait pas dans le costume, lui, le débonnaire à l'accent chantant. Ses costumes, justement, il les a fait refaire en un peu plus sombre au moment de sa nomination. Sa façon à lui de se glisser dans la fonction. « C'est très particulier, ce ministère. Ils ont besoin d'un chef, d'une incarnation très forte, donc il faut de l'autorité. Au début, c'était donc beaucoup de terrain. Il faut vite faire la démonstration que vous n'êtes pas là par hasard, que vous savez de quoi vous parlez. » Un proche vend la mèche : « Christophe ne connaît aucun corps de l'administration de Beauvau. Il a tellement peur. C'est pour ça qu'il s'est entouré de technos, pour se rassurer sur le côté technique qui l'effraie. »

Et puis, il n'a pas manqué de se rendre aux réunions touchant aux sujets régaliens dès la campagne présidentielle. Car il visait ce ministère bien avant l'élection. Castaner est politique. Et ambitieux. Il sait jusqu'où peut emmener Beauvau. On imagine qu'il se dit également que son côté « besogneux » fera le reste. L'émotion, le sentiment du chemin parcouru, il les a ressentis lorsqu'il a appelé sa femme, pour lui donner l'heure de la passation de pouvoirs. La « pression », aussi. C'est lui qui le dit. « C'est très impressionnant. C'est un ministère du culte du chef. La seule question que je me pose, c'est : "Est-ce que je serai à la hauteur ?" » Récurrent, chez lui. Il nous disait déjà cela, mi-novembre 2017, avant de prendre la tête de LREM, tandis qu'une bûche flambait dans l'âtre de l'hôtel de Clermont.

Alors qu'il s'inquiète de la façon dont se déroulera l'acte XI des « gilets jaunes », la cheminée à côté de laquelle son fauteuil est installé, marbre blanc décoré de dorures, signe à elle seule qu'il a pris du galon. Emmanuel Macron l'a nommé ministre de l'Intérieur. Qui d'autre, dès lors qu'il était acté qu'un proche occuperait le poste ? « S'il y en a un qu'Emmanuel Macron ne peut pas craindre, c'est moi », nous confia-t-il un jour, au détour d'une conversation. Avec le chef de l'État, il y a quelque chose de l'ordre « du sentiment amoureux » : longtemps cet aveu l'a poursuivi. Il ne le renie pas. « J'y crois. Vous ne pouvez pas avoir ce niveau d'engagement, si vous n'y croyez pas vous-même. J'assume ça avec Macron. Vous vous rendez compte que j'ai des semaines qui font une centaine d'heures ? Je me suis rendu compte, après la campagne et ces derniers mois, que j'avais totalement disparu de ma vie privée. C'est dur. Et tout cela, c'est la conséquence du fait que vous êtes effacé derrière une cause. Cette cause, elle est incarnée par Emmanuel Macron. J'assume cette part d'affect. Le jour où cette part d'affect n'existera plus entre lui et moi, je ne serai plus capable de m'engager comme ça et de faire ce que je fais », disait-il dès l'automne 2017. Il ne le cite pas, mais on l'imagine sans peine reprendre ces mots de Montaigne à propos de La Boétie, « parce que c'était lui, parce que c'était moi ». Et puis, ajoute Pierre Person, « il est indispensable, car il a une parole qui est différente, qui est rare en Macronie ; il a une forme de rondeur, il n'a pas la même arrogance que certains ».

Le 14 mai 2017, le commando de la campagne s'offre une traversée du tapis rouge de l'Élysée, façon de s'inscrire dans la légende du quinquennat naissant. L'image reste. Ce qui fait que l'on peut la regarder à deux fois. Non, c'est bien cela, Christophe Castaner n'y figure pas. En réalité, les autres parlementaires non plus n'étaient pas attendus. Le « club des sept » s'est organisé de son côté. Mais, en chemin, ils croisent Richard Ferrand et son épouse, Arnaud Leroy, Bariza Khiari. Et conviennent d'y aller tous ensemble. Christophe Castaner, lui, n'est pas là. Il a beau en être depuis les tout débuts, il n'est pas homme à se fondre dans une bande. Même quand le hasard fait de son mieux. « Je ne suis pas un homme de clan et je suis méfiant. Je suis un peu le bon copain, mais je ne suis pas un chef de clan. Je suis le type qu'on a envie d'inviter, le cousin sympa, mais je ne suis pas le parrain. C'est une faiblesse chez moi, d'ailleurs. Tant que je suis fort, j'ai du poids. Mais dès que j'aurai une faiblesse, comme mes amis ne sont pas dans ce milieu-là, je ne serai pas aidé. » Plus *lonesome cowboy* que pirate ? « Il est totalement solitaire », relève Person, qui a travaillé avec lui au parti et a fini par se prendre d'affection pour lui. Plus taiseux qu'il n'y paraît, aussi. Le jeune député LREM ne sait toujours pas comment prendre les quelques mots de son aîné à son endroit, le jour où il a quitté le parti. « Au Conseil national, il a eu cette petite phrase : "Si j'avais su ta capacité à faire [autant de choses] en trois jours, je serais parti avant." On ne savait pas si c'était une pique ou une forme de légitimation. C'est du Casta : on ne sait pas trop, avec Christophe, ce qui est de la blague ou du reproche. En fait, il ne dit rien du tout et quand il dit quelque chose vous ne savez pas comment le prendre. » Alors, on se raccroche à des indices. À ces objets, qu'il dissémine partout dans son bureau. Sur sa table de travail, justement, trône le cadeau de l'une de ses collaboratrices. C'est un mug, acheté à New York. Il y est inscrit « *I'm the boss* ».

*

Au menu du dîner de l'Élysée : câlinothérapie. Dimanche soir, en plein milieu du remaniement, Emmanuel Macron écarte deux de ses grognards, des appelés de la première heure ou presque, Stéphane Travert et Jacques Mézard. Le premier fait partie du petit carré de parlementaires ralliés dès la loi Macron, entre 2015 et 2016. Le second est arrivé pendant la campagne, amenant dans sa besace une partie des radicaux et son expérience d'élu local cantalou. Mais, pour des raisons différentes, leur expérience au gouvernement doit s'achever là. Travert, ministre de l'Agriculture, s'est d'abord distingué par sa brouille avec Nicolas Hulot. Si sa loi issue des « états généraux de l'alimentation » vient d'être adoptée, le ministre n'imprime pas autant qu'une partie de la Macronie historique le souhaiterait. Quant à Mézard, chargé de la Cohésion des territoires, il a nourri des relations houleuses avec Matignon et Bercy, au point de demander à partir dès le mois d'août 2018. Ce vieux routier a fait sentir son opposition à la limitation de la vitesse à 80 km/heure, un dada du Premier ministre. Pour lui, ce gouvernement ne sait pas gérer les collectivités et les territoires ruraux comme il le faudrait. Et il le dit. Comme Collomb, ce sénateur « emmerde » Édouard Philippe. Le verbe choisi est d'un proche de ce dernier. Mais, à l'heure de tirer sa révérence, il semble finalement regimber. « Quand on lui a dit de partir, il ne voulait plus », grince un lieutenant du président. Bref, Macron doit soigner ces deux hommes de confiance. Dans leurs assiettes, d'ailleurs, il dépose deux cadeaux de table.

« Il m'a dit : "J'ai besoin de toi ailleurs, tu vas sortir." J'ai dit : "Oui, chef." Nous sommes d'abord de bons soldats », assure Travert. Pour le député de la Manche, le « recasage » prend la forme d'une mission cruciale : entretenir le réseau d'élus locaux, laissé à l'abandon depuis la présidentielle, et préparer le terrain en vue des municipales. Il est propulsé à la tête de La République ensemble, une association adossée au parti, qui regroupe plusieurs milliers d'élus « progressistes ». Pour Mézard, la promotion est prestigieuse, très prestigieuse : membre du Conseil constitutionnel. À quelques heures de sa nomination, le 13 février, alors que nous prenons le petit déjeuner au Sénat, cet avocat, qui a divorcé « des milliers de couples », semble avoir très bien digéré la rupture avec son ministère. Il dissimule à peine, sous des abords ronchons et faussement prudents, sa jubilation de devenir un Sage. « Emmanuel Macron a confiance en moi », répète-t-il à l'envi. De fait, on nous le souffle, il s'agit d'arrimer « un homme du président » rue de Montpensier.

Emmanuel Macron s'est aussi montré soucieux de récompenser un autre proche dévoué, Arnaud Leroy. Cet ancien député, lui aussi un historique de la campagne, a bien cru entrer au gouvernement en mai 2017. Au minimum secrétaire d'État, pourquoi pas ministre, de l'Écologie, de l'Industrie, de l'Europe, du Tourisme… Tout le monde l'appelle déjà « Monsieur le ministre », sur le ton de la blague. Mais le train part sans lui. Un coup dur pour celui qui revendique une tendance à être « un peu l'enfant terrible de la famille ». « Je n'ai jamais demandé pourquoi ça ne s'est pas fait. Il m'a dit, lors d'une soirée électorale à l'Élysée : "Toi, je te mets en réserve de la République." Je ne sais pas ce que cela veut dire. Est-ce que je fais partie du banc de touche ? » Leroy n'a toujours pas répondu à cette question. Macron est néanmoins « super réglo » en accédant à un autre souhait de son fidèle, être nommé à la tête de l'Agence de l'environnement et de la maîtrise de l'énergie (Ademe). Un choix du chef de l'État, imposé à Nicolas Hulot. « J'étais content qu'Emmanuel dise : "C'est mon mec", parce que ce sont des postes assez convoités. Il y a toujours des coups de billard à quinze bandes. L'avant-veille, c'est vous, et le lendemain matin… », souffle Leroy, en nous recevant dans ses bureaux à Montrouge. Et après tout, qui sait si le train ne repassera pas ?

*

Laissé à quai en octobre 2018, Adrien Taquet a ainsi pu raccrocher le bon wagon. Et de manière assez inattendue. Le remaniement de l'automne avait été une expérience assez cruelle pour l'ancien publicitaire, qui a participé à la création d'En Marche !. Jusqu'au bout, il a cru pouvoir être nommé secrétaire d'État au ministère de la Santé. Au même titre que bon nombre de postulants, il se plie à l'exigeant parcours initiatique. Un déjeuner avec Philippe Grangeon, la mise à nu de son patrimoine, un entretien avec le Premier ministre. Puis l'attente dure. Un cas de figure que tant de candidats ont connu… Finalement, question d'équilibre et de parité, sa collègue députée Christelle Dubos lui est préférée.

Alors, quand nous le voyons ce jeudi soir de janvier près de l'Assemblée, l'heure est à la célébration. Sobre et tout en retenue, évidemment. Le personnage est plutôt discret. Mais la nouvelle vaut bien, même avant l'heure de dîner, une part de tarte Tatin supplément crème fraîche, une gourmandise qu'il met sur le dos de l'arrêt de la cigarette. Le lendemain matin, il est officiellement nommé secrétaire d'État chargé de la protection de l'enfance. Une récompense pour ce proche de la bande de la rue de La Planche, qui a creusé son sillon dans l'ombre et avec opiniâtreté. Avant même d'être élu député des Hauts-de-Seine, il avait annoncé qu'il se spécialiserait sur les sujets d'inclusion, de handicap, la condition des détenus. En défense « des plus vulnérables ». À ce titre, il travaille main dans la main avec la ministre Sophie Cluzel, mais aussi, surtout, avec Brigitte Macron, très investie sur ces thèmes. C'est cette dernière qui pèse en coulisses pour la création d'un secrétariat d'État. « Elle a travaillé depuis le début avec des associations de protection de l'enfance. Toutes nous disaient que cette politique n'était pas incarnée. Elle a relayé cette demande auprès du président de la République d'avoir une personne identifiée », explique son entourage. Une question de « portage politique », renchérit Taquet. Après avoir dirigé victorieusement la campagne de son ami Stanislas Guerini pour prendre le parti, Taquet a gagné la sienne. En souterrain.

*

Un remaniement en cache toujours un autre. Celui d'octobre 2018 à peine digéré, déjà la réorganisation qui précédera ou suivra les élections européennes fait frémir le microcosme. À commencer par les cabinets qui vivent dans une éternelle précarité, suspendus au sort de leurs ministres. La même chorégraphie reprend, « les bruits entre entourages, machin qui veut placer machin, et ça donne l'impression qu'il y a du bordel », résume, acide, un proche du président. Intox, arrière-pensées, lorsque l'on vante les mérites du voisin, lorsque l'on jure que, pour soi, on n'a envie de rien, que l'on dézingue une hypothétique candidature en glissant, sur le ton de la confidence, que celle-ci est « poussée par Matignon ». Éternel recommencement. Encore, il faudra lutter contre le rétrécissement qui menace tous les quinquennats. Quand seule une poignée de fidèles entoure le président dans une ambiance crépusculaire. Le phénomène paraît inexorable. « Dans le premier gouvernement, il y avait Bayrou, Collomb, Mézard, Flessel, Hulot, qui incarnaient politiquement des sensibilités différentes, qui incarnaient des choses auprès de l'opinion publique, des institutions, des territoires. Aujourd'hui, on a perdu de la force du dispositif », se désole un pilier de la majorité. Comme dans l'ancien monde, il y a un éternel gagnant, l'ENA. Solde net du chamboule-tout de l'automne dernier, trois anciens pensionnaires supplémentaires. Un intime du chef de l'État soupire : « Ça, ils ne se referont pas... »

19

Parti, Paris, le pouvoir à tous les étages

L'été indien joue les prolongations. On a beau être un 19 octobre, on installe la table dehors, dans les jardins de l'hôtel de Rothelin-Charolais. Quatre couverts sont dressés par les serveurs aux vestons noirs, sous un doux soleil d'automne. Il y a comme un avant-goût de week-end dans l'air. Ce vendredi de l'automne 2018, Benjamin Griveaux reçoit trois amis à déjeuner. En toute discrétion. Évident souci de se tenir à l'abri des regards. Et des oreilles trop curieuses. Fut un temps, depuis son bureau de l'hôtel de Castries, qui offre une vue plongeante sur les pelouses, Julien Denormandie aurait pu observer en souriant ce petit manège. Mais il a déménagé depuis quelques jours avenue de Ségur. Ce n'est de toute façon pas lui qui aurait vendu la mèche de ce qui se trame ce jour-là : faire élire Stanislas Guerini à la tête du parti présidentiel.

Ensemble, les députés Adrien Taquet et Laurent Saint-Martin, Benjamin Griveaux et leur ami Guerini, donc, font et refont les comptes : où « Stan » est-il le mieux implanté, parmi les parlementaires, les cadres du parti, adhérents qui participent à ce scrutin interne ? Sur quels axes fera-t-il campagne ?

Quel(s) adversaire(s) potentiel(s) ? Comment relancer un parti que Christophe Castaner a porté à bout de bras, mais sans enthousiasme, avant sa spectaculaire promotion Place Beauvau ?

Bref, on parle stratégie entre copains. Pour l'occasion, et comme c'est vendredi, on s'accorde même un verre de vin. Flotte un parfum de campagne. De quoi ressusciter les réflexes de l'éclatante conquête de 2017, revivifier pour Griveaux et Guerini les souvenirs de la primaire PS de 2006, leur formation initiale derrière la candidature de DSK. Longtemps minoritaires au sein du Parti socialiste, ils sont propulsés en position dominante depuis l'avènement de Macron. Une bande de potes avant tout, entrée avec fracas dans la cabine de pilotage de la République. À l'Élysée, au gouvernement, à l'Assemblée, ils essaiment à tous les étages du pouvoir. Ils comptent bien s'entraider pour y rester. Et se faire la courte échelle pour s'élever encore.

⋆

Dimanche 7 mai 2017. La France attend d'une minute à l'autre le nom de son futur président. En cet instant précis, Stanislas Guerini a certainement l'un des pires jobs du monde : faire patienter une foule venue pour un autre que lui. Une personne dont les retards se comptent plus souvent en heures qu'en minutes. Le tout devant des caméras du monde entier. Quand il hisse sa silhouette longiligne et dégarnie sur la scène installée devant la pyramide du Louvre, Stanislas Guerini s'attend à ce que la soirée soit longue. Très longue. Il ne sait pas quand Emmanuel Macron se montrera devant ses supporters. Il connaît à peine les artistes invités, mais s'efforce de les lancer avec enthousiasme. Et ce ciel qui menace au-dessus de lui… La pluie pourrait-elle tout gâcher ? Dans son impeccable costume-cravate bleu, davantage taillé pour une réunion de conseil d'administration que pour l'animation d'une fête, Stanislas Guerini ne se démonte pas. La veille, Ludovic Chaker, directeur des opérations d'En Marche !, lui a envoyé ce texto laconique : « Tiens-toi prêt. » Alors il mobilise ce qui fait sa force depuis sa première élection de délégué de classe : son énergie positive. Un peu gauche dans ses emballements, un peu maladroit, mais il y va. Il vit l'Histoire.

Son parcours est celui d'un enfant bien né, tôt mis sur les rails d'une réussite inéluctable : éducation à l'École alsacienne où sa maîtresse de CM2 loue son « goût de convaincre » et son sens du « consensus ». Puis le lycée Henri-IV où il expérimente la vie en solo. Ses parents sont partis vivre aux États-Unis. Et pour finir, des études supérieures à HEC, marquées par sa présidence du bureau des étudiants, ce qui l'a obligé à ne pas boire « pendant au moins un an et demi de soirées pour tenir la baraque ». Une existence confortable mâtinée d'une certaine appétence pour le risque. En quittant sa prestigieuse école de commerce, il échafaude des business plans « tous plus farfelus les uns que les autres » pour monter des bars à jus ou camions à soupes, qui n'auront jamais l'heur d'accueillir des clients. Les projets s'évaporent avant. Dans le même temps, il s'imprègne de politique et devient une curiosité à la maison. On se gratte la tête devant le petit « Stan », capable de regarder les questions au gouvernement du mardi et du mercredi, s'entraîner à faire « des simili discours » et s'extasier devant les débats « comme si c'était un match de foot ». « J'ai trop regardé la politique, Ismaël [Emelien] me le dit de temps en temps, je suis trop formaté », convient-il.

Grand admirateur de DSK et de sa « capacité unique à démonter le réveil et à le remonter totalement différemment », Guerini n'a jamais réellement milité. Mais il demande une dérogation à HEC pour effectuer son stage de troisième année non pas au sein d'une classique entreprise, mais du think tank « À gauche, en Europe ». Il fait ses armes rue de La Planche, comme son ami de promo Cédric O, mais aussi Benjamin Griveaux et Ismaël Emelien. C'est d'ailleurs avec le père de ce dernier – Jean-Pascal – qu'il s'associe en 2008 pour monter une boîte spécialisée dans le photovoltaïque, à Grenoble. À l'époque, le secteur est en plein boom. « Et on s'est pris la douche froide du marché », témoigne Guerini. Une sale période. Il dort peu pendant deux ans. « Avec le père d'Ismaël, on se demandait tous les mois si on tenait, si on devait remettre un peu de fric, si on fermait », se souvient-il. Il s'abîme un peu dans ces nuits blanches. Et finit par rentrer à Paris, où il devient directeur de l'expérience client chez Elis, un blanchisseur industriel. *A priori*, « pas sexy pour deux sous », il doit bien le reconnaître. Mais il s'éclate. Des années plus tard, il reste intarissable lorsqu'il reconnaît, au détour d'un couloir, un tapis Elis. C'est aussi à cette époque qu'il rencontre Macron, par l'intermédiaire d'Emelien, et tope pour donner un coup de main au ministre de l'Économie, avant d'embarquer dans la campagne présidentielle, avec sa bande d'amis.

Pendant la campagne et avant de devenir député, Guerini est principalement le référent Paris du parti, et son appartement du 17e sert aussi parfois de QG.

Chez lui, ses amis viennent puiser dans sa capacité d'entraînement, son inaltérable bonne humeur. « Il emmène les gens. Il est bienveillant et c'est un manager extraordinaire », s'enthousiasme Cédric O. « Un vrai gentil », complète Saint-Martin. Revers de la médaille, ne manquerait-il pas d'autorité ? « Ce n'est pas un boxeur. Je lui dis : "Tu as le droit de ne pas aimer le conflit, de ne pas le provoquer, mais tu ne dois pas le fuir quand c'est nécessaire", souligne Saint-Martin. Il faut qu'il se griveauise. » En coulisses, le coaching est sévère. Un jour, Emelien passe au crible l'une de ses interventions télévisées. « J'ai mis deux semaines à m'en remettre », souffle Guerini. « Avec Stan, on peut être très, très dur, renchérit Cédric O. Quand je le trouve nul, je lui dis franchement. Il est très fort parce qu'il ne le prend pas mal. Il l'intègre. » Sera-t-il taillé pour remettre le parti en ordre de marche ? Donne-t-il suffisamment de gages aux macronistes historiques, à commencer par les plus haut placés ? « En fait, le profil de Stanislas les rassure, estime un député. Pour certains, parce que c'est un bon manager. Pour d'autres, il fera pas de vagues. Et pour les troisièmes, comme il sera faible, il ne pourra pas exister. » Les chapeaux à plumes de la Macronie sont, en outre, rassurés par le fait qu'il ait, par le passé, dirigé une PME. En coulisses, l'argument pèse. « Il faut qu'ils arrêtent avec les start-up, tout ça... Ils n'ont toujours pas compris qu'ils doivent faire de la politique. Ils ont réussi à être une entreprise, une société anonyme ! » s'étouffe un de leurs familiers.

⋆

Samedi 1er décembre, sur les coups de 13 h 30. Dans les sous-sols du Pavillon Baltard, Guerini a à peine le temps d'avaler un sandwich au fromage. Cédric O, Ismaël Emelien accompagné de son épouse viennent de le quitter, après lui avoir glissé quelques mots de félicitations. Et, avant d'enchaîner les réunions, il doit encore satisfaire à des obligations médiatiques, lui, le nouveau patron de La République en marche. Comme poser pour une photo dans les loges aux murs marron, face au miroir, sous l'œil circonspect et protecteur de son directeur de campagne, Adrien Taquet. « T'as kiffé ? », lui lance-t-il en descendant de l'estrade. « Au début, non. Puis après cinq minutes… », répond Guerini. Son discours de victoire a été travaillé et retravaillé, en clan. Le premier cercle à la manœuvre. « Tu te plantes complètement », ont-ils asséné en lisant la première mouture. Alors il a repris le texte, épaulé par deux conseillers élyséens – Emelien et O –, le porte-parole du gouvernement – Griveaux – ou encore des députés – Taquet, Saint-Martin, etc. Rien que ça.

Jusqu'à l'élection, qui ne présentait plus guère de suspense le jour J, il a fallu jouer serré pour Guerini and Co. Car sur leur route, ils ont trouvé leurs cadets de la Strauss-kahnie, emmenés par un autre député de Paris, Pierre Person. Sur le fond, aucune différence idéologique. Sur la forme, une pratique politique différente. Dans la galaxie DSK, Guerini se rapproche de la sphère Moscovici, qui s'est politisée d'abord dans le réseau grandes écoles et se distingue davantage en produisant des notes au kilomètre qu'en labourant le terrain. Lui et ses amis ont cofondé et baptisé En Marche !, pas question de couper le cordon. Quant à Person, c'est un jeune Cambadélis, aguerri par l'action au MJS et à l'Unef au sein des facs, mais aussi fin connaisseur des appareils. Potentiellement, un adversaire de poids. Surtout si ses copains députés de la « bande de Poitiers » viennent y mettre leur grain de sel. « On a donc fait bloc autour de Stan, car sinon il aurait perdu », glisse un ami.

Dans ce contexte, la première quinzaine de novembre est animée par cette rivalité jusque-là inédite en Macronie. Il faut dire que le parti n'est guère à l'aise avec la démocratie interne. Comme tétanisé par les exemples passés des guerres des courants à droite comme à gauche. « Par rapport à Fillon-Copé ou Aubry-Royal, on est des enfants de chœur », veut d'ailleurs croire un soutien de Guerini. Il n'empêche, la source de préoccupation numéro un des amis de « Stan » devient alors de dissuader Person de présenter sa candidature. Le jeune loup, numéro deux officieux d'En Marche ! pendant un an derrière Castaner, en brûle d'envie. Juge de paix de l'affaire, Macron reste de son côté silencieux, fidèle à son approche darwinienne. Que le meilleur gagne.

21 octobre. Un dimanche matin dans un hangar sans âme d'Aubervilliers. Du béton brut au sol, des chaises en plastique noir, des sandwichs dans des sacs en papier, quelques courants d'air et un brouhaha de fond. Un jour de passage de témoin pour La République en marche. Devant les cadres du parti, Christophe Castaner, nommé au ministère de l'Intérieur, fait officiellement ses adieux, un an après avoir accepté à contrecœur le poste de patron du parti. Philippe Grangeon assure l'intérim. Casta a bien écrasé une petite larme devant les salariés lors de son pot d'adieu, mais il n'est pas mécontent de faire ses cartons. La tâche était ingrate et a même menacé d'altérer la relation qu'il chérit tant avec Emmanuel Macron. Et puis il a fallu jouer des coudes, « mettre un peu d'étanchéité » avec l'Élysée, dit-il. Car en coulisses, Ismaël Emelien a toujours gardé un œil attentif à la bonne marche du mouvement. Quitte

à fonctionner en ligne directe avec son amie Anne Descamps, alors directrice marketing et communication, pour élaborer la stratégie. Par commodité plus que par abus de pouvoir. Agaçant tout de même. « Il faisait ce qu'il voulait. C'est lui qui pilotait le parti depuis l'Élysée. Il avait l'habitude de donner ses ordres directement aux salariés. Tout le temps, tout le temps... » rapporte un permanent.

Les amis de Stan ont aussi transpiré quand une troisième candidate a failli s'inviter dans le jeu : Marlène Schiappa. Son côté franc-tireur, habile politique à l'ambition décomplexée en a fait une personnalité clivante, médiatique et très appréciée de la base. Pendant quelques jours, la secrétaire d'État à l'Égalité femmes-hommes a laissé planer le suspense, s'offrant une page dans *Le Journal du dimanche* pour expliquer qu'elle y songeait. Une jolie opération com', *a minima.* « J'avais plein d'appels, plein de soutiens qui me demandaient d'être candidate, assure Schiappa. Je me dis que je peux apporter quelque chose à ce parti, surtout que j'ai une vision très précise de ce qu'il faut faire et j'en ai parlé plusieurs fois avec le président. Rapidement on me dit que j'ai de grandes chances d'être élue, mais que si je suis élue je serai sans doute poussée à sortir du gouvernement. Ce n'est pas ma volonté ni celle du président. » Elle débranche l'affaire le 25 octobre, tout en rappelant avec une humilité assez relative qu'elle était « la mieux placée pour l'emporter haut la main ».

Dans le match à deux Guerini-Person, l'aîné prend un temps d'avance en se déclarant dès l'ouverture des candidatures, le 30 octobre. Il dévoile aussi cent soixante premiers soutiens, ce qui a le don d'agacer son concurrent. « La stratégie, c'est d'essayer d'écraser le match dès l'entrée en mêlée », théorise un proche. La situation se crispe, non entre les candidats eux-mêmes qui se voient à plusieurs reprises, mais entre les entourages. Durant quelques jours, la politique à l'ancienne reprend ses droits. Les soutiens de Pierre Person distillent les « off » dans la presse. Ils s'indignent notamment de supposées pressions venant de l'Élysée et susceptibles d'influencer les parlementaires. Cédric O et Ismaël Emelien sont particulièrement ciblés, accusés d'« intimidations ». Alexis Kohler aussi, qui aurait appelé Person pour l'inciter à renoncer. « C'est violent », dénonce un proche de Person. « Ils mènent une campagne crade », assure un autre. En face, on se récrie, avec l'air de ne pas y toucher. « Si dans une campagne, ça pose un problème parce qu'on passe un coup de fil pour dire qu'on est en faveur de quelqu'un, il faut que ceux qui disent cela arrêtent la politique », balaye Cédric O. L'entourage de Guerini raille de son côté la stratégie de « victimisation » de la concurrence. Et dénonce à son tour « une campagne très à l'intox ». L'harmonie de façade au sein du parti est en train de se fissurer.

Dans ce contexte, les sages du bureau exécutif jouent les modérateurs. Jean-Marc Borello les avait avertis dès la fin octobre. « Je leur ai dit à tous les deux : que le meilleur gagne. Je leur ai juste fait une leçon de sport collectif. Il n'est pas question de tirer dans le dos des autres. » Philippe Grangeon, patron intérimaire, joue aussi les pompiers en réunissant les deux postulants. Fidèle à sa méthode, il joue les facilitateurs. Il fait aussi savoir son mécontentement alors que les tumultes de la campagne s'étalent dans la presse. Finalement, juste avant la fin du dépôt des candidatures, Pierre Person prend la décision de ne pas se lancer. Effrayé qu'en cas de victoire l'inimitié et la défiance de certains au Château l'empêchent de diriger convenablement.

14 novembre, 20 heures. C'est l'instant butoir pour qui veut briguer la tête du parti. Quelques heures plus tôt, Guerini, entouré d'une poignée de soutiens, est venu déposer une liasse impressionnante de parrainages au siège du mouvement. Sera-t-il seul en lice ? Un candidat unique, cela ferait mauvais genre. Il faut donc s'arranger pour lui trouver un challenger. Cela tombe bien, le fantasque député des Français de l'étranger Joachim Son-Forget se démène pour récolter les parrainages nécessaires. Le parlementaire, basé en Suisse, « a un côté génie fou », vante le secrétaire d'État Gabriel Attal, qui l'apprécie. « Il est supérieurement intelligent, il parle plein de langues, c'est un claveciniste incroyable », énumère-t-il encore, admiratif. L'équipe Guerini et Grangeon vont donc s'arranger pour le mettre en selle, et lever la principale barrière à l'entrée : obtenir le soutien de trois sénateurs du parti. Un coup de fil au président du groupe François Patriat règle l'affaire : les trois femmes du groupe sont désignées volontaires. Son-Forget peut faire campagne. Il obtient au final un score honorable de 18 %, sans être récompensé du strapontin qu'il espérait au bureau exécutif. Un mois après l'élection, il quitte le parti, après une série de tweets surréalistes entre Noël et le jour de l'an.

24 janvier 2019. « Parfois, c'est à qui perd gagne. On a poussé notre avantage au maximum », souffle un membre de la bande de Poitiers. Entre eux et les amis de Guerini, la réconciliation est scellée. Comme lorsqu'il avait ravi la présidence du bureau des étudiants d'HEC et qu'il avait proposé à Cédric O d'être son secrétaire général, gagnant là un ami, « Stan » fait de Person son numéro deux. Et dans la réorganisation

annoncée ce jeudi-là, plusieurs des jeunes loups font leur entrée à des postes clés. Mais le chef du parti majoritaire, dont le fauteuil est réservé aux réunions qui comptent à l'Élysée, celui qui retrouve alors un lien privilégié et une ligne directe avec Emmanuel Macron, c'est bel et bien Guerini. L'appareil est entre de bonnes mains.

*

Les rendez-vous s'enchaînent au porte-parolat. À peine Stanislas Guerini, Adrien Taquet et Laurent Saint-Martin quittent-ils les jardins du ministère qu'un autre invité se présente à la porte de Benjamin Griveaux, ce même 19 octobre 2018. Cette fois, il ne sera pas question de la conquête du parti, mais d'un autre enjeu, plus central encore pour Griveaux : la mairie de Paris. Un objectif qu'il a chevillé au corps depuis plusieurs mois maintenant. Or un concurrent atypique est sur le point de se lancer dans la course à l'investiture En Marche !, le député et mathématicien Cédric Villani. Dans son bureau du ministère, Griveaux veut jauger son rival, sous toutes les coutures de son costume trois-pièces orné d'une lavallière.

Quelques jours avant leur entretien, en pleine séance de questions au gouvernement, Benjamin Griveaux a fait passer par huissier un petit mot sous enveloppe à la médaille Fields 2010. « Des amis bienveillants me font part de ton souhait de candidater à Paris. Voyons-nous dès que possible. » De fait, la rumeur d'un intérêt court les salons et rédactions de Paris depuis quelques semaines. Le scientifique, qui dit avoir été sollicité dès la fin du printemps 2018, a formé sa décision à l'été, ajoutant son nom à d'autres postulants : le secrétaire d'État Mounir Mahjoubi, le député Hugues Renson ou encore le sénateur Julien Bargeton. Quand il serre la main de Griveaux ce vendredi après-midi, son plan communication est déjà calé. Une dépêche AFP le lendemain doit annoncer son intérêt, puis des confidences au *Journal du dimanche* préciseront sa démarche. Le tout est accompagné d'un sondage Ifop montrant que face à la maire sortante Anne Hidalgo il fait jeu égal avec Griveaux : 23 % d'intentions de vote au premier tour. « Il faut qu'on fasse gaffe. Il a une vraie vision », glisse un proche de Griveaux. Le porte-parole du gouvernement est sur les dents. Il y voit une manœuvre de Jean-Louis Missika, un adjoint d'Anne Hidalgo, pour lui savonner la planche. Cette candidature supplémentaire agit comme un révélateur. Il n'a pas (encore) réussi à faire consensus autour de lui. Mais y parviendra-t-il vraiment, lui, le sniper de la Macronie ?

*

5 janvier 2019, Benjamin Griveaux converse tranquillement dans son bureau avec un journaliste du *Monde* qui lui consacre un long portrait. Soudain, un officier de sécurité entre avec fracas, ordonne l'évacuation. L'acte VIII des « gilets jaunes » s'est invité au 101, rue de Grenelle. Au volant d'un engin de chantier, des manifestants ont défoncé l'imposante porte en bois, avant de s'en prendre aux voitures garées dans la cour. Le porte-parole du gouvernement prend la tangente par les jardins, traverse l'hôtel de Castries, ressort rue de Varenne et va se réfugier à Matignon, où le Premier ministre lui glisse quelques mots de réconfort. « Si les fachos et les "black blocs" viennent me chercher moi, c'est plutôt une fierté »,

estime-t-il aujourd'hui. Une bravade. Témoin d'un goût certain – ou d'un certain goût – pour la provocation et le franc-parler.

À force de sorties tapageuses, Griveaux s'est taillé une réputation peu flatteuse parmi ses pairs. « Il sait que ceux qui parlent sont ceux qui disent du mal de lui, soupire Cédric O. Je pense qu'il ne s'en fout pas. Il a la repartie facile et bien sentie même quand il ne devrait pas. Mais ce n'est pas un mec méchant au fond. » Il décrit un « excellent ami », « cultivé », imprenable en rhétorique et « chouchou de ses profs de philo ». Ses anciens mentors socialistes soufflent aussi le chaud et le froid. D'un côté, cette « brutalité » dans les méthodes « ne peut pas ne pas laisser de trace ». Cette impression « qu'il donne d'être arrogant ». « Mais j'ai découvert quelqu'un qui n'était pas prétentieux. Je lui ai dit à plusieurs reprises : "Fais attention, ça te dessert" », se désole un cacique. « C'est un ami extrêmement fidèle, un garçon d'une grande gentillesse », abonde le banquier Bernard Mourad, inquiet de le voir « violemment attaqué à cause de son ambition peut-être trop prématurément affirmée ».

Et si l'esprit de revanche ne s'exprimait pas plus ardemment chez Griveaux, cantonné dix ans durant dans la périphérie du pouvoir socialiste ? Comme grisé par les opportunités soudainement offertes par le nouveau monde, lui qui a raté l'ENA et n'a pas pris le train lucratif des affaires comme ses petits camarades d'HEC. « C'est comme les nouveaux riches. Il y a un risque de prendre un melon énorme, *sky is the limit* et on se dit : c'est mon tour. Alors que les années de galère devraient t'avoir appris l'humilité », souligne un proche. L'avers de la médaille, c'est que cette assurance de façade est aussi une valeur appréciée et, il faut le dire, rare en Macronie. Surtout quand il s'agit d'aller ferrailler en plateau face aux oppositions ou défendre, avec la dose de mauvaise foi que cela suppose, toutes les réformes du gouvernement. D'autres se déballonneraient, lui jamais. Un courageux. « Il a une vraie confiance face à l'adversité. On a le sentiment qu'il y a assez peu de choses qui l'effraient, il est difficilement impressionnable par les rapports de force, les coups de menton. C'est objectivement une qualité dans ce monde-là », salue le secrétaire d'État Gabriel Attal, qui l'a côtoyé au cabinet de l'ancienne ministre de la Santé Marisol Touraine.

Quand, lui, l'enfant de Chalon-sur-Saône, a-t-il commencé à s'imaginer dans le fauteuil du maire de Paris ? Il évoque le début d'année 2018, d'autres, surtout ses concurrents, jurent qu'il avait posé une option avant même d'être élu député de la capitale. Ces derniers le soupçonnent également de chercher à verrouiller la course à l'investiture avec l'aide de son ami Guerini, désormais à la tête du parti. Griveaux présente ainsi les choses : il est d'abord et avant tout en service commandé. « Le mouvement n'était pas en très grande forme et il fallait que quelqu'un s'occupe de Paris. On m'a demandé d'organiser les choses et je l'ai fait. Je le fais avec l'accord du président de la République, ça ne me serait pas venu à l'idée de le faire sans. » Le chef de l'État l'aurait-il choisi ? Griveaux joue sur l'ambiguïté. Ne confirme, ni n'infirme. Officiellement, aucune décision n'est prise. « Emmanuel Macron, il a toujours fait comme ça. Ils prennent leur risque et que le meilleur gagne », résume Jean-Marc Borello. Griveaux fait donc tout pour se mettre en situation. « Le président, si vous ne lui avez pas prouvé que vous en avez envie, que vous avez pris les dispositions pour, il peut changer d'avis jusqu'au tout dernier moment », décrypte un ami du porte-parole. D'autant qu'en l'espèce Emmanuel Macron joue gros. Quel que soit le résultat global des municipales, buter sur Paris serait de si mauvais augure…

28 janvier 2019. Côte à côte au premier rang, devant la scène du Trianon, on affiche une jolie unité entre candidats à l'investiture. Seul manque à l'appel le député Hugues Renson. Pour le reste, ils sont tous là, un autocollant rond siglé « Paris & Moi » apposé sur le revers de la veste, confortablement calés dans les fauteuils de velours rouge de la salle de spectacle parisienne. Ce soir-là, les Marcheurs parisiens font le bilan de plusieurs semaines d'enquête dans les rues de la capitale. C'est la méthode maison, celle qui a fait recette lors de la présidentielle : partir des problèmes des gens et élaborer le programme sur cette base. Griveaux est, lui, bien entouré. Sur sa gauche, son ami Stanislas Guerini, nouveau patron du parti. Et à sa droite, la secrétaire d'État Marlène Schiappa, qui a décidé de lui apporter son aide. « Un maire, c'est quelqu'un à qui on a envie de confier ses enfants et son argent. Et pour moi, Benjamin est le seul qui représente cela », clame-t-elle. Ces deux ambitieux, qui portent le même bracelet pour chasser le mauvais œil offert par un ami commun, ont scellé une alliance. « Une joint-venture, c'est contractualisé. Si ça se trouve, ils ont fait ça devant un avocat », raille un ténor parisien, qui voit bien les deux se faire la courte échelle. « J'ai envie qu'il gagne, car je pense qu'il est le meilleur candidat. Mais je n'ai rien dealé en échange », récuse Schiappa.

Sur le départ du gouvernement au moment où nous écrivons, déterminé à se lancer avant même les élections européennes, Griveaux en est là : comment rassembler le plus largement autour de sa personnalité ? Philippe Grangeon, comme toujours au cœur de l'échiquier, lui a plusieurs fois rappelé ce devoir. Régulièrement, des échos ressurgissent de la constitution d'un front « Tout sauf Griveaux » dans la capitale. Ses concurrents pestent : il aurait caporalisé l'appareil parisien, il terroriserait les Marcheurs qui ne le soutiendraient pas explicitement, textos et coups de fil à l'appui. Griveaux réfute, rappelle qu'il ne dit jamais de mal de ses petits camarades, ne joue que collectif. Et énumère la liste de ses soutiens à tous les étages du pouvoir. Promis, le sniper ne tire pas contre son camp. L'enjeu est de taille. Le pari, loin d'être gagné, est risqué. Il en va de sa place en Macronie.

20

Grangeon, agent d'assurance

« Il faut absolument que tu connaisses Emmanuel Macron ! » Pressé par le secrétaire général adjoint de l'Élysée Nicolas Revel, un ami fréquenté dans les cercles parisiens de Bertrand Delanoë, Philippe Grangeon finit par pousser la porte du bureau de l'autre « SGA », à l'été 2012. Ce visiteur du soir de François Hollande a réservé une heure dans son agenda, pour ce rendez-vous pris à l'aveugle. Le numéro de charme, dont Emmanuel Macron, séducteur devant l'éternel, est coutumier, opère. « On est restés ensemble quatre heures et on ne s'est plus quittés. Il y a comme ça des coups de foudre et des rencontres qui comptent… De fil en aiguille, on s'est découvert beaucoup d'affinités, parfois des désaccords que l'on dépasse », se souvient celui qui est alors directeur de la communication de Capgemini. Soupir empreint de nostalgie.

Cinq ans plus tard, le coup de foudre s'est mué en relation longue durée. Le 21 novembre 2017, l'amitié entre les deux hommes se scelle d'une reconnaissance symbolique. Protocolaire. Ce soir-là, à l'Élysée, Emmanuel Macron remet les insignes de chevalier de la Légion d'honneur à Philippe Grangeon. Hors caméra, entre intimes. Personnel, l'hommage du cadet à son aîné l'est aussi. « Quand je doutais, fugacement, je cherchais quelques regards, quelques approbations, dit-il. Il fallait que quelques jugements s'exercent et celui de Philippe en faisait partie. » Marque de la place à part occupée par ce compagnon de route, conseiller chevronné dans la discrétion de l'ombre depuis les tout premiers balbutiements de l'ascension du plus jeune président de la Ve République.

Il est bien rare qu'une décision importante se prenne en Macronie sans que Philippe Grangeon n'y ait pris part, à un moment ou un autre. Incontournable voix à l'oreille du président. DRH, conseiller politique, médiateur ou juge-arbitre, il est à la croisée de chaque chemin ou presque. Un Premier ministre ou un conseiller communication à recruter ? Grangeon est prié de le jauger. Un discours marquant à écrire, des annonces à élaborer ? Grangeon lit et relit les épreuves, annote, commente, aiguille. Les municipales échauffent les esprits à Lyon ou Paris ? Un conflit pour prendre la tête du parti ? Chaque fois, Grangeon enfile son casque bleu, voit l'une et l'autre des parties, réunit tout le monde autour de la table, et répète inlassablement son credo. Unité.

*

À ses intimes, « aux gens qui comptent », Philippe Grangeon réserve un pèlerinage. Là où la Seine fait une boucle. Enfin, juste au-dessus. À la recherche d'une cité et d'un temps perdus. Dans les années 1960, il ne faut pas quinze ans à Saint-Gratien, aimable bourg rural du nord de Paris, pour devenir une ville-champignon du Val-d'Oise. Les grands ensembles sont alors le Graal de la classe populaire. Bond en arrière : « Une chambre pour soi, une baignoire, une cave, un parking, c'était le luxe. » Les souvenirs se bousculent. Sa petite chambre, dans laquelle il entendait les voisins faire l'amour. Les moutons égorgés dans les baignoires, dont les caillots de sang bouchent les canalisations et empêchent d'avoir l'eau dans les étages, les jours d'Aïd. Les parties de ping-pong entre chien et loup, et bien au-delà. « On laissait les raquettes et les balles, raconte Grangeon, désormais lové dans le canapé de son bel appartement du 9e arrondissement de Paris. Il y avait une discipline entre nous… Tout cela est inimaginable maintenant. » C'est tout un pan de la société, qui cohabite dans ce kaléidoscope de béton. « Il y avait beaucoup d'entraide et de diversité dans les HLM des années 1960. Il y avait un flic, un instit, un cadre supérieur, un ouvrier spécialisé, un retraité… Comme dans la chanson de Renaud ! » égrène-t-il. Le jeune Philippe y développe un certain sens du collectif, qui ne le quittera plus.

Fils d'un vendeur de réfrigérateurs chez General Electric, social-démocrate « un peu mou du genou », Grangeon se pense d'abord révolutionnaire. Sa prof d'histoire lui passe quelques livres sur la révolution russe. Ceux-ci engloutis, l'ado intègre les Jeunesses communistes. Pour compléter le tableau des influences du jeune Philippe, mentionnons aussi cette copine plus âgée que lui, qu'il « aime beaucoup », éternel moteur de l'adolescence, et qui s'est entichée d'Angela Davis, une célèbre militante des droits civiques aux États-Unis. Inscrit en Deug d'histoire à la fac de Villetaneuse, l'étudiant ne passe pas inaperçu. Un mètre quatre-vingt-douze, une tignasse rousse. « Cela rend physiquement très visible », rigole son ami de plus de quarante ans, le communicant Robert Zarader. Ce dernier est alors « anarcho-truc » (il s'agit là de sa définition). Grangeon, lui, est trotskiste. Il navigue entre Lutte ouvrière et la Ligue communiste révolutionnaire, comme Julien Dray et l'un des cinq frères Chérèque, Pierre. Le bouillon politique infuse. Ce petit monde apprend que l'organisation prime sur l'individu, qu'elle n'appartient à personne. « Il y avait quand même beaucoup de bagarres, entre les gauchistes et le parti communiste. On avait des débats ésotériques sur le régime soviétique entre Camba, qui était parachuté d'une autre fac, et Dray », se remémore Zarader. Pour Grangeon, ce n'est qu'une passade. Une tocade de jeunesse. « Très vite, les gauchistes, même efficaces et créatifs, me sont apparus limités, car ils refusaient catégoriquement d'être en responsabilité, de peser sur le cours des choses. Pour eux, la politique était un jeu, des postures », souffle-t-il aujourd'hui.

Premier job à RTL, pour servir le café, éplucher le fil AFP et présenter quelques flashes de nuit. « Je ne devais pas être très bon, on ne m'a pas titularisé. Mais j'en ai gardé un grand respect pour ce métier et une passion pour la radio », assure-t-il. Vient l'élection de François Mitterrand, en 1981. Et c'est toute une génération de sympathisants PS qui entre dans l'Administration. Pour Grangeon, ce sera les Postes et Télécommunications. Première expérience d'une grande réforme structurante, comme conseiller communication au cabinet du ministre Paul Quilès. Car, en 1990, l'entreprise est scindée en deux. D'un côté La Poste, de l'autre France Télécom. Une réforme précédée d'un « grand débat public », note malicieusement Quilès. Les vieilles recettes… « Je suis ainsi devenu un transformateur, observe quant à lui Grangeon. Depuis, c'est devenu le fil rouge de ma vie professionnelle. »

Conduire le changement sans heurts, par le dialogue et l'écoute, voilà la méthode qu'il revendique. « Ce n'était pas un homme de bruit et de fureur », se souvient Julien Dray. Même dans la ferveur des luttes universitaires, c'est dire. Dray, toujours : « Il croit que la société doit avancer en douceur, avec des consensus. » Son mantra ? « Être audacieusement raisonnable. » Et l'on se dit que « la force tranquille » de 1981 ne devait pas être pour lui déplaire. Ses proches comme ses détracteurs y voient une aversion fondamentale au risque et à la castagne. « Grangeon, il n'aime pas les batailles d'appareil. Il ne faut pas lui prêter un rôle qu'il n'a pas, surtout qu'il ne veut pas jouer car il veut toujours sa liberté », poursuit son ami le Baron noir. En bon nageur, un sport fétiche qu'il s'est plu un temps à pratiquer tous les samedis soir avec ses amis Dray et Zarader, il y a une poignée d'années de cela, Philippe Grangeon a sans doute en tête que le beau geste ne produit pas d'éclaboussures.

Novembre 1995. Ambiance irrespirable place de la République. La patronne de la CFDT Nicole Notat est chahutée. La centrale s'est mise en difficulté en décidant de soutenir le gouvernement d'Alain Juppé sur la réforme de la Sécurité sociale. Et Alain Madelin, qui a mis le feu à la rue en ajoutant à la dernière minute une réforme des régimes spéciaux… Dans les cortèges, le syndicat du boulevard de la Villette est mal vu. Notat est serrée de près par son service d'ordre, et par deux de ses collaborateurs, Philippe Grangeon et François Chérèque. Trop tendu, trop risqué, il faut partir. Le petit groupe est exfiltré rue Béranger, à quelques mètres des locaux de *Libération*. Dans la nasse. De cet instant, Philippe Grangeon conserve aujourd'hui encore « un souvenir extrêmement puissant ». « On s'est retrouvés avec Chérèque et cinq ou six types à protéger Notat, face à tout un groupe de gens de l'ultragauche. Ils étaient vraiment plus nombreux que nous. On l'a accompagnée jusqu'à sa voiture. Et on a fait le coup de poing. On en a pris mais Notat en est sortie indemne. J'ai eu très peur, ce jour-là. »

Des réformes de 1995, il garde cette certitude : « Il faut être extrêmement clair, il ne faut pas de surprise du chef. » Sans quoi, c'est le retour de bâton. Aujourd'hui encore, il a sa carte. « Et pas question de m'en séparer », dit-il. On l'imagine donc sans peine construire une passerelle entre le syndicat et l'exécutif, dans un contexte de relations tendues. Mais, du côté de Belleville, l'accueil est plutôt froid. « Il n'est pas détenteur d'une culture, d'une vérité CFDT », cingle un haut gradé de la centrale.

Le 30 avril 1998, Grangeon, jamais bien loin des hautes sphères de la gauche au pouvoir, intègre la « dream team », le cabinet de la star de Bercy, Dominique Strauss-Kahn. Dans les parages aussi, tiens, tiens, Jean Pisani-Ferry et Gilles Finchelstein. Un concentré de brillants esprits. Quasiment que des hommes, encore une fois. « Là aussi, c'étaient des mutations pendant deux ans, avec l'euro notamment. » L'aventure s'interrompt brutalement. Le patron bute et chute sur l'affaire de la mutuelle des étudiants en 1999. Son conseiller s'éloigne. « Grangeon, il a un côté père la morale, quand même. Entre les affaires de la Mnef, les affaires de cul... Ça l'a amené à prendre ses distances avec DSK, plus moralement que politiquement », décrypte un proche.

Et puis, il n'a guère d'atomes crochus avec certains lieutenants politiques de la star du gouvernement Jospin. Qui le lui rendent bien. L'un de ces vieux tontons flingueurs l'éparpille : « Pour moi, Grangeon, c'est un courtisan. C'est une fausse valeur. Il n'est pas créatif, il ramasse l'air du temps. Il a toujours fait perdre ceux avec qui il était, avec cette capacité de passer de l'un à l'autre. Je l'ai toujours trouvé surcoté. » Difficile, toutefois, de dénier tout flair à celui qui a tour à tour murmuré à l'oreille de Bertrand Delanoë, candidat à la mairie de Paris, François Hollande, pour la primaire socialiste de 2011 ; et enfin, Emmanuel Macron, évidemment.

Une conversation avec Philippe Grangeon se nourrit aussi de silences. Sa grande carcasse étendue dans son canapé, la tête posée dans le creux de sa main, les yeux plissés derrière ses lunettes, il laisse parfois filer trois, quatre, cinq secondes. De longs soupirs, dont on ne sait pas vraiment au final ce qu'ils trahissent. Un zeste d'esthétisme, qui nimbe le personnage de mystère. Un certain goût pour la tempérance. Une pensée qu'il convient d'accoucher, avant de l'énoncer. Le processus se complique encore à la retranscription. « Il a un rapport à l'écriture très difficile. Il dicte ou il parle en marchant. Le poids des mots est particulier. Il ne comprend pas toujours que le fil d'une pensée et le fil d'une note, ce n'est pas tout à fait la même chose », confie un ami. Quasi autodidacte au milieu d'énarques, normaliens ou autres surdiplômés, il détonne. Un motif de fierté, autant que de complexes.

Sa part de doute, il l'assume. Devant nous, il tergiverse, pèse le pour, le contre. Combien de semaines a-t-il réfléchi avant d'accepter de poser ses bagages à l'Élysée en février 2019 ? Après quatorze ans chez Capgemini, au plus près du P-DG Paul Hermelin, il aurait pu profiter d'une retraite bien méritée. Nager, s'occuper de sa petite-fille, calmer cette hypocondrie qui fait sourire ses proches. Mais il y a l'appel de la responsabilité. Celle qu'il considère avoir sur la marche de ce quinquennat, depuis qu'il a aidé Macron à conquérir le pouvoir. « Et puis, comme beaucoup de gens, il a peur qu'après ce soit Wauquiez, Marine

Le Pen, Marion Maréchal ou les trois ensemble », analyse Robert Zarader.

Il y a aussi le goût de l'influence. Durant le précédent quinquennat, elle s'exerçait tous les samedis matin, ou presque, lorsque Zarader et Grangeon se rendaient à l'Élysée pour échanger avec François Hollande. Grangeon plaide : « Il faut se servir davantage de Macron. C'est un profil différent, il faut profiter de quelqu'un qui ne nous ressemble pas et véritablement l'intégrer. » Hollande temporise, exhorte à la patience. Il y a un temps pour tout. Et un certain nombre de rites initiatiques, élu local, député. Vient une période délicate, d'entre deux eaux. Philippe Grangeon est tout à la fois cofondateur d'En Marche ! et conseiller de François Hollande, auquel il recommande de ne pas se présenter. Il n'est pas à l'aise avec ce moment-là. C'est visible, palpable, lorsqu'il l'évoque. Il récuse toute duplicité. « Quand on crée En Marche !, on pense que c'est un très bon moment pour faire entendre un credo, celui du dépassement du fameux big bang cher à Michel Rocard. Rassembler des hommes et des femmes de bonne volonté même s'ils ne viennent pas de la même famille politique. Mais, jure-t-il, on ne pense pas une seule seconde qu'Emmanuel Macron va être candidat à la présidentielle. » Lui, peut-être. Mais d'autres...

Au fil du quinquennat, Grangeon est progressivement sorti de l'ombre. D'abord par une candidature aux sénatoriales en septembre 2017, soldée par un court échec. Puis par une présence accrue au sein des instances d'En Marche !. Jusqu'à en devenir le patron, pour six semaines d'intérim. Un rôle un peu contre-nature. Mais on ne refuse rien à Emmanuel Macron.

*

Le parti, on se le repasse comme le mistigri chez les « VAM » – les « Vieux avec Macron » – comme se surnomme elle-même cette petite bande de sexagénaires qui entoure le président. En mai 2017, juste après l'élection de Macron, Catherine Barbaroux en hérite, pour deux mois d'intérim. Cadeau du chef. Et avec les législatives à gérer ! « Salaud ! », laisse-t-elle échapper dans un sourire à l'adresse de Jean-Marc Borello, qu'elle croise en sortant du bureau du président. Octobre 2018, au tour de Grangeon de s'y coller, alors que Christophe Castaner vient d'être nommé à Beauvau. Cette fois, c'est Borello, hilare, qui lance : « Je t'ai bien niqué ! » Le patron du groupe SOS, pilier de l'économie sociale et solidaire, a une justification toute trouvée. « Moi, j'ai un boulot. Philippe, il est retraité. Et puis, j'avais déjà pris la Commission d'investiture pour les européennes. » Soit, deux mille six cents dossiers à éplucher. Même (surtout ?) dans le nouveau monde, il fait bon avoir autour de soi quelques années d'expérience, lorsque le temps se gâte ou que la pente se raidit. Grangeon-Borello, un duo dual, « ange gardien et garde-fou », de gauche, leur gauche, celle qui demeure persuadée que la société ne tient pas sans corps intermédiaires.

Comme son vieil ami Grangeon, Jean-Marc Borello est du genre à remplir l'espace par sa simple présence. La comparaison s'arrête là. Le registre est tout autre. Borello, c'est une voix, rocailleuse à souhait sous l'effet des Dunhill rouges, matinée d'un accent nîmois chantant. C'est une exubérance, aussi, contenue dans un surnom, celui dont il affuble indifféremment ses proches : « Kiki. » Il rit encore au souvenir d'un Alexis Kohler « décomposé » par tant de familiarité, en l'entendant appeler ainsi Emmanuel Macron. Puis jure avoir « arrêté depuis longtemps » d'employer ce surnom avec le président. Privilège du maître sur son disciple. Borello était le professeur de questions sociales de Macron à Sciences Po. « Évidemment qu'il sortait du lot, surtout par sa curiosité. Tant qu'il n'a pas compris, il ne lâche pas. J'ai dû l'embarquer avec Aurélien Lechevallier [actuel conseiller diplomatique adjoint à l'Élysée] dans le 93 voir une entreprise d'insertion du groupe SOS », se souvient-il.

Avant d'avoir son rond de serviette à l'Élysée, et de devenir un visiteur régulier du ministère du Travail, Borello a emprunté quelques détours. Éducateur spécialisé de formation, il plante rapidement sa tente au carrefour de plusieurs mondes. Associatif, politique, festif aussi. Avec Régine, la reine de la nuit, il ouvre des centres d'aide aux toxicomanes et s'investit dans la lutte contre le sida alors que l'épidémie fait des ravages. Des engagements qui seront les prémices du groupe SOS, devenu depuis un mastodonte de dix-huit mille salariés et près de un milliard d'euros de chiffre d'affaires, qui engloutit tout sur son passage. En attendant que l'activité décolle – il sera longtemps bénévole –, Borello est gérant des établissements du groupe Régine, dont le Palace. À cette époque, il repère un couple prometteur, David et Cathy Guetta, auquel il confie la direction artistique de l'établissement de nuit. « C'est moi qui ai donné les platines à David », se targue-t-il. Il ouvre aussi les cuisines de l'hôtel le Cheval Blanc, également tenu par Régine, à un jeune chef au parcours cabossé, Thierry Marx. Parallèlement, il flirte avec le PS, entre au cabinet de Gaston Defferre à Marseille en 1981, gravite autour de Bertrand Delanoë et Anne Hidalgo à Paris. À l'approche de l'élection présidentielle 2017, le groupe SOS est l'un des cofondateurs de la Belle Alliance populaire, la plateforme de la gauche lancée par le PS. Borello épaule en même temps Macron. Schizophrène, duplice ? « Tous les mecs d'En Marche ! me disaient : "Mais qu'est-ce que tu fous ?" Mais, moi, j'y crois ! Je pense qu'il faudrait qu'il y ait une gauche un peu moins con. » Il se marre franchement, lorsqu'il raconte avoir cueilli Macron à froid, au lendemain de son élection, en plaisantant sur ce ton : « Moi, ce que je voudrais, c'est donner un coup de main pour remonter la gauche. »

Apprécié pour son franc-parler, il ne craint pas de faire entendre sa voix. Comme lorsqu'il s'accroche, en coulisses, avec le ministre Gérald Darmanin sur « le verrou de Bercy ». Revoir les droits de succession, idée soufflée à Christophe Castaner, alors délégué général de LREM ? Sèchement retoqué. Mais il s'en moque. « On s'est pris un scud, parce qu'il pense que c'est un sujet inutilement explosif dans le moment. Je continue à considérer que, dans la reproduction de l'injustice, c'est ce qu'il y a de pire », nous confie-t-il. Un « acte III » de la décentralisation, après le coup de tonnerre des « gilets jaunes » ? « Cela fait trois semaines que j'en parle et personne ne m'a dit que c'était une mauvaise idée », sourit Borello mi-février. Il se sent libre. Question de caractère. De parcours, aussi. Car il a sa vie. Même si le groupe SOS se nourrit, il est vrai, d'appels d'offres publics. Même si les sujets sur lesquels il a planché en début de quinquennat avec Muriel Pénicaud (activité économique), Olivier Noblecourt (plan pauvreté) ou Agnès Buzyn (questions sanitaires et sociales) ne sont pas très éloignés de son cœur d'activité. Lui récuse tout conflit d'intérêts, pointe que SOS n'est pas toujours retenu. Le marché ultrasensible de la réinsertion des jihadistes revenant de Syrie ? Si certains veulent s'y coller… rétorque-t-il en substance, le jour où *Le Canard enchaîné* se fait l'écho de l'appel d'offres remporté par SOS.

Mieux vaut parler à Dieu qu'à ses saints, dit l'adage. Il reste que Borello perçoit bien que dans les dîners en ville le ton, à son égard, a changé.

Son aura n'est pas davantage atteinte quand des articles de presse, à l'automne 2018, relatent des faits de harcèlement et d'agressions sexuelles de Borello envers de jeunes employés de SOS, notamment des baisers forcés lors des soirées d'entreprise. En Macronie, son côté dragueur impénitent est connu de tous, mais on le défend, réfutant tout harcèlement. L'intéressé, lui, revendique, en tous domaines, cultiver « soigneusement cette culture atypique et incontrôlable ».

★

Dans le même registre – atypique et incontrôlable –, en voilà deux autres qui se détachent au milieu des passants de la rue Daguerre, dans le 14e arrondissement de Paris. Inséparables – ils disent « nous », quasiment tout le temps –, Daniel Cohn-Bendit et Romain Goupil avancent en parallèle depuis un long moment. Ce jour-là, « les garçons » (ou « les filles », les jours où il veut chambrer), comme les appelle le président, courent de rendez-vous en réunion pour préparer les élections européennes. Dans quelques dizaines de minutes, ils échangeront avec la secrétaire d'État Brune Poirson, dont le nom a brièvement circulé, pour parler élections européennes, avec emphase toujours. Retraité de la révolution, converti au réformisme depuis longtemps déjà, le duo roule pour Macron. Ils l'ont rencontré ministre, en juin 2016, à l'occasion d'une intervention sur l'Europe à Sciences Po. Rendez-vous est fixé une demi-heure avant, dans un petit bistrot de la rue des Saints-Pères. Pressentant une vision commune des choses, ils veulent se caler pour ne pas se répéter. Ils se découvrent des idées identiques et ne se lâchent plus.

Goupil et Cohn-Bendit ne se cantonnent pas, eux, aux questions européennes. Daniel Cohn-Bendit raconte : « Depuis le début, ça n'a pas changé. Ce sont toujours des contacts personnels. On ne fait pas partie d'un cercle. On discute avec lui, on donne notre avis. Il prend ou il prend pas. Et quand on n'est pas d'accord, on dit : "Non, là c'est complètement débile ce que tu fais." Depuis qu'il est président, on sent bien que, dans certains moments, il écoute plus les uns que les autres. Il choisit. Parfois, il ne répond pas aux textos ou beaucoup plus tard. Ce n'est pas donnant-donnant. » Avant de pousser leurs idées, les duettistes, en contact permanent, fourbissent leurs armes ensemble. « Vas-y, envoie ça. » Leurs munitions se nomment « textos ». Un jour, Cohn-Bendit veut s'assurer qu'ils ne vont pas trop loin. « Peut-être que je t'emmerde à toujours critiquer », écrit-il au président. Réponse de l'intéressé : « Non, tout va bien, continue. » Ils le prennent au mot, montent au front sur l'accueil de l'*Aquarius*, plaident pour lâcher du lest dans la crise des « gilets jaunes », pour que le président se rende dès la mi-novembre sur un rond-point ou saisisse la main tendue de Laurent Berger. La CFDT, estiment-ils, « devrait être un partenaire privilégié ».

Soutiens du président, ils donnent aussi du macronisme un visage plus rond, plus coloré, plus extraverti qui contraste parfois avec la sobriété méfiante des conseillers élyséens. Un de ces visiteurs expérimentés s'est d'ailleurs inquiété de cet ascétisme « sinistre » après avoir interrogé les huissiers du Château : « Il n'y a plus d'histoires de cul. Ça, c'est vraiment très mauvais signe. La libido plate, à l'Élysée, on n'a jamais connu ça. »

*

« C'est drôle de vous voir ici ! » Emmanuel Macron vient tout juste de raccompagner la présidente géorgienne Salomé Zourabichvili, escorté d'un aréopage de diplomates, quand surgit sa grande silhouette, en haut de l'escalier d'honneur, dans le cœur nucléaire du pouvoir. En cette mi-février, Philippe Grangeon a investi depuis deux semaines l'ancien bureau de Stéphane Séjourné, au deuxième étage de l'Élysée. Un bâtiment qu'il n'aime guère en soi, assez « faux-cul ». « Le président de la République travaille dans un Palais, c'est un oxymore », note-t-il. Alors, deux semaines après son arrivée, cela lui fait tout drôle de croiser, sur le palier conduisant, au choix, au bureau d'Emmanuel Macron ou à celui d'Alexis Kohler, les journalistes qu'il recevait jusqu'à présent dans son appartement.

Après des mois de valse-hésitation, il a fini par céder. À deux conditions. Chacun ses coquetteries. D'abord, ne pas être payé. « Le plus important pour moi en termes de liberté. Et j'estime que quand on a une retraite confortable, dans un job public, on ne demande pas de rémunération supplémentaire. C'est mon éthique à moi », plaide-t-il. Autre préalable : n'être là qu'à mi-temps, trois jours par semaine. Jean-Marc Borello en rit encore. « Ça, je lui ai dit que c'était une connerie. Le jour où il est là-bas, vous pensez que le président va réfléchir si c'est le lundi ou le mercredi, s'il est 11 h 15 ou 23 h 40. Je lui ai dit : "Camarade, une fois que tu es là-bas, tu amènes un casse-dalle, une cafetière." Philippe, il n'osera pas partir. Il considérera qu'il doit y être. Il va apporter un peu de chair, son histoire, de la sérénité. »

Alors qu'Ismaël Emelien, Sylvain Fort ou encore Stéphane Séjourné viennent de quitter le Château, que la crise des « gilets jaunes » a fait sortir de son lit le cours du quinquennat, Grangeon arrive comme une force stabilisatrice pour le chef de l'État. « Je veux être celui qui apporte un côté paisible aux choses », insiste-t-il. Autrement dit, l'ambition d'un phare dans la tempête. Sa présence rassure le président. « Je n'y vais pas dans un moment où le soleil brille, où les transats sont sur la plage, on arrive à l'hôtel et c'est super, poursuit Grangeon. Je suis plutôt un coéquipier de gros temps que de petit temps. J'y vais à un moment où il faut donner un coup de main. » Plusieurs fois, il s'inquiète de la publicité que nous pourrions donner à son arrivée. Il nous demande de ne pas en faire un événement, s'échine à nuancer, tempérer. Surtout, pas d'emballement. « Et puis, finit-il par asséner, je ne crois pas aux hommes providentiels, c'est de la couille en barre. » Raisonnablement audacieux.

Épilogue

Les planètes semblent si bien alignées, six mois après l'élection d'Emmanuel Macron. Dans les coulisses du pouvoir, des bureaux de l'Assemblée à ceux du QG, un bruit court. Observant le train de réformes filer à grande vitesse, certains songent que le programme pourrait être bouclé sous dix-huit mois. L'exercice du pouvoir leur apprendra qu'il n'est pas toujours souhaitable, ou possible, de foncer de la sorte. Il y a ces réformes que l'on repousse, pour en préparer le délicat atterrissage ou ne pas se fracasser sur un mur de contestations. Celle des retraites, de la PMA. Il y a, aussi, ces boomerangs qui reviennent à la vitesse de l'éclair dans la cour du Palais, brisant quelques vitres au passage. L'humiliation du « mâle blanc » Jean-Louis Borloo, dont on enterre le plan banlieue sans façon, lève un coin de voile sur cet « *hubris* » dénoncé quelques semaines plus tard par le futur démissionnaire Gérard Collomb. Il y a surtout, à l'été 2018, cette affaire Benalla, qui jette une lumière crue sur la galaxie Macron. Verticalité trop exacerbée, rangs trop serrés, endogamie trop marquée, sentiment de toute puissance qui affleure. Une forme de légèreté, d'amateurisme, aussi. « Le cœur nucléaire » du pouvoir, l'Élysée, est ébranlé. Il n'en a pas fini avec ses répliques. « Bienheureux les fêlés, car ils laisseront passer la lumière. » Emmanuel Macron aime cette citation de Michel Audiard. On y songe, en constatant combien la posture de la tortue romaine peut obscurcir la vue. Les premières déceptions, désaccords politiques s'expriment. On quitte le groupe à l'Assemblée ou le gouvernement, à bas bruit ou grand fracas. En coulisses, certains soutiens tiquent, serrent les dents ou donnent de la voix.

Puis, au bout de dix-huit mois, résonne un coup de tonnerre. Les « gilets jaunes » entrent en scène. Et ils grondent. Leurs foudres achèvent de bousculer le plan établi. En cet instant précis, alors que l'on écrit, nul ne sait encore de quoi ce big bang accouchera. Une certitude, cependant. Il marque un coup d'arrêt, clôture un cycle, la première partie du quinquennat. Vient le temps des grands questionnements. « Ils pensent qu'ils font tout bien et que c'est injuste. Ils passent leur temps au bureau, ils sacrifient leurs vies perso. Et ils ne comprennent pas pourquoi ça marche pas. Ils ne comprennent pas bien le pays, ils sont très parisiens », relève un familier de l'Élysée.

Une chose est de conquérir le pouvoir. Une autre est de l'exercer. Un membre de la nébuleuse relève que sept petits jours seulement séparent le moment de l'élection de celui de la prise de commande. Y étaient-ils prêts ? « Quand c'est Sarkozy qui a ça dans sa ligne de mire depuis vingt ans, ou Chirac ou Hollande, ça va. Ils ont eu une vie politique, ils sont staffés, avec des partis, des ressources extrêmement importantes, décrypte le même, oubliant que ces derniers sont loin d'avoir vécu des quinquennats sans anicroche. Là, les gens vont apprendre en direct. Ils ne sont pas rompus à ça, ni à l'écrasement de la charge que représente la présidence. » Et cette atmosphère qui s'alourdit, ces événements qui bousculent... Pouvaient-ils seulement le pressentir, eux qui ont conquis le pouvoir façon ascension éclair ? « Par un accident tout à fait explicable, il est élu, il doit constituer ses équipes. Que fait-il ? Il reprend celles qu'il avait avant. C'est ce qui fait qu'on lui amène Édouard Philippe, qu'il ne connaissait pas, que le gouvernement est un gouvernement d'experts, que ses équipes à lui, à l'Élysée, sont de la même culture, celle qu'il avait avant l'élection. Et donc il est assez seul », décrypte un proche, qui voit dans la crise des « gilets jaunes » un séisme « miraculeux » car de nature à produire un électrochoc.

L'Élysée n'est pas le QG de la rue de l'Abbé-Groult. On ne peut y travailler en état-major restreint, étanche au reste du monde, depuis la salle de commandement des opérations, le fameux sixième étage, en lien direct avec « le chef » comme ils l'appellent. Il faut faire avec le reste de l'univers et ses mouvements. Désormais président, Emmanuel Macron est happé par un agenda surchargé. Dans ce château aux méandres bien malcommodes, l'équipe est disséminée. Si la « guerre des bureaux » a un sens, outre celui de la vanité, c'est bien celui-là. C'est un paradoxe, mais à cette altitude, les marges de manœuvre sont parfois étroites. Et l'influence sur le cours du quinquennat, lorsque l'on est simple conseiller, moins importante qu'imaginée. Certains l'ont expérimenté. Vécu comme tel en tout cas. Pareil sentiment est piquant lorsqu'il suit la griserie de la conquête. L'un des satellites de la Macronie : « C'est simple, la prise de pouvoir. Vous avez des ennemis à combattre. Vous y allez, vous bousculez tout. C'est un truc de fou. L'exercice du pouvoir, c'est un peu terre à terre, ça manque un peu de saveur. Tout à coup, il faut gérer le quotidien. » Ce quotidien, dit le même, sait se montrer « contraignant », « pesant », « lent ». Surtout face à un appareil d'État que beaucoup jugent sclérosé, « formaté ». « On essaie de greffer un monde nouveau sur le personnel du monde ancien », observe un proche du président.

Il y a aussi le rythme, qu'il faut tenir. « C'est usant », souffle un collaborateur de l'Élysée, qui raconte ces semaines passées sans jamais pouvoir dîner avec ses enfants. « Le chef » comme ils l'appellent, en demande tant. Un autre très proche du président confirme : « Il met une pression de dingue aux salariés. Pour ses collaborateurs, c'est très dur de travailler avec lui. Il dort peu, travaille tout le temps, analyse tout. Il peut s'emballer vite. Le *Y a qu'à, faut qu'on*, il le pratique. » À l'aube de l'année 2019, la lassitude affleure. L'amas des difficultés, les rivalités et coups bas inévitables à ces hauteurs, les déceptions aussi, font leur office. Et certains leurs bagages. Le directeur de la communication, Sylvain Fort ouvre le bal. Le conseiller parlementaire Stéphane Séjourné part diriger la campagne européenne. Le conseiller spécial Ismaël Emelien (un mois après son audition dans l'affaire Benalla) et son cadet, spécialiste des questions économiques, David Amiel, suivent. Cédric O se dit qu'il ne finira pas l'année à l'Élysée. À l'heure où nous écrivons ces lignes, on s'interroge sur le sort de la conseillère presse, Sibeth Ndiaye. On se demande jusqu'à quand tiendra le directeur de cabinet Patrick Strzoda, malmené par le rapport de la Commission d'enquête du Sénat sur l'affaire Benalla. Mais surtout le secrétaire général de l'Élysée, Alexis Kohler. Il y a aussi, bien sûr, le cas d'Édouard Philippe. Combien de temps restera-t-il à Matignon ? Et par qui sera-t-il, le cas échéant, remplacé ? La coalition formée avec les juppéistes y survivra-t-elle ? Le ciel macronien turbule à plein.

Une page est en train de se tourner. Ce qui signifie moins la fin de ce monde que sa réorganisation. Regardons-y de plus près. Richard Ferrand est président de l'Assemblée, avec un chef de cabinet nommé Jean-Marie Girier. Féru de la carte électorale (il peut en parler des heures), ce dernier est par ailleurs chargé de la « structuration territoriale » de La République en marche (LREM). François Patriat veille toujours sur le groupe au Sénat. Christophe Castaner est place Beauvau, Stanislas Guerini installé au QG du parti. Julien Denormandie est désormais ministre chargé de la Ville et du Logement. Si le porte-parole Benjamin Griveaux quitte le gouvernement, comme prévu à l'instant où l'on écrit, c'est pour briguer la mairie de Paris. Une bataille à (très) haut risque pour lui. L'inventeur du nom En Marche !, Adrien Taquet, vient lui d'y entrer, comme secrétaire d'État à la Protection de l'enfance. Stéphane Séjourné s'engage dans une bataille cruciale, menée en totale coordination avec le président. Si tout se passe comme il l'espère, il héritera d'un fauteuil de député européen. « Je suis parti car j'avais envie de m'engager sur autre chose. Mais c'est consubstantiel à la génération de ceux qui sont à l'Élysée. Tous ceux qui nous connaissent savent que ce n'est pas surprenant. Et puis ça ne m'étonne pas qu'on ait besoin d'un autre type d'entourage à ce moment-là du quinquennat », décrypte l'intéressé. Quant à Ismaël Emelien, le jeune David Amiel dans sa roue, si tout se passe comme il le souhaite, hors les murs, il va théoriser la doctrine, produire les idées et certainement préparer la suite. Dans un mouvement inverse, Philippe Grangeon fait son entrée au Palais. Jean-Marc Borello, François Bayrou, Daniel Cohn-Bendit, Romain Goupil ou Jean-Marc Dumontet, pour ne citer qu'eux, continuent de distiller leurs conseils. « C'est une nouvelle phase dans le sens où il y a des changements de poste. Mais tous ces gens-là sont encore là, dans une galaxie très proche du président. Cela ne m'étonnerait pas que s'il y a une nouvelle campagne en 2022, ils soient toujours là. C'est plus une évolution qu'une rupture », estime Cédric O, rejoint par un autre membre du commando : « Ceux qui théorisent le tuyau percé, où tout le monde s'en va, se trompent. En réalité, tout cela est en redéploiement, parce que ce n'est pas claquemurées à l'Élysée que les énergies sont forcément les plus utiles. » Autrement dit, il ne s'agirait que de redessiner la géométrie de l'écosystème, de replacer ses éléments là où ils seront le mieux employés. De là à dire que les membres de ce noyau dur, si rétifs à s'ouvrir, conserveront une position de gardiens du temple… Une bonne partie d'entre eux le souhaite, assurément. Rien ne dit toutefois que cela tiendra, que de nouvelles secousses ne les bousculeront pas.

De nouvelles épreuves se profilent. Apporter des réponses au mouvement des « gilets jaunes », en tout premier lieu, pour parvenir à apaiser la crise. Aborder, aussi, la phase électorale du mandat. Les européennes, ô combien cruciales pour Emmanuel Macron. En faisant de son engagement européen la marque de son quinquennat, il a lié son destin à celui de l'Union. Tout aussi risquées, les municipales, puis les régionales, qui diront si son parti a finalement su, pu, s'implanter, exister, au-delà de la campagne éclair du printemps 2017. Sans oublier l'éventualité d'un possible et risqué référendum. Une série de tests ardus, avant l'offensive finale, le véritable épilogue de ces cinq ans, la présidentielle de 2022. Richard Ferrand s'en sort par cette bravade, lorsqu'on lui demande comment il voit la seconde moitié du mandat : « Ce sera En Marche vers le deuxième ! » On n'ose emprunter aux vérités de La Palice, mais on ne peut que le relever, la manière dont Emmanuel Macron négociera cette nouvelle séquence sera décisive. Nous avons donc demandé à nos interlocuteurs, à ses proches, comment ils voyaient la suite du quinquennat.

Réponse de François Bayrou : « La logique, c'est : Je redéfinis le projet national et j'ouvre un acte II, avec des équipes qui seront en phase avec ce projet. » Redéfinir le projet, mais dans quelle direction ? Un soutien, qui se dit désormais loin, en perd son latin et au passage ses illusions : « En fait, en politique, il y deux solutions : distribuer de l'argent que l'on n'a pas et donner des coups de bâton, c'est la droite ; distribuer de l'argent que l'on n'a pas et faire des réformes sociétales progressistes, c'est la gauche. Le président semble penser qu'il sera plutôt réélu avec la première option et les sondages semblent lui donner raison. » Le même prédit une « catastrophe ». Autres questions toujours en suspens : la suite du mandat ne sera-t-elle qu'une course vers le rétrécissement ou la mise en œuvre du dépassement tant vanté ? « Ils se ressemblent un peu tous. Il n'y a personne dont l'oncle est au chômage, dont le cousin est au Smic. Ce ne sont que des gens qui carburent très bien, très vite, qui sont brillants, mais il manque un peu de chair », observe un conseiller du pouvoir. Et la gouvernance ? Les corps intermédiaires seront-ils amenés à jouer un rôle, réintégré ? Ou Emmanuel Macron poursuivra-t-il dans le choix de tisser un lien direct avec « son peuple » comme il le laissa échapper un jour, au détour d'une interview ? L'organisation du « grand débat », comme l'adresse sans intermédiaire aux « citoyens européens » pour lancer la campagne, en vue du scrutin de mai, apporte un début de réponse.

« Tout quinquennat comporte plusieurs épisodes avant de se dénouer. Les événements récents et en cours amènent à bâtir et à partager les épisodes suivants avec les Français », estime ainsi Sylvain Fort en quittant le Palais. Depuis son bureau de l'Élysée, où le tableau de Canaletto reste accroché, Alexis Kohler tire cet enseignement de la crise des « gilets jaunes » : « C'est un mouvement qui vient de très loin, qui est porteur de quelque chose qui fait écho à l'élection du président. Ils expriment une frustration, une impatience, un sentiment d'abandon, un rejet du système, qui a fait en bonne partie son élection. Ce mouvement ne témoigne pas d'une envie de statu quo, d'un refus des réformes ou d'un refus de bouger. Mais ce qui a été porté comme un facteur de changement, y compris contre le système, leur apparaît aujourd'hui comme étant insuffisamment porteur de changement tangible et comme trop proche du système. » Lorsqu'il nous reçoit, le secrétaire général de l'Élysée espère que le « grand débat » permettra « de retrouver la philosophie du départ, en termes d'ambition de réforme, de radicalité aussi, de ne pas se laisser amollir, enliser par le système », mais aussi « d'entendre la nécessité d'aller plus vite sur le changement de méthode, à la fois très en amont sur la manière dont on peut associer les gens, les emmener dans la cuisine, et aussi sur la manière dont vous allez exécuter les politiques publiques ». Gare à ce que rien ne change, alors que tout, justement, change. La Macronie est face à un défi. Parvenir à renouer le lien avec les citoyens. Tous les citoyens. Car on le voit, certains restent sourds au « grand débat ». Encore faut-il trouver comment répondre à ceux qui subissent « l'urgence économique et sociale » identifiée de longue date. Que les mesures mises sur la table semblent insuffisantes, et le pire serait à craindre.

Philippe Grangeon en est convaincu, lorsqu'il arrive à l'Élysée : « On doit collectivement se considérer comme des challengeurs, parce que ce qui est arrivé est tragique. Ce combat entre Marine Le Pen et Macron, c'est une forme de tragédie républicaine. Il faut être utiles jusqu'au dernier jour, ne pas avoir de regrets, savoir que tout cela est d'une immense fragilité. On pourrait se dire : On ne revient pas de ce qui s'est passé, pour un président. Tout est inédit, donc je prédis une fin de quinquennat qui réserve encore bien des surprises. Je ne qualifierai pas ces surprises. Mais je ferai tout pour qu'elles ne soient pas mauvaises. » Puis il souffle, dans une formule qui en dit long sur la période : « Le pire n'est jamais sûr. »

Remerciements

Plus de soixante personnes ont accepté de nous consacrer de leur temps pour nourrir cette enquête de leurs témoignages. Qu'elles en soient chaleureusement remerciées.

Nos plus sincères remerciements également à notre éditrice, Sophie Charnavel, pour la confiance qu'elle nous a accordée.

Jérémy Marot

De chaleureux remerciements à la rédaction de l'AFP et notamment mes consœurs et confrères, actuels et passés, du service politique, pour leurs conseils et leur soutien.

D'affectueuses pensées pour mes soleils au quotidien, Sophie et Madeleine, ainsi qu'à toute ma famille et mes proches.

Pauline Théveniaud

Un immense merci à la rédaction du *Parisien-Aujourd'hui en France*, et tout particulièrement au service politique, sans qui ce livre n'aurait pu voir le jour.

Je tiens également à remercier mon amie Cécile Gineste pour son temps et ses remarques éclairées.

Une pensée toute particulière, enfin, pour ma famille et mes proches, dont le soutien sans faille et les conseils toujours pertinents me sont si précieux. Sans vous, rien ne serait possible. Merci. Infiniment.

Table